湖南省社科基金项目（15YBA061）
湖南财政经济学院青年教师科研基金资助项目（Q201403）
湖南省教育厅科学研究项目（17C0274）
湖南财政经济学院会计学院个人科研能力提升项目资助

基于供应链的"碳流—价值流"管理研究

李 震 著

中国财经出版传媒集团

经济科学出版社

Economic Science Press

图书在版编目（CIP）数据

基于供应链的"碳流—价值流"管理研究/李震著
. -- 北京：经济科学出版社，2022.6
ISBN 978 - 7 - 5218 - 3712 - 4

Ⅰ.①基… Ⅱ.①李… Ⅲ.①二氧化碳 - 排气 - 供应
链管理 - 研究 - 中国 Ⅳ.①F259.22

中国版本图书馆 CIP 数据核字（2022）第 094818 号

责任编辑：李　雪
责任校对：刘　昕
责任印制：王世伟

基于供应链的"碳流—价值流"管理研究

李　震　著

经济科学出版社出版、发行　新华书店经销
社址：北京市海淀区阜成路甲 28 号　邮编：100142
总编部电话：010 - 88191217　发行部电话：010 - 88191522
网址：www. esp. com. cn
电子邮箱：esp@ esp. com. cn
天猫网店：经济科学出版社旗舰店
网址：http://jjkxcbs. tmall. com
北京季蜂印刷有限公司印装
710×1000　16 开　17 印张　280000 字
2022 年 6 月第 1 版　2022 年 6 月第 1 次印刷
ISBN 978 - 7 - 5218 - 3712 - 4　定价：84.00 元
（图书出现印装问题，本社负责调换。电话：010 - 88191510）
（版权所有　侵权必究　打击盗版　举报热线：010 - 88191661
QQ：2242791300　营销中心电话：010 - 88191537
电子邮箱：dbts@ esp. com. cn）

前　　言

　　全球变暖和气候变化已成为全世界面临的重大挑战，而各国碳减排是减缓气候变化必由之路。研究表明，21世纪气候影响对中国造成的直接经济损失占 GDP 的 1%。中国经济的体量与增长意味着其低碳经济转型的规模和速度具有全球意义。应对气候变化，中国必须有效控制碳排放，走可持续的发展之路。目前，企业层面的碳减排潜力已渐至"瓶颈"，而如何从供应链层面剖析碳流及其对应的价值流转规律，追踪、挖掘供应链管理视角下的关联企业总体环境影响及碳减排潜力已成为当前管理学理论与实务界直面的难点之一。

　　供应链"碳流—价值流"管理体系归属于碳管理会计范畴，具有决策、评价和控制等职能。本书采用文献分析、理论归纳和案例研究相结合的方法，结合产品生命周期理论和供应链"三个范围"碳排放核算体系，由供应链核心企业发起组织上下游企业，深入供应链内部，追踪供应链碳流路径和价值流运动轨迹，探索供应链的能源损耗、成本和 CO_2 排放三者的内在因果关联，剖析碳流与价值流之间的相互影响机理。以此为据，构建供应链"碳流—价值流"管理框架，对其进行功能定位、概念界定及作用机理分析，分别设计供应链"碳流—价值流"核算、评价以及决策优化与控制模型，并通过案例验证，提供实践指导。

　　本书主要包括三大部分内容：（1）供应链"碳流—价值流"管理的逻辑机理研究。以基于碳平衡的能源流分析为逻辑起点，进行供应链"能源—碳—价值"之间的机理关系分析，确定了供应链"碳流—价值流"管理的目标定位、耦合作用机理及基本内容。（2）供应链"碳流—价值流"管理体系构建研究。主要从以下四个方面展开：第一，通过"碳流—价值流"集成，引入碳会计矩阵分析方法，构建供应链"碳流—价值流"核算体系；第二，基于 DPSIR 框架评价指标体系，选用因子分析（FA）和数据包络分析（DEA）统合方法对供应链整体状态进行有效性评价；第三，设计"碳排放内部损失成本—外部环境损害"二维评价方法，从供应链整体视角对供应商进行分类和评价筛选；第四，将生态控制融入供应链"碳流—价值流"管理实践中，借助供应链"碳流—价值流"管理控制系统对供应链整体进行优化和控制。（3）供应链"碳流—价值流"管理框架综合案例应用研究。选择以"煤—电—钢铁"供应链为典型案例进行模拟验证。实践表明，供应链"碳流—价值流"管理框架在"煤—电—钢铁"供应链中可以得到较好的运用，验证了该框架的可行性和有效性。

本书的新颖之处：（1）将研究对象聚焦并细化至"碳"元素层面，构建了碳流与价值流的集成管理模式。通过"碳流"与"价值流"的集成创新理论与方法来满足低碳经济开展的物质与价值信息需求。（2）突破企业内部研究边界与瓶颈，拓展至供应链层面进行碳流价值管理。以产品全生命周期碳流为依据，追踪并核算供应链碳流转中形成的价值流动数据，如内部碳有效利用价值、碳排放内部损失价值、碳排放损害价值等，通过碳会计矩阵予以可视化分析，为针对性地降低损失成本和减少碳排放提供决策有用性信息。（3）选择以"煤—电—钢铁"供应链为典型案例，模拟应用"碳流—价值流"核算、评价及决策优化与控制模型。以钢铁企业为核心企业，向上游企业延伸，将钢铁企业的煤炭和电力供应商（即煤炭企业和燃煤发电企业）纳入案例供应链。其中，钢铁企业直接碳排放为范围1排放，燃煤发电企业提供电力的间接碳排放属于范围2排放，煤炭企业提供煤炭产生的间接碳排放属于范围3排放。"煤—电—钢铁"供应链案例研究为供应链"碳流—价值流"标准化管理体系的验证、构建及进一步推广提供更多的商业案例参考。

供应链"碳流—价值流"的有效管理，有助于减少供应链碳排放，改善包含供应商在内的整条供应链的价值流，对实现降低碳减排义务履约成本、碳排放环境负荷降低"双赢"目标具有重要的推进作用。限于本人的学识和水平，本书对供应链"碳流—价值流"管理体系的研究尚属于初期阶段，还有许多地方尚待进一步探讨。在这里，恳请各位专家、学者和广大读者的指导建议和不吝指正，以便在此基础上进行更深入的研究。

李　震

2022 年 3 月

.

目　录

第 1 章

绪　　论

1.1　选题背景

1.1.1　全球气候变化与多国应对

一年一度的地球生态超载日提醒着人类对生态资源和生态服务的需求（支出）超过地球在本年度内提供的生态承载力（收入）。这一天的到来经常远远早于本年度末且每年的生态超载量在持续增加（Posthuma et al.，2014；Worland，2015）。据全球足迹网络的报告显示：2022 年地球生态超载日为 7 月 28 日，2019 年地球生态超载日为 7 月 29 日，早于 2018 年的 8 月 1 日，突破历史最低，年地球可再生资源透支使用程度日益加剧[1]（周守华等，2018）。碳和其他温室气体排放是地球生态超载的主要原因之一，大型企业是温室气体的主要排放者（Carbon Disclosure Project，2013；Heede et al.，2014）。

2019 年 12 月，"全球碳项目"（Global Carbon Project，GCP）发布《全球碳预算 2019》（Global Carbon Budget 2019）。报告指出，21 世纪初全球二氧化碳（CO_2）排放量每年增加超过 3%。随着世界多国主动承诺减排、积极应对全球气候变化后，2010 年以后碳排放上升走向有所减缓。2019 年，全球化石燃料使用以及工业活动产生的 CO_2 排放量达到约 368 亿吨，创历史新高，较 2018 年增长 0.6%，增速低于 2017 年的 1.5% 和 2016 年的 2.1%。但由于全球范围内能源需求在增加，尤其是石油、天然气和煤炭等，很大程度上提升了脱碳的难度。世界碳排放总量及中国碳排放量变动趋势如图 1 - 1 所示。

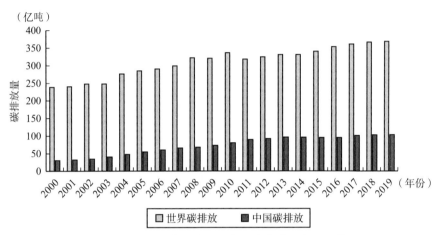

图 1 - 1　世界碳排放量及中国碳排放量变动趋势

资料来源：OECD Statistics 数据库整理而得。

为了应对全球变暖这一严峻挑战，从 1987 年的《关于消耗臭氧层的蒙特利尔议定书》到 1992 年的《联合国气候变化框架公约》，多个国家（地区）纷纷制定相关政策以减少碳排放。2015 年 12 月 12 日，世界 178 个国家在哥本哈根签订了《巴黎协定》，这是世界上第一份真正具有法律意义的多国间的气候协议书，掀开了全球减排的序幕[2]。截至 2017 年 1 月 25 日，163 个国家制定并已提交多个减排目标（国家自主减排贡献），主要国家减排目标如表 1 - 1 所示。

表 1 - 1　　　　　　　　　　　　主要国家/地区的减排目标

国家 （地区）	减排目标的内容
中国	CO_2 排出量到 2030 年前后达到峰值。为了能提前达到目标，进行最大限度的努力 到 2030 年，单位 GDP 二氧化碳排放比 2005 年下降 60% ~65% 一次性能源消费量中非化石燃料的比例增加到 20% 左右 森林蓄积量比 2005 年增加 45 亿立方米

国家 （地区）	减排目标的内容
美国	到 2025 年，将经济整体的温室气体（green house gas，GHG）排放量较 2005 年削减 26% ~ 28%（不包括土地）并努力减排达到 28%
欧盟	到 2050 年为止削减 80% ~ 95% 到 2030 年，加盟国合计要比 1990 年削减 40%，可再生能源利用比重达到 27%，能源利用效率超过 27%
俄罗斯	到 2030 年，比 1990 年削减 25% ~ 30%，最大限度地计算森林吸收量
日本	到 2030 年，GHG 排出量较 2013 年减少 26%，较 2005 年减少 25.4%，将太阳能和风电能等可再生能源的比例从现在的 10% 左右提高到 23% ~ 25%
印度	到 2030 年，GDP 排放量比 2005 年削减 33% ~ 35%；导入的发电容量的 40% 作为非化石能源；将创造 25 亿 ~ 30 亿吨二氧化碳等价物（tonnes of carbon dioxide equivalent）的碳吸收源
巴西	到 2020 年较 2005 年减少温室气体排放 37% 的目标 到 2030 年较 2005 年减少温室气体排放 43% 的目标

资料来源：参考田村堅太郎（2017）[3] 和潘勋章、王海林（2018）[4]，笔者加以整理补充。

　　中国作为目前仅次于美国的世界第二大经济体，全球第一大碳排放国，在应对气候变化上积极担负起相关的责任，也一直在发挥着引领作用。2017 年末，中国正式启动了全国碳排放权交易市场，并宣布到 2020 年在可再生能源领域投资 3600 亿美元的计划。在 2016 ~ 2017 财年，有 463 家中国企业披露了 8500 万吨的二氧化碳排放当量（CO_2 equivalent，简写成 CO_2 eq）（范围 1 和 2）①，节省/避免的排放量为 1.23 亿吨，以及年度累计节省 6.47 亿美元实施的举措。中国企业是仅次于日本的第二大回答气候问卷的企业（CDP 供应链报告，2017/2018）[5]。经政府初步核算，2018 年中国碳排放强度较 2017 年降低 4%，超出年度预期目标，较 2005 年下降 45.8%，提前完成中国在联合国气候变化大会承诺的降低 40% ~ 45% 碳排

---

　　①　碳排放范围 1、2、3 的概念源自世界资源研究所（WRI）和世界可持续发展工商理事会（WBCSD）制定的《温室气体核算体系》（GHG Protocal）。范围 1 排放是来自企业拥有的和控制的资源直接排放。范围 2 排放是企业购买的能源（包括电力、蒸汽、加热和冷却）产生的间接排放。范围 3 排放是报告企业价值链中发生的所有间接排放（不包括在范围 2 中），具体见附表 1。

放强度的目标。碳排放快速增长的局面得到初步扭转①。

1.1.2　全球减排与供应链碳管理

尽管世界上大多数国家都致力于全球碳排放减少这一共同目标（2017年6月美国宣布退出《巴黎协定》，2021年2月正式重新加入该组织），但是根据各国提供的调查报告，碳减排力度明显不足，碳减排目标仍难以实现[4]，尤其是发展中国家碳减排任务更加艰巨，因此，未来全球对碳减排的需求仍有巨大空间。

为了完成国家层面设定的减排目标，除了产业、税收等政策支持外，企业经营行为更是达成减排目标的微观基础，只有企业的流程及其生产的产品是低碳环保的，国家层面的减排目标才能真正实现。然而对于一般的企业来说，供应链对环境的影响远远大于企业自身经营的影响。2019年12月在印度马德里召开的联合国气候变化公约缔约方第二十五次大会上，碳信息披露项目（Carbon Disclosure Project，CDP）发布最新研究报告，指出企业供应链排放量平均是企业直接排放量的5.5倍。

事实证明，单个企业减少碳排放损失的可能性相当有限。产品或原料在供应链网络流动中，各供应链网络节点企业仅需承担产品或原料加工的某个环节，而其碳减排目标也仅仅是立足于该环节，所以具有一定的局限性。但产品生产的各个环节密切相关，上下游企业间的生产活动可能会产生一定的外部环境损害，对其他环节的碳排放造成一定影响。虽然企业出于环境规制压力，采取一定手段降低碳排放，但是产品具有的外部属性通常难以回避，就会出现上游能源（或含碳原料）供应（气候影响来源）与碳排放污染承担者之间的因果链关系错位，而造成这一现象的原因就是企业边界的局限。

显而易见，企业自身减排力度有限，对于大多数企业而言，大多数环境影响和披露都可以在供应链中找到。供应链才是减排的关键。认识到这一点，企业越来越多地开始关注其间接排放，也就是需要超出其直接运营范围，考虑上游和下游供应链环节的碳排放，积极加强管理。这将推动企

---

①　数据来源于生态环境部《2018年中国生态环境状况公报》。

业将节能减排目标内化到自身的供应链管理中，从而带动供应链上下游合作以减少产品的碳足迹。实现 1.5℃ 的温控目标将要求企业在其运营和供应链中发挥关键作用，以减少排放。

然而，根据 CDP 发布的《缩小行动差距：扩大可持续供应链》（CDP 供应链报告（2017/2018））中指出，中国只有 16% 的企业披露了全球总排放量的同比变化。大多数企业要么是首次披露，要么没有提供本报告年度或上一年度的全球总排放量。在该国家同类集团中，中国的企业报告的排放量同比减少或改变的比例最低。中国企业在吸引自己的供应商方面还比较落后，只有 15% 的企业这样做，而全球平均水平为 23%。

如表 1-2 所示，中国仅有 24% 的企业披露范围 3 排放，即考虑其供应链上下游环节的碳排放，这也表明中国从供应链的视角开展碳减排，还存在着较大的改善空间。由此可见，中国企业（核心企业）需要考虑超出其直接运营范围，跨越组织边界，积极管理其范围 3 排放，解决上下游间环境信息闭塞的难题，带动上下游企业可持续发展。

表 1-2　　　　　　　　　报告排放的企业占比　　　　　　　单位：%

	范围 1	范围 2	范围 3
美国	52	58	30
中国	59	64	24
日本	78	82	51
巴西	22	41	25
英国	66	74	48
德国	72	73	36
法国	81	84	62
印度	67	66	42

资料来源：根据 CDP 供应链报告（2017/2018）[5] 整理制作而成。

1.1.3 "碳流—价值流"与供应链减排战略

21 世纪企业之间的竞争已经升级为战略视角下整个供应链的竞争（Li et al.，2006）[6]。对于多数品牌企业而言，40%～60% 的碳足迹均来源自原料的采购、生产、包装各个环节，即供应链上游。对分销商及零售商而言，碳足迹比例达到 80%，且有些企业的供应链碳排放是其本身排放的 10 倍之多。所以，在实现碳减排目标的时候需要各供应链节点企业相互合作，系统掌握产品相关的碳排放状况，从而采取有效措施减少碳排放。

H. 斯科特·马修斯（H. Scott Matthews，2008）等[7]确认，如果范围 3 的排放仍然未披露和未管理，则不能应用最具成本效益的碳减排战略。因此，减排目标和战略应包括所有相关范围 3 排放源。目前大多数企业只报告范围 1 或范围 2 的碳排放，在产品的分销、运输、使用和处置过程中，与次级或三级供应商（第 2 层或第 3 层供应商）相关的碳排放量仍未计算在内。然而，这些间接影响是非常重要的，据黄安妮等（Y. Anny Huang et al.，2009b）[8]的估计，范围 3 排放可占企业温室气体排放总量的 75%，尤其是在供应链长的行业。实际上的情况是，碳披露报告中包括范围 3 排放的许多企业，仅包括员工和企业出行的运输产生的排放，而其他潜在的范围 3 碳排放来源则不予考虑。为了可靠地评估未来的企业绩效，应该更改这一点，将所有潜在范围 3 排放源都纳入在报告中。

能源是碳的载体，能源物质的循环流动中同时存在碳价值的循环流动。当代价值创造过程的复杂性意味着只有采用涵盖供应链情景中整个价值创造活动的协作方法，才能完成向可持续经营方式的过渡（Vachon & Klassen，2007）[9]。

当前，供应链碳管理比较注重于技术性的碳物质流分析，而经济可行性分析往往脱离碳物质流内部结构的流动状况，只采用项目总体的概括性估计，导致结果与估计差异较大而难以达到成本（或价值）补偿的目的，致使其减排战略活动难以可持续运行。因此，供应链碳减排战略的有效实施，需要通过核心企业与上、下游企业之间协同合作，以供应链碳流为基础，综合进行供应链的碳排放实物管理和价值管理，才能实现经济价值不断增加的同时提高碳资源高效利用水平。

1.2 问题提出与研究意义

1.2.1 问题的提出

基于上述研究背景分析可知,供应链碳减排战略的有效实施,需要加强对碳排放实物和价值的核算与管理,然而,现有的供应链碳排放核算以及价值流核算体系仍表现出诸如以下问题:

问题一:单一碳流分析是偏重实物量核算的能量流分析,无法满足供应链碳实物与价值的融合核算与管理。

世界资源研究所(WRI)和世界可持续发展工商理事会(WBCSD)2001 年发布的《温室气体核算体系:企业核算和报告标准》,在 2004 年修订[10],并于 2011 年补充《温室气体核算体系:企业价值链(范围 3)核算与报告标准》[11],上述统称为温室气体核算体系(GHG Protocol),是迄今为止最广泛使用的碳排放核算体系。

温室气体核算体系为实现有效管理而对报告实体核算范围内的全部排放活动进行统一分类,为形象说明直接和间接排放源和提高透明度,为不同类型的组织和不同类型的气候政策和业务目标提供效用,将碳排放核算和报告目的定义了三个"范围"(范围 1、范围 2 和范围 3)。这三个范围共同为管理和减少直接和间接排放提供了一个全面的会计框架。范围 1、范围 2 和范围 3 的划分取决于排放是与企业活动直接相关的直接排放(现场、内部),还是与产品间接相关的间接排放(场外、外部、实施、上游、下游)。直接排放是范围 1 排放,与产品间接相关的间接排放可进一步区分为范围 2 和范围 3 排放。对范围 1、范围 2 和范围 3 的具体说明如图 1-2 所示。

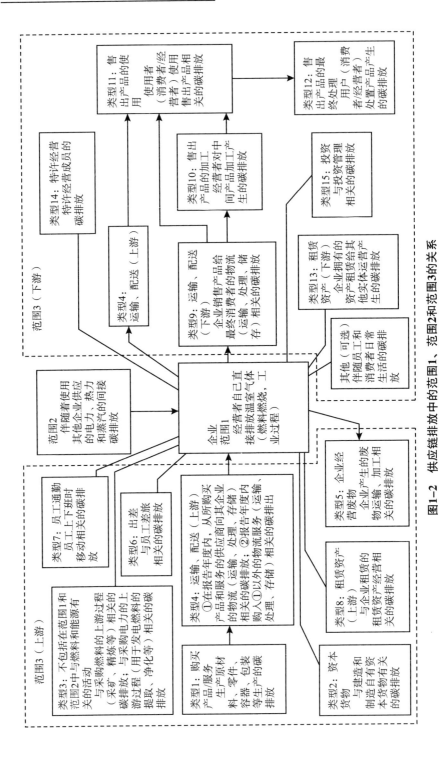

图1-2 供应链排放中的范围1、范围2和范围3的关系

范围 1 为供应链核心企业的直接温室气体（GHG）排放。范围 1 碳排放通常来源类别如表 1 - 3 所示。

表 1 - 3　　　　　　　　　　范围 1 碳排放源类别及示例

碳排放源类型	示例
固定燃烧	固定设备中燃料的燃烧，如锅炉、燃烧炉、焚化炉、内燃机等
移动燃烧	汽车、卡车、公共汽车、火车、飞机、船只、船舶、驳船等运输设备中燃料的燃烧
过程排放	物理或化学过程的排放，如水泥生产过程中煅烧过程中排放的 CO_2，石化加工中的催化裂化排放的 CO_2，铝冶炼中的 PFC 排放等
无组织排放	有意和无意的排放，如来自接头、密封件、填料、垫圈的设备泄露，以及煤堆、废水处理、坑、冷却塔、天然气处理设施的逃逸排放

范围 2 计入的是供应链核心企业消耗的购入电能（如电力、热力、蒸汽等）产生的温室气体排放量。范围 2 排放是间接排放的特殊类别。对于许多企业而言，购电是温室气体排放的最大来源之一，也是减少这些排放的最重要手段。对范围 2 的排放进行核算，可使企业评估与电力和温室气体排放成本变化相关的风险和机会。企业跟踪这些排放的另一个重要原因是某些温室气体计划可能需要这些信息。企业可以通过加大投资节能技术来减少用电。

范围 3 排放包括购买商品和服务、资本货物、上游运输与配送、商务旅行、员工通勤、特许经营活动、上游租赁资产使用、运输、销售产品以及其他活动的间接排放，例如，提取和生产购买的材料和燃料，与非自有车辆进行的运输相关活动，由报告实体控制，范围 2 中未涉及的与电力相关的活动（如转型和分配损失）以及外包活动和废物处置（Huang et al.，2009b；Downie & Stubbs，2013）[8,12]。

由于范围 1、范围 2 和范围 3 相互独立，所以报告企业的各范围间不存在重复核算。企业的范围 3 清单不包括范围 1 和范围 2 已经核算的排放。按照世界资源研究所和世界可持续发展工商理事会发布的温室气体核算协议《企业价值链（范围 3）计算报告基准》[11]、国际标准化组织 ISO 颁布的 ISO/TR 14069《温室效应气体——企业 GHG 排放量的定量化及报告 -

ISO 14064 - 1 技术手册》[13-14]以及日本环境省颁布的《通过供应链计算温室效应气体排放量的基本指南》[15]，将供应链碳排放分为范围1、范围2和范围3排放，即供应链核心企业、上游和下游企业碳排放的总和，核算内容如图 1 - 3 所示。

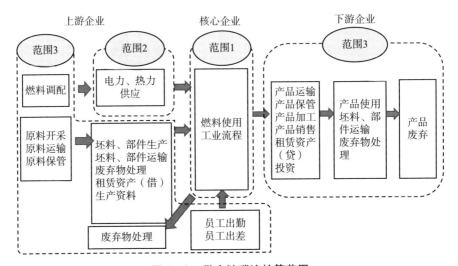

图 1 - 3　供应链碳流核算范围

资料来源：参考環境省经济产業省（2017）[15]绘制。

综上所述，以"三个范围"排放为核算基准的供应链碳流（碳排放）核算，侧重于对供应链碳排放实物量的计算。单一的碳流核算和管理主要是从技术层面分析碳排放的减少，探求相关解决措施与方案，而对供应链层面碳减排战略实施的经济可行性及动态价值控制等无法有效实施，这源于缺乏与碳流分析相结合的价值流分析体系。

另外，目前大多数企业只报告范围1或范围2的碳排放，而范围3的排放报告较少。范围3中类别1（购买的商品和服务）的碳排放占范围3排放的最大份额。对于企业来说，范围3排放是间接排放，对其负有间接责任。如果将范围3的排放排除在外，企业可以通过外包物流活动来有效减少碳足迹。但这种碳排放转移的行为是短视的，无法实现整体碳减排。究其因，大多数企业仅限于企业内部系统边界核算碳排放，只关心企业内部直接产生的碳排放（范围1）或直接消耗电力、热力所产生的碳排放

（范围 2），而忽略范围 3 的排放，忽略上游过程中能源供应或含碳原料供应是重要的气候影响来源。因此，只有突破企业边界，通过报告和积极管理范围 3 排放量，控制企业与上游供应商和下游客户之间的复杂联系，从而控制整个供应链的温室气体排放。

问题二：ISO 14052 只将物质流成本会计（material flow cost accounting, MFCA）边界延伸到供应链，但其研究对象没有细化到碳，故无法满足对供应链碳流和价值流的实质性指导。

MFCA 是一项环境管理会计工具。在 MFCA 下，以物理单位（如质量、体积）追踪和量化组织内的物料流和库存，并评估与这些物料流相关的成本。由此产生的信息可以激励组织和管理者寻求机会，同时产生财务利益并减少不利的环境影响。"ISO 14051 环境管理：MFCA——一般原则和框架"于 2011 年 9 月正式发布，实现了 MFCA 国际标准化[16-17]。ISO 14051 已解释 MFCA 在企业边界内的应用。肖序、金友良（2008）首次提出的资源价值流会计方法，其雏形就源自 MFCA。这一方法已经开始在中国企业，特别是流程制造型企业中进行理论探讨及实践应用。

2017 年正式颁布的 ISO 14052 改进了 ISO 14051 中企业核算边界局限的问题，给出了在供应链层面实施 MFCA 的应用指南[18]。它将 MFCA 的范围扩展到供应链中的多个组织，通过企业间的 MFCA 集成方法更有效地利用物料和能源。MFCA 追踪供应链内的物料输入输出流程，物料从供应链上游的供应商输入，进入产品制造企业，按照产品生产工艺流程的走向，生产出正产品，并向供应链下游的消费者输出，同时向环境中排放负产品（如废品、废气、废水等）。整个过程将产品（原材料开采→产成品→使用→再资源化）作为核算对象。在产品全生命周期的各个节点，按照一定标准分配计算物料有效利用成本及物料资源损失成本。MFCA 帮助组织更好地了解材料和能源的使用、损失以及由于材料低效所导致的相关成本。

ISO 14052 中 MFCA 从源头上追踪组织内材料的流量和存量，以物理单位（如质量、数量）量化这些材料流，并评估与物料流和能源消耗相关的成本。通过供应链中多组织间的物料流动和能源消耗物理信息、环境影响量化信息以及货币信息的共享，识别供应链中的潜在高损失点，经由供应链中多组织的协作，减少材料和能量损失以及减少材料在产品中的使用，从而实现供应链中的材料和能源效率的提高。由此可见，ISO 14052 为供应链层面的物质流和价值流一体化分析提供了实践指导，这一指南主要追踪生命周期各阶段物料（如主要材料、能源和辅助材料）的流入、消耗、循环、产出等，以物料作为供应链多组织间的协作纽带[19]。

随着全球碳排放量持续上升，全球变暖拉响警报，碳已经逐渐被视为另一种资源或约束，需要对其进行管理以维护组织的成功。如何将碳这一重要环境污染元素纳入供应链会计管理系统，挖掘与碳排放和交易相关的隐性成本，使之显性化，并对其进行有效管理，是供应链可持续发展的根本所在。

然而 ISO 14052 中的 MFCA 集成方法，分析对象是物料成本，属于经济层面的核算。这一国际准则将 MFCA 应用于供应链，核心是货币计量，但没有将其研究对象细化到碳，没有涉及碳的物量计量，也没有计算碳流。该准则在计量手段、计算对象和解释信息等多方面均不包括碳，故无法为碳的实物流和价值流管理提供实质性指导。

综上所述，现有的环境管理会计工具方法无法胜任供应链碳流和价值流的核算与管理。那么，如何基于供应链进行碳排放实物管理和价值管理？如何突破企业边界，基于供应链层面去构建与碳流相匹配的价值流分析体系，是一个值得深入研究的重要课题。

融合碳流分析和碳流价值链分析，建立起与碳流相匹配的碳价值流计算、评价、控制、优化为核心的"碳流—价值流"管理体系。从功能维度视角分析，基于供应链层面的"碳流—价值流"管理体系的构建，亟须解决以下维度存在的子问题：

（1）核算维度

关键在于构建供应链"碳流—价值流"核算模型，包括确定核算系统边界、核算流程及碳流和碳价值流转分配标准；可视化供应链各组织层级的内部碳排放有效利用价值、损失价值和外部环境损害价值以及供应链碳排放的"三个范围"。

（2）评价维度

评价是一个量化的过程，需要解决供应链"碳流—价值流"综合评价对象和范围的界定；筛选和确定供应链"碳流—价值流"综合评价指标体系以及选择评价方法。

（3）决策优化与控制维度

该维度旨在促成供应链经营、财务与碳的三重平衡和整体优化，需要解决当供应链核心企业存在多个供应商时，基于"碳"元素视角，进行上游供应商的优化选择与协同管理；从供应链整体层面设计"碳流—价值流"管理控制体系；以及在供应链企业间建立公平合理的共享利益分配模式。

1.2.2 研究意义

本书结合资源环境经济学、环境会计学和经济学等多学科理论基础，深入分析供应链的"碳流—价值流"耦合机理，探索适用于供应链"碳流—价值流"的核算模型（体系）及综合评价指标体系，对供应链低碳管理无疑具有重要的理论与实践意义。研究意义主要体现在以下两个方面：

（1）理论意义

第一，拓展"碳流—价值流"管理研究的组织边界。应对气候变化，中国必须走可持续的发展之路。目前，理论界和实务界已经开展对"高污染、高排放、高消耗"的"三高"企业开展低碳管理。然而，企业内部的碳减排效果有限，将"碳流—价值流"管理的范围从企业的组织边界延伸至上下游企业。本书按照含碳资源在供应链网络上各节点单位的流转路线，如各供应链企业，企业各生产车间等，动态、全面追踪及核算含碳资源的价值流转情况以及其对内外部环境的影响，有利于管理者有效识别主要碳排放源，针对性地实施碳减排计划。通过供应链延伸，有助于将"碳流—价值流"研究范畴从微观企业层面拓展到中观供应链层面。

第二，构建并完善适用于多级组织的"碳流—价值流"核算体系——碳会计矩阵。会计作为一种计量工具被纳入环境问题领域，其作用不容小觑。会计核算结果能为各级组织环境问题解决提供数据信息支持。构建的碳会计矩阵是一种融合生态评估和经济评估方法，通过矩阵图表的形式从环境和经济两个维度反映组织碳物质流和碳价值流情况的二维核算和分析方法。借鉴资源价值流会计方法的基本原理，核算各组织层级（供应链整体、供应链节点企业、企业内的车间等）的内部碳排放有效利用价值、损失价值（经济评估）和外部环境损害价值（生态评估），从物量和价值两方面"可视化"含碳材料（能源）在企业内部与企业之间的空间位移以及非期望产出（碳排放），其核算结果清晰直观，为各层级组织识别高碳排放点，提升资源利用效率以及开展"碳流—价值流"综合评价和优化控制提供有力的信息支撑。

第三，构建基于供应链的"碳流—价值流"评价体系和方法。本书基于 DPSIR 模型框架，以"状态"（资源供需配比、经济效益、碳效率和协同效率）为评价目标，将影响供应链"碳流—价值流"综合评价的因素按驱动力、压力、影响、响应进行划分，制定评价指标体系，并根据"碳流—价值流"评价的实际情况提出采用因子分析法（FA）与数据包络分析（DEA）相结合的综合评价方法。为供应链"碳流—价值流"综合评价提供了方法支持，同时也符合当前的应用情境。

第四，基于碳元素视角探索供应商优选决策流程，丰富供应商选择的现有模式。当核心企业一定，有多个上游供应商可供选择时，可以将核心企业与不同供应商进行不同组合，形成不同的供应链，综合评估不同组合供应链的经济效益与生态效益。根据本书设定的供应链整体"碳排放内部损失成本—外部环境损害（CO_2）"二维模式，模拟分析选择最优供应链以及优选供应商。分析视角聚焦于碳元素，着重考虑在供应链运行过程中对碳排放产生影响的供应商的选择。

（2）实践意义

第一，对供应链的低碳管理实践有着重要的指导意义。以供应链为研究对象，通过范围边界的界定，数据收集，构建供应链"碳流—价值流"核算与评价模型，借鉴资源价值流会计的方法思路，以碳流分析为基础，追踪和反馈供应链成员企业内部以及企业之间的全流程碳排放与碳价值流转状态，可视化供应链各功能单元（供应链整体，供应链节点企业，节点企业内的各车间）的内部碳排放损失价值和外部环境损害价值（碳排放量），并且对所获数据信息进行剖析和评估，找出需要改进优化之处，完善供应链整体的碳流转路径，并以此进行供应链低碳决策与控制。

第二，对"碳流—价值流"管理模型在供应链层面的实施应用提供实践指导。本书选取典型的"煤—电—钢铁"供应链，实例证明供应链"碳流—价值流"管理模型的适用性和有效性，可为后续应用和推广研究提供实践指导。

1.3 国内外研究述评

1.3.1 供应链碳管理研究动态

随着供应链越来越全球化，人们对供应链中碳排放的关注日益增加。如果要正确评估企业的环境绩效，则需要考虑整个供应链中产生的碳排放（Burritt et al.，2011a，2011b）[20-21]。罗杰·布里特（Burritt）和丁奇·霍利约克（Tingey - Holyoak）（2012）[22]呼吁对嵌入式碳排放进行更多的研究以及企业管理的机会。

目前，国内外学者对碳排放的研究主要集中在"碳足迹""碳排放测算"。有关供应链碳排放的研究从 2015 年开始已成为热点。这里的"碳"并不等同于自然科学领域的"碳"，而是指以二氧化碳为主要成分的温室气体的简称。

国内外学者对供应链碳排放的研究相对较少，通常集中在两个方面，一方面针对供应链碳排放量的测度问题，通常包括其测度方法、优化设计等。克丽什内德·沙瓦等（Krishnendu Shawa et al.，2012）[23]运用模糊层次分析法、模糊多目标线性规划等方法对供应链碳排放量进行了测量计算、分析与设计；杨文佳（2011）[24]运用生命周期评价与投入产出分析相结合的方法；赵道致（2014）[25]等采用博弈论等方法构建了碳排放测算相关模型，探寻供应链上的可改进环节[26]。

另一方面是从引用相关案例、考虑供应链成本以及企业或消费者行为，探寻碳减排路径。李基勋等（Ki - Hoon Lee et al.，2012）[27]在研究汽车行业碳减排问题上，通过案例研究，探索供应链碳减排的核心所在，从而为该行业碳减排行为提供决策依据；徐丽群（2013）[28]运用生命周期法和碳排放测量方法对供应链中的关键排放活动进行了诊断，设计了碳减排成本分摊的供应商销售收入模型；魏守道（2018）[29]构建微分博弈模型，研究碳交易政策下供应链减排研发的策略选择；黄春丽（2019）[30]运用效用函数理论、微分对策理论、博弈论等，探讨不同的消费者低碳偏好，企业不同信任行为下低碳供应链最优减排策略[31]。

1.3.2 碳管理会计的研究进展

1.3.2.1 碳会计的起源与发展

碳会计（carbon accounting）最开始由斯图尔特·琼斯等学者于2008年率先提出[32]，包括碳交易、碳核算等会计相关的内容。在国内外学者研究的基础上，碳会计的理论体系及框架逐步完善，其进程大致划分为排污权会计、碳排放和交易会计、现行的碳会计这三个阶段。

排污权会计研究作为碳会计研究的起点，以碳物质计量为主。碳物质计量的概念来源于物质流账户体系（material flow accounts，MFA），即定量核算经济体系中碳实物量。这一体系是1992年德国阿鲁克斯布鲁克研究所提出的，被德国、美国、日本、英国等国广泛使用，其内容主要涉及碳排放权的计量方法、标准等。由于当时环保概念的兴起，国内外学者对排污权会计进行了大量研究，并由此产生丰富的研究成果，逐步完善碳排放核算标准体系，且制定了有关的碳排放会计准则。但实际上这些研究局限于传统会计框架，尚未实现与企业财务会计中价值核算等紧密结合，仍不属于纯粹的碳会计。

20世纪90年代，受全球变暖影响，国际上纷纷达成环保公约，会计学者们展开了环境会计方面的大量研究，由此逐步推动了碳会计体系的发展，碳排放和交易会计开始出现并迅速发展。碳排放和交易会计的核心是对碳价值的核算，这突破了传统的碳实物量核算，开始强调碳价值流核算，包括会计层面的会计确认及核算。国内外学者对碳会计研究具有代表性的观点如表1-4所示。

表1-4　　　　有关碳会计国内外学者的主要研究观点

年份	学者	观点
2008[33]	米歇尔（Michel）	碳会计通常包括碳排放限额的会计处理、碳排放风险的计量、碳信息披露、碳排放管理等内容
2008[34]	贝宾顿等（Bebbington et al.）	碳交易市场将生态问题进行经济化处置，从而影响企业实践。在会计层面，碳交易市场应当包括碳排放配额的核算、碳风险核算、全球变暖不确定性计量等。此外，碳交易市场还应引入碳鉴证等概念，由第三方单位进行碳鉴证，以保证碳交易的合理性及有序性

续表

年份	学者	观点
2009[35]	周志方等	介绍了国际研究机构及相关研究者就碳会计规范所做的努力和最新进展,并为中国碳会计体系构建提出了几点启示
2010[36]	张白玲等	基于物质流分析的碳会计核算体系由碳排放的物质流与价值流核算两部分构成
2011[37]	强殿英等	碳会计包括碳排放会计、碳汇会计以及碳排放权交易会计等,需要对碳排放等相关内容进行会计确认、核算等
2011[38]	肖序等	企业碳会计体系分为碳财务会计体系和碳管理会计体系两部分,碳财务会计体系包括碳排放权的确认、计量及披露,而碳管理会计体系则应该包括企业内部碳成本与风险管理,以及其与企业战略管理会计的衔接问题
2012[39]	陈小平等	碳会计应当统一采用 CO_2eq 为温室气体排放量的计量单位。按照材料采购、生产、结转、销售等环节对碳价值进行会计核算及账务处理
2013[40]	敬彩云	碳会计作为一种会计工具,将碳排放作为主要的计量对象,以货币为核算单位,对碳价值流动动态追踪、会计确认、核算、报告等。碳会计基于可持续发展理念,促使企业低碳生产、低碳销售,减少碳排放,提升资源利用效率,实现企业经济效益、环境效益和社会效益相统一
2017[41]	王爱国	碳会计基于传统会计研究框架,在碳交易、碳核算等方向进行丰富延伸,本质未脱离会计研究范畴。碳会计包括碳相关价值核算,如碳排放配额的核算、碳汇、碳风险确认等

资料来源:笔者整理。

在碳减排体系中有结构减排、技术减排、管理减排这三类(前两项属于硬减排,后一项属于软减排),发展企业碳预算是一项重要的管理减排工具[42]。国家发改委先后发布 14 个重点排放行业企业的温室气体排放核算和报告指南,但是这仅仅是国家层面的制度设计,企业层面的管理制度仍然滞后,没有实现二者匹配。因此,企业碳会计研究需要立足现实需求,设计出与现有碳排放核算和报告体系相配套的管理工具。

2002 年,历经 7 年才得以批准的《京都议定书》《温室气体议定书》是一个基于市场的自愿工具,由三个组成部分组成:标准、准则和计算工具。《温室气体议定书》为石油工业、发电厂、造纸和纸浆工业等行业界定了指南,但对于其他经济部门,仍需要更多的指导。它已经成为组织实体碳会计的标准，并且是全球报告倡议组织（GRI）和碳信息披露项目（CDP）的基础。

2016 年《巴黎协定》的签订，178 个国家和地区在温室气体减排上达成了一致。《巴黎协定》涉及全球层面，为 2020 年后全球应对气候变暖提出规划，其权威性、影响力等方面均超出了《京都议定书》。正是因为该协定关注地球未来可持续发展，2016 年 11 月 4 日即开始生效。

这一阶段作为碳会计研究进程中一个很重要的部分，对碳排放会计（碳排放权交易会计、碳固会计等）的核算进行大量研究[43-47]，且碳排放权交易会计没有与碳排放会计报告相结合，这一问题也受到了研究学者的广泛关注。

现行的碳会计阶段是随着 2017 年中国正式启动全国碳市场的建设。中国学者对碳会计的相关研究呈井喷式增长，碳会计研究中心也开始从欧盟、美国转向中国。各国学者开始了对碳会计体系的拓展，包括碳成本会计、碳财务会计、碳管理会计、碳实物会计、碳货币会计、碳战略管理会计等具体的小体系构成了整体的碳会计领域[48]，并在此基础上衍生出了碳排放交易体系[49]以及碳审计[50]等。

1.3.2.2 碳管理会计研究动态

碳管理会计是管理会计的一个细化分类，将"碳管理"这一目标融入管理会计领域，在碳会计规划、决策、控制和评价中发挥重要作用的管理活动。然而，碳管理会计的研究时间并不长。

梳理相关文献资料，发现其相关研究成果主要可分为以下 6 个方面；

（1）碳管理及碳管理会计的概念解读

根瑟和斯特切梅瑟（Guenther & Stechemesser，2012）[51]在研究中提出碳管理会计是碳会计与管理会计的融合，是一个新兴概念，所以其定义始终未能明确，未来碳管理会计的研究空间仍然广泛。就目前而言，国内外学者对碳管理会计已经进行了系列研究，并形成一些研究成果，如"碳排放与固碳会计""碳成本会计"等。碳管理会计的基本目标主要是降低企业的碳排放量，实现企业的可持续发展，实现生态经济。

（2）碳管理会计框架设计

拉里·罗曼（Larry Lohmann，2009）[52]指出，碳排放交易与战略成本管理会计等具有一定关联性，可以将其进行深度融合，以完善碳排放交易管理框架；罗杰·布里特和史迪芬·肖特嘉（Burritt & Schaltegger，2011）在碳会计信息区分上，划分为物理及货币维度、决策时间维度等，创新了碳管理会计框架，该框架从碳会计信息收集、整理、管理等方面为企业管理者提供了决策依据，进而促进了企业的碳管理实践。此外，该框架也为碳管理会计账务处理、核算流程等明确了范围界定。罗喜英（2016）[53]基于权变理论对碳管理会计概念框架进行了解读，并基于此视角分析了碳管理会计对碳管理系统及供应链管理所带来的挑战；何建国等（2015）[54]提出碳管理会计框架应包括三大部分：数据输入、数据的分析和处理、数据的输出，具体从 6 个方面构建碳管理会计系统，分别为碳预算管理、碳成本管理、低碳投资管理、碳业绩评价、碳战略风险管理和人力资本管理；张亚连（2018）[55]认为，碳管理会计体系的设计应基于碳价值链管理的低碳战略目标导向，主要包括企业碳预算制定与优化、企业碳成本核算与控制以及企业碳绩效评价与提升这 3 个方面。

（3）碳成本管理的研究动态

从现有对碳管理体系的研究来看，碳管理会计主要包括碳预算设计、碳成本管理、碳绩效评价、碳风险控制、碳融资决策和碳投资决策 6 个部分。其中，碳成本管理是碳管理会计的核心基础。

对现有文献梳理，与碳成本管理研究相关的代表性文献如表 1 - 5 所示。

表 1 - 5　　　　　　　碳成本管理学者的主要研究观点

年份	学者	观点
2010[56]	郑玲等	碳成本是为满足可持续发展和生态文明的要求，以物质流成本会计理论为基础，追踪价值流的变化，将碳素流及其相关原料在工艺流程中的不同时空所发生的耗费货币化而形成的一种成本费用
2011[57]	杨蓓等	碳成本包含预防、识别、损失三方面的成本，需要在碳排放与碳成本之间保持均衡，以实现效率最优
2013[58]	肖序等	当前企业会计体系应当将碳排放融入其中，从会计核算等角度明确碳价值流动，从而为企业决策提供依据
2017[59]	麦海燕等	深入研究了碳成本决策，从折现、非折现两种方式进行了对比，以便于企业低碳决策

年份	学者	观点
2018[60]	葛菁等	在成本性态分析的基础上构建碳管理会计本量利分析的基本模型并揭示各变量间的关系

资料来源：笔者整理。

（4）碳预算管理的研究动态

国外学者对碳预算的研究较早，但是大多基于宏观角度对国家（地区）碳预算进行研究，如大卫等（David et al.，1995）[61]对国家森林碳预算进行了研究，以估计美国境内森林中的碳通量；莱西夫等（Lesiv et al.，2018）[62]以乌克兰森林为研究对象，认为采用系统方法对大面积森林覆盖空间进行全面分析是碳预算的先决条件；拉瓦多尔等（Llavador et al.，2019）[63]指出碳预算是制定气候减缓挑战框架的一种有效方法，而且比排放分配更容易达成一致。国内对于碳预算管理的研究尚处于起步阶段，并且参照国外，也是对国家（地区）或者区域碳预算进行管理[64-66]。但是也有学者结合企业进行碳预算管理研究，如周志方等（2016）[67]基于产品生命周期的企业碳预算体系，进行从生产经营到回收处理全过程的预算活动设计，通过碳足迹追踪来确定减排关键点，计算本期企业预计碳排放总量；闫华红等（2018）[68]以某水泥生产企业为例，设计了一套包括碳预算的编制、碳预算的控制、碳预算的考核在内的碳预算体系，从而完善了预算管理体系；郑普（2020）[69]从碳预算编制流程和内容角度出发，以钢铁企业为例，分析碳预算管理体系在碳排放需求量预算、碳减排活动预算、碳交易权活动预算及碳减排成本收益预算这4个方面的应用，进一步完善碳预算构建；殷俊明等（2020）[70]提出以作业预算法为基础，将碳排放嵌入企业管理会计控制系统中，构建了包含碳足迹的三重预算模型。

（5）碳排放权转移定价

当前在碳排放权转移定价方面的研究也多集聚在国家政策上，如埃勒曼（Ellerman，2007）[71]指出欧盟排放交易体系（European Union Emission Rights Trading Scheme，EU ETS）作为世界上最大的碳交易市场，对美国、日本和其他地区贸易计划的制定和实施产生重要影响，其排放权定价提供了对欧盟碳排放交易计划的第一个详细描述和分析。迪亚兹·雷尼等

（Diaz Rainey et al.，2018）[72] 认为加州排放交易计划在实现高效电力定价方面的有效性有限，因此，对加州电力市场数据进行了 65 个月的回归分析后，指出其在定价的不合理之处并提出改进建议。将碳排放权转移定价与供应链相结合的研究相对较少，本贾法尔（Benjaafar，2010）[73] 结合碳排放问题与供应链管理将碳足迹引入到供应链优化模型中，从而减少碳排放。宋瑶等（2012）[74] 基于碳排放和政府分配初始碳配额的双重交易背景，建立制造商产品组合优化的三维模型；杨清荃（2016）[75] 考虑碳排放权交易，根据制造商和零售商所组成的供应链分散决策和集中决策情形，建立三方企业价格决策模型，并探讨供应链集中决策情形下碳排放权供应商的碳权转移价格；张济建（2019）[76] 从碳资产质押融资模式的两阶段入手，解析了碳资产内部交易的定价机理，并运用影子价格模型等分别求出每个阶段碳资产的最优定价。

（6）碳绩效评价的研究动态

学术界对企业碳绩效的关注始于欧盟碳排放权交易体系（EU ETS）。其核心在于"节能减排"，"节能"是指为企业在生产和消费的过程中节约能源消耗所开展的实际行动和节约效果。碳绩效评价主要集中在煤炭、建筑和电力等能耗较大的行业和企业[77-78]，或者与环境保护密切相关的旅游业等特殊行业[79]。而在具体企业上，主要侧重于微观企业的碳绩效评价，对企业资源流转及综合利用效率进行分析[80]。

搜集已有文献，不同学者对于衡量碳绩效的评价指标和方法选择观点不一。有关碳绩效评价的研究成果汇总如表 1-6 所示。

表 1-6　　　　　　有关碳绩效评价国内外学者的主要研究观点

年份	学者/机构	观点
2008[81]	霍夫曼·布希（Hoffmann Busch）	企业碳绩效评价指标体系包含碳强度、碳风险、碳暴露度、碳依赖程度这四个维度
2011[82]	张彩平等	从碳投入及产出角度出发，认为电力企业碳绩效评价指标体系应包含能源投入及产出、低碳消费、低碳管理这三个维度
2013[83]	杨博	通过平衡计分卡和 EVA 的综合运用构建了以经济绩效体系为基础、以社会责任和低碳环保绩效体系为重点的企业综合评价体系

年份	学者/机构	观点
2014[84]	CDP	提出了碳绩效领导企业指数（CPLI）来衡量企业碳绩效
2016[85]	张彩平	从企业产品的物质流和全生命周期的角度，采用方程式分析方法构建了综合碳资源效率、经济效益与环境效益一体化的低碳绩效评价指标，清晰地反映企业的碳排放效率和效果
2017[41]	王爱国	从企业财务指标角度出发，指出碳绩效评价指标体系应当包含碳投入、营运、产出、发展、风险这五个能力维度
2017[86]	何玉等	在研究企业碳绩效和财务绩效相关性时，使用每百万元销售净额的碳排放总额的倒数来测度碳绩效
2017[87]	周志方等	在碳绩效、财务绩效关系研究上，利用富时350指数公司的CPLI分值来测度碳绩效，并进行层级划分
2018[88-89]	张亚连	借鉴平衡计分卡的思路设计了企业碳绩效评价的"四环"模型，"四环"即四个评价的维度：财务维度、客户维度、内部营运维度和学习与成长维度，针对企业自身需求设定碳绩效评价的关键绩效指标（KPIs），采用层次分析法确定评价指标权重的分配，进而运用模糊综合评价方法进行模糊运算并归一化，得到模糊综合评价结果
2019[90]	周志方等	根据CDP企业气候变化问卷调查，构建量表并运用层次分析法和德尔菲法设定相应权重计算样本企业的碳绩效

资料来源：笔者整理。

综上可见，碳绩效评价指标设定有多种方式，而且现有文献主要是针对企业开展研究，有关供应链层面的碳绩效评价研究比较少。

1.3.3 碳流与价值流研究进展

（1）有关碳流的研究

碳流，也称为碳元素流、碳素流。碳元素流是一种特殊的元素流，既可以是含碳原料所含碳元素的物质流动，也可以是含碳能源（如煤、石油、天然气等化石能源）在生产耗用中的能源流动。由于化石能源中含碳量较高，因此，碳元素流主要被认为是能源碳元素流。

在中国，最早进行碳流（碳素流）研究的文献是收录于《2006 全国能源与热工学术年会论文集》的由胡长庆、张玉柱和张春霞撰写的会议论文《烧结过程物质流和能量流分析》，文中指出，能源是碳的载体。碳流隐藏于能源流之中[91]。固体燃料是碳素流输入的主要形式，而 CO_2 则是碳素流输出的主要形式。

能源流分析（energe flow analysis，EFA）是物质流分析的一部分，属物料流分析范畴。针对能源所建立的能源流分析框架则是从物质流分析中逐渐发展并独立出来的。2001 年，哈伯尔（Harberl）等构建了能源流分析架构，并应用于分析可持续发展问题。中国碳素流、能源流研究起步较晚，殷瑞钰（2008，2009）[92-93]认为，碳素流是企业生产的重要介质及助力，能够对物质流进行相应的调整、加工，从而促进物质流产生变化，并实现企业生产中物质、能量利用率提升的目的。

李兴基（1979）[94]指出物流在环境外部损害中具有重要责任，因此，需要采用能源流分析来降低环境污染，实现环境保护。刘伟等（2008）[95]借鉴能源流分析框架，认为能源流分析有助于减少能源污染物，为企业节能减排政策的制定提供理论支撑。金友良等（2016）[96]结合氧化铁红生产企业案例，论证了企业能源价值流分析有助于降低能源消耗、减少二氧化碳排放量。

碳流分析是能源流分析的一个分支，以描述碳元素流动的具体分析方法，追踪碳资源投入、运输、产出等环节的流动过程，核算各环节碳排放价值，进行比较分析，从而发现碳排放的原因，探索各环节碳排放的区别及联系，针对性采取措施及手段降低碳排放。进行碳流分析，实质上就是对碳排放的存量和流量的描述和分析。

（2）有关价值流的研究

1995 年，美国管理学家詹姆斯·马丁（James Martin）首次提出了价值流的概念。价值流是将产品从原材料转化为终端客户手中成品的过程中所需要完成的全部活动，涉及供应商、客户及工厂设施等方面。戴伦·多尔斯麦思卡罗（Dolcemascolo D.）认为运用价值流分析进行面向全局供应链的精益生产，规划、实施、持续改善精益广域价值流，是全面降低供应链成本、最大化产品全生命周期价值的解决方案[97]。肖序等学者认为，生产过程各要素流动具有一定的规律性，其方向及强度等都可以进行追踪，而采取价值流分析能够动态计量各要素的价值流动[98]。但是，价值流分析并不简单停留在数据的呈现，还需要把握各环节的关系，对能源流信息进行整理、归纳，从而全面系统地进行价值流分析，为企业管理者提供决策依据。

能源价值流是对能源的投入、产出和循环进行价值量化的计算与分析。

碳主要依存于化石能源中[99]。因此，关注于碳元素物质流动的价值变化，也正是能源价值流的核算内容。从核算单位（企业或供应链）的内部管理角度来看，能源价值流转成本可以分解为含碳材料成本、含碳能源成本和系统成本三部分。含碳材料成本通常包括含碳材料的采购、运输等成本。实际上含碳材料在流转过程中会对外部环境产生一定影响，传统的物质流转成本要加入外部环境成本，即转变为碳流转成本。

关于价值流转研究，国外的研究起步较早。价值流包括物料流和信息流。20世纪90年代德国瓦格纳教授领导的环境经营研究所（IMU）开发了MFCA方法，随后在日本得到推广应用。目前，MFCA已注重其运用情况、效果以及扩展研究。国部克彦等（Kokubu et al.，2014）[100]采用50条供应链来论证MFCA的运用效果；法里扎·苏隆等（Farizah Sulong et al.，2015）[101]以引入MFCA的企业为研究对象，发现MFCA可帮助企业同时实现经济收益和环境可持续；玛蒂娜普·罗克斯（Prox M.，2015）[102]提出将MFCA延伸至供应链；八木迪幸等（Michiyuki Yagi et al.，2018）[103]对泰国非金融上市公司的问卷调查，研究分析了物料流（MF）管理的特征，以促进MFCA的广泛使用；八木迪幸等（2019）[104]从处理公司内部的物质流和财务流的MFCA的角度出发，提出了一种公司废物分解模型，以研究物质和财务因素对公司废物产生的影响；马吉德·德卡明（Majid Dekamin）等（2019）[105]首次使用MFCA应用于大豆生产，量化和识别农业投入物/能源废物，以改善作物生产不同阶段的残留、废物和能源管理。

国内对价值流的研究大部分在资源价值流方面，主要是能源、材料等在生产环节中的价值流动。自2008年"资源价值流会计"概念提出后，以肖序教授为首的研究团队展开了对资源价值流会计的持续研究[106]。肖序教授（2008）在其承担的中铝公司委托项目中尝试应用资源价值流会计展开研究，为资源价值流会计在企业的应用探索了一条实践之路；周志方（2010）[107]对前人研究进行了系统整理、归纳，进一步完善了资源价值流转会计理论框架；郑玲（2011）[108]将生态设计与资源价值流转会计建立全面对接，从产品生命周期的跨度研究了企业的资源价值流核算、评价与优化控制；谢志明（2012）[109]以燃煤发电企业为例论证了循环经济背景下资源价值流分析的理论与实践应用；熊菲（2015）[110-111]以钢铁企业为例对循环经济资源价值流分析进行实践应用研究。与此同时，相关学者也对资源价值流会计的基本理论和实践应用进行了初步探讨，主要有冯巧根（2008）、毛洪涛（2008）、邓明君（2009，2010）、王普查（2013，2014，2015）等[112-117]一批研究者。肖序和曾辉祥（2017）[118-119]将全生命周期理论引入资源价值流会计，将资源价值流分析的组织边界由车间、企业层面延伸到工业园区（产业链）和国家（地区）层面，构建了"物质流—价值流—组织"三维模式；魏晓博等（2018）[120]借鉴现有的资源价值流核算模型，将其拓展应用于农业，构建生猪养殖的内部资源成本—外部环境损害成本综合评价模型；朱鹏（2019）[121]构建了城市生活垃圾协同消纳链的资源价值流转会计体系，基于此形成污染治理新思路。

概言之，资源价值流是基于物质流而进行丰富发展的。国外学者结合实践，对资源价值流转分析进行了应用，理论性与实践性得到较好结合，产生了一定经济、环境效益。国内对资源价值流转分析的研究多借鉴国外成果，发展尚不成熟，大多停留在理论研究方面，实践层面上的研究仍然较少。资源价值流分析的主要目的是分析企业生产的资源价值流动状况，为企业决策提供依据，以提高资源利用效率，降低碳排放，实现企业经济效益与环境效益的相统一。因此，资源价值流转分析上的研究一定要与企业实践相结合，进而指导实践。

1.3.4 研究述评

通过对上述文献回顾可以发现，国内外对低碳经济、供应链碳管理、碳会计、元素流和价值流以及两者之间的逻辑关系已进行了深入系统的研究，并为供应链"碳流—价值流"二维分析提供了较为丰富的文献支撑。但这些理论和方法仍存在各自的研究局限，主要有以下 3 个方面。

一是现有的供应链碳管理侧重于对供应链从原材采购、运输流通、消费，到最后废弃回收的全生命周期的碳排放管理。这是一种对碳排放的实物量管理，主要专注于碳排放量的计算。相应地，现有供应链碳管理的相关研究，主要集中在对供应链碳实物的核算与管理；缺乏与价值流相结合的碳实物流核算，无法为研究主体（链上企业或供应链整体）提供环保投资决策所需的碳排放和减排成本效益信息，不能有效激励和约束研究主体的碳排放行为。

二是目前碳管理会计的研究与应用主要停留在企业层面，其研究成果集中于企业生产过程中的碳流动，即动态追踪碳价值流动，内容包括碳成本、碳风险的计量及分析[122-123]、碳信息披露、碳风险管控等方面[124]。但是这方面的研究的主体以微观企业为主，而对供应链层面的研究较少，表现在构想方面，尚未存在实际操作过程中。

三是现在物质流与价值流关系的研究已经足够成熟，丰富的理论成果为"碳流—价值流"分析框架的提出及构建提供了重要参考。但是当前学者在碳流及价值流上的研究较为独立，单纯的碳流分析难以为企业管理者提供会计信息，导致企业无法有效控制碳成本、碳减排效率较低，同样，已有的价值流的研究文献中主要以有形资源（如水泥、钢铁、生猪）[109-110,120,125]或资源废弃物（主要指固废和废水）[126-127]为分析对象，鲜有以碳作为研究对象进行细化研究的。因此，需要将碳流与价值流相结合，进行"碳流—价值流"分析，以进行有效的碳会计管理。

本书借鉴"物质流—价值流"的集成思想，综合已有文献的理论与方法，对碳流和价值流进行融合集成，结合产品全生命周期理论，将核算边界从传统核算的企业边界向供应链层面扩展，将研究对象细化到产品生命周期过程中的碳物质流动和价值循环，尝试构建供应链"碳流—价值流"管理体系。首先，基于"碳流—价值流"分析视角，核心企业对前端供应商进行评价筛选，优选出同时具有经济和环境优势的供应商，确定形成供应链；其次，通过碳流分析与管理，对供应链成员企业及其企业之间能源、含碳原料实时追踪，发现隐藏的碳资源浪费及对应产生的外部环境损害，使之在供应链全流程中加以显性，从而实现全生命周期碳控制；最后，将供应链整体的碳排放控制在目标范围内，达到供应链整体利益最优化，最终实现供应链资源优化配置，在财务目标实现（尽可能降低碳成本，提高碳效益）的前提下实现最大化碳减排。

1.4　研究目的、内容与方法

1.4.1　研究目的

本书围绕供应链碳流与价值流之间的相互影响及内在逻辑机理分析，

揭示供应链层面"碳流—价值流"有效管理的关键环节，进而构建供应链"碳流—价值流"核算、评价及决策优化与控制模型，并通过案例验证，为后续应用和推广研究提供实践指导。为此，预期研究目的可分解为如下两个层面：

（1）理论层面

以低碳经济学、会计学、环境会计学与成本控制相关学科原理为基础，依据能源流、碳流与价值流互动变化影响原理，搭建供应链的"碳流—价值流"管理框架。一个完整的"碳流—价值流"管理框架包括核算、评价、决策优化与控制等多个模块。本书旨在以碳元素为主体追踪，结合资源价值流和产品全生命周期分析，分别构建供应链"碳流—价值流"核算、评价以及决策与控制体系，明确其功能和作用，使其形成一个较为完整的供应链"碳流—价值流"管理体系。

（2）应用层面

选择"煤—电—钢铁"供应链，并实例证明供应链"碳流—价值流"管理体系的适用性和有效性。为后续应用和推广研究提供实践应用指南。

1.4.2 研究内容

能源低碳发展关乎人类未来①。坚持绿色低碳循环发展已成为中国的一项基本国策。本书基于环境会计学、生态学等多学科交叉内容，结合生命周期理论、供应链协同理论等理论，融合可持续发展理念，对供应链节点企业与供应链整体的"碳流—价值流"进行系统研究。

本书的主要内容共分为8章，各章主要内容如下所示：

第1章，绪论。结合世界减排目标、中国和世界多国的减排表现以及中国减排要求，分析得出中国在供应链视角开展碳减排存在着较大的发展空间。供应链碳排放为源头引发了对供应链碳流及价值流的核算，从而提出了供应链"碳流—价值流"管理这一研究主题。对供应链"碳流—价值流"管理研究有关的国内外文献进行了梳理和分析，为本书的后面章节奠定了文献基础。

---

① 新华社.习近平向2019年太原能源低碳发展论坛致贺信［N］.经济日报，2019－10－23 (16).

第 2 章，基于供应链的"碳流—价值流"相关概念界定和理论基础。对书中涉及的相关概念进行界定说明，明确了供应链"碳流—价值流"管理研究的理论基础，即归属于管理会计学科门类，是一项碳管理会计工具，为进一步的"碳流—价值流"管理研究奠定理论基础。

第 3 章，基于供应链的"碳流—价值流"系统框架的构建。分析供应链全流程能源消耗、碳流与碳排放之间的关系，对碳流和价值流耦合和相互作用机理进行分析，构建供应链"碳流—价值流"的管理系统框架，包括内涵与分类、功能定位与目标和主要内容。

第 4 章，供应链"碳流—价值流"核算模型。通过对供应链全流程能源消耗、碳物质流动与价值核算的基本逻辑关系分析，建立了供应链"碳流—价值流"的核算程序与模型，该模型分为供应链碳实物流核算、供应链碳价值流核算以及供应链"碳流—价值流"二维核算。二维核算通过碳会计矩阵来实现。

第 5 章，供应链"碳流—价值流"评价。本章基于 DPSIR 模型框架，从驱动力、压力、状态、影响和响应五个方面构建供应链"碳流—价值流"综合评价指标体系，并选用因子分析法（FA）和数据包络分析（DEA）相结合的综合评价方法，对供应链在实施"碳流—价值流"管理前后的整体状况进行有效性评价。

第 6 章，供应链"碳流—价值流"决策优化与控制。本章主要包括两个方面的优化与控制。第一，供应商优选决策优化以及核心企业与供应商之间的协同管理模式，构建了"碳排放内部损失成本—外部环境损害（CO_2）"的二维分析框架，并从供应链整体出发对供应商进行评价筛选；第二，供应链整体的决策优化与控制。只实现企业内部的局部优化，并不代表供应链整体利益最优，所以，还需要以供应链整体为出发点，研究构建纳入生态控制理念的供应链"碳流—价值流"管理控制系统，形成企业间的信息共享机制和成本利益分摊机制。

第 7 章，以"煤—电—钢铁"供应链为案例，通过供应链"碳流—价值流"状态分析，建立供应链"碳流—价值流"核算、评价以及决策优化与控制模型；首先，根据世界资源研究所对供应链碳排放范围的划分，将钢铁企业的碳排放界定为"范围 1"、燃煤发电企业的碳排放界定为"范围 2"、煤炭开采企业的碳排放界定为"范围 3"，以此为核算边界进行"煤—

电—钢铁"供应链的碳流分析。供应链碳流分析是碳价值流核算的前提和基础。本书首先以供应链碳流为基础，借鉴资源价值流方法（RFCA），对供应链各物量中心（一级和二级物量中心）的内部碳排放成本损失和外部碳排放环境损害核算；其次，以核算信息为基础进行供应链"碳流—价值流"综合评价，确定供应链管理的有效性；再次，实施供应链"碳流—价值流"优化决策和控制体系，进行供应商选择和供应链共享收益分配；最后，对优化前后的"煤—电—钢铁"供应链进行了评价和对比。通过案例验证其管理体系的可行性和有效性。

第 8 章，结论与展望。结合前文研究内容，总结、归纳本书的研究结论，指出本书在研究内容及方法上的不足之处，进一步提出了对未来的研究展望。

本书的研究技术路线如图 1-4 所示。

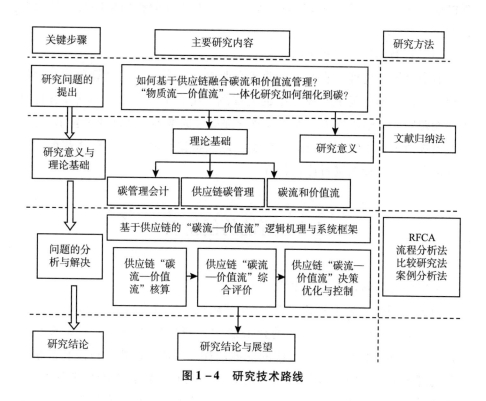

图 1-4　研究技术路线

1.4.3 研究方法

（1）文献研究与理论归纳

通过阅读国内外相关资料，系统搜集供应链碳成本、供应链碳流、供应链价值流等方面的研究文献，并进行归纳、整理、总结，将碳物质流和价值流进行交融，构建低碳发展环境下的"碳流—价值流"管理的理论方法体系，并以支撑思路。文献研究与理论归纳主要是为本书奠定理论基础。

（2）案例研究与现场调研

选择供应链为研究对象，对选定的"煤—电—钢铁"供应链及其关键节点企业（钢铁企业、燃煤发电企业以及煤炭生产企业）进行案例研究，现场调研以获取各节点企业的生产流程图、能源消耗数据、物质流转数据、碳排放数据、生产数据、财务数据等，进行相应的整理归纳，为案例研究提供数据支撑，从而进一步验证"碳流—价值流"分析框架的科学性及可行性。

（3）计算绘图与流程分析

书中以供应链每一节点（企业或企业内部各车间）为计算单元，运用流程分析，绘制碳流流程图。根据流程图，结合 RFCA 方法，核算各计算单元能源输入、输出成本，碳排放及外部损害成本等，并制成碳价值流图，以便更加清晰地了解碳价值流转情况，以及根据绘制的供应链优化前后整体碳流和碳价值流图进行比较分析。

1.5 可能的创新点

本书可能的创新点表现如下：

（1）将研究对象聚焦到"碳"，构建碳流与价值流的集成管理模式

本书尝试遵循着管理会计的核心思想，开拓性地将研究对象聚焦到"碳"。充分考虑供应链全流程中的能源消耗、碳流、碳排放以及相应价值之间的逻辑关系，将具有物质属性的碳流与具有经济属性的价值流结合，构建"碳流—价值流"管理模式。它涵盖产品生产的全生命周期，并集成供应链"三个范围"碳排放核算体系、MFCA、资源价值流核算方法的理

论与方法精髓。"碳流—价值流"管理的目的是通过"碳流""价值流"的集成创新理论与方法来满足低碳经济开展的物质与价值信息需求。

（2）突破企业内部的研究边界，拓展到供应链层面进行碳流价值管理

现有的研究成果主要集中在企业内部的碳流分析及其碳流价值变动研究。本书将"碳流—价值流"管理的研究范围从企业的组织边界延伸至上下游企业。基于产品全生命周期的碳流为依据，核算供应链碳流转中形成的价值流转，如内部碳有效利用价值、碳排放内部损失价值、碳排放损害价值等。通过"碳流—价值流"集成分析，以碳会计矩阵为直观图像表达形式，可视化供应链各节点的碳排放损失，为有针对性地降低损失成本和减少碳排放提供决策有用信息。

（3）选择以"煤—电—钢铁"供应链为案例，论证其管理模式的可行性，在案例供应链的设计上更凸显扩大碳排放核算范围

本书选择以"煤—电—钢铁"供应链为案例对象。以该供应链碳流为基础，构建供应链层面"碳流—价值流"核算、决策优化及评价模型，分析、建立供应链核心企业与供应商之间的碳协同管理模型。以实例论证了供应链"碳流—价值流"管理模式的适用性和有效性。为供应链"碳流—价值流"管理模式的应用推广提供有力的实践指导。同时，已有的供应链案例研究主要集中于供应链企业范围 1 和范围 2 碳排放核算，鲜有考虑范围 3 碳排放的核算。本书选择钢铁企业为核心企业，向上游延伸，将钢铁企业的煤炭和电力供应商（即煤炭企业和燃煤发电企业）纳入案例供应链，形成了"煤—电—钢铁"供应链。其中，钢铁企业直接碳排放为范围 1 排放，燃煤发电企业提供电力的间接碳排放属于范围 2 排放，煤炭企业提供煤炭产生的间接碳排放属于范围 3 排放。"煤—电—钢铁"供应链案例为供应链"碳流—价值流"管理体系的验证提供更多的商业案例参考。

第 2 章

基于供应链的"碳流—价值流"
相关概念与理论基础

基于供应链视角的"碳流—价值流"管理体系研究，有两个层面的界定，可称之为双元结构体系，第一层面是在供应链、产业链上单一企业内部的"碳流—价值流"流转规律和管理体系研究；第二层面是企业间的流转规律和供应链整体的"碳流—价值流"管理体系研究。考虑到目前企业层面（企业内部）的相关文献和成果较多，故本书不再重点研究，而是将研究重点放在供应链层面（企业间和供应链整体）。

2.1 概 念 界 定

供应链"碳流—价值流"研究中，涉及的能源、能源流、碳元素、碳（素）流、价值、价值流以及供应链、"碳流—价值流"管理等概念都有其独特的属性，决定了供应链"碳流—价值流"的研究范畴，因此，本章首先对上述相关概念及内涵进行清晰界定与深入剖析。

2.1.1 供应链

21 世纪的竞争不再是企业之间的竞争，而是供应链之间的竞争。什么是供应链，至今仍缺乏统一的概念界定[128-130]。本书认同的定义为：供应链是指围绕核心企业，从原材料采购、运输、加工、包装，再到产品生产、销售等环节，包含供应商、生产商、销售商、客户等多主体的网络链结构，在该网络中各个主体间密切相关，物流、信息流等成为连接的链条。在供应链网络中，主体间实现资源、信息、技术等流通共享，一定程度上提升了企业生产效率[122]。

现实环境中，由于交易关系，供应链上实际存在很多企业，企业之间形成纵横交错的"网链"关系，如图 2-1 所示，不同的企业组合可以形成若干条供应链。

供应链中的成员企业按其主要业务类型可分为供应商类、制造商类、分销商类、零售商类、废弃物处理企业类等，也可按照企业在供应链中的地位、重要程度，分为主体企业（又称核心企业）和客体企业（又称节点企业）。主体企业是供应链网络的核心，主要承担产品的生产工作。主体企业是贯通整个供应链上下游的纽带，从上游采购原料，自身生产加工，然后销售给下游分销商、零售商，直到最终消费者。

在供应链中，主体企业可以是一个，也可以是几个，形成主体企业群。根据主体企业数量，供应链网络形式有所不同。在单一主体企业时，就形成了卫星式企业群体（见图 2-2），而当存在多主体企业时，供应链网络则较为复杂，通常形成以主体企业为主，以客体企业为辅的团队式合作群体，如图 2-3 所示。

这两种形式的供应链网络形式如图 2-2、图 2-3 所示。

目前学术界经常提到的有"可持续供应链""绿色供应链""低碳供应链"的概念，它们之间既有相同点也有不同点，这三者均以实现可持续发展为目标，从供应链角度，对生命周期进行全过程管理，以实现经济环境效益的相统一。不同点在于绿色供应链强调资源节约及环境保护，在环境保护方面重点关注污染物如废气、废水、废渣等的减量化、无害化、资源化处置，忽视了社会维度；可持续供应链忽视了价值增值和节约投入两个焦点问题，而这两点是绿色供应链的主要内容。低碳供应链可以理解为是绿色供应链向更深层次的低碳理念的延伸。低碳供应链与绿色供应链相比，则主要强调碳排放权交易及碳排放约束，从制约及激励两个角度促进了供应链企业的碳减排。

在低碳经济背景下，本书中的"供应链"主要指低碳供应链。低碳，顾名思义是减少碳排放，提高能源利用效率，实现新能源的技术创新与替代。低碳供应链的内涵，就是将低碳的理念融入供应链的各个环节。低碳

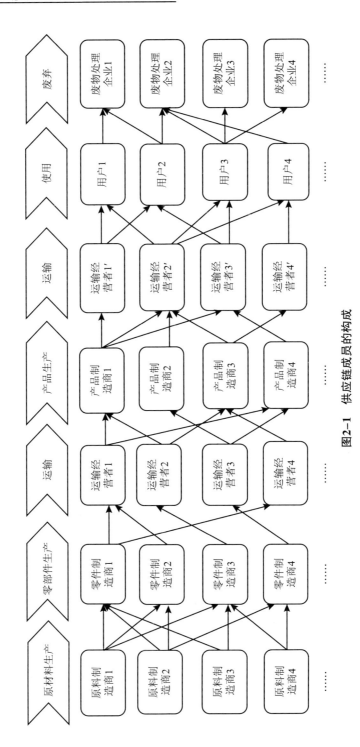

图2-1 供应链成员的构成

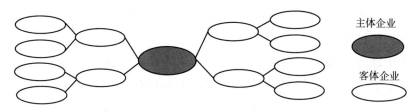

图 2-2　卫星式企业群体组成的供应链

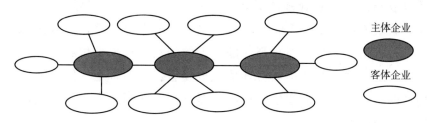

图 2-3　团队式企业群体组成的供应链

供应链从全生命周期角度出发，全过程考虑供应链网络中原材料的采购、运输，产品的生产、销售、使用等对内外部环境的影响，从而要求供应链主体企业及客体企业相互合作，降低碳排放，减少环境损害。从可持续性的角度看，供应链绩效受到供应链参与者之间协作程度的强烈影响。更具体而言，可以将协作定义为组织与其供应商和客户的直接参与，共同制定计划以识别和实施可持续性管理和环境解决方案的机会。

合作还包括交换技术信息（生产过程）以及共同愿意了解相互之间的供应链互动，以计划和设定改善环境的目标（Vachon & Klassen，2007）。这也意味着要进行合作以减少与供应链中的物质流相关的环境影响（Carter & Carter，1998），并对对方的责任和能力有足够的了解。

2.1.2　供应链碳成本

供应链碳成本可以理解为将碳因子纳入供应链成本中。要界定什么是供应链碳成本，就应该了解什么是供应链成本（supply chain cost，SCC）。

目前，学者们对于供应链成本内容的界定仍没有取得共识[131-132]，主要分为宽派与狭派。狭派学者认为，供应链成本的概念仅仅包括供应链上企业之间的成本，而不应包括企业内部的产品成本管理；而宽派学者认为，供应链成本不仅研究供应链上企业之间的成本管理，而且还要研究成员企业内部的产品成本管理，两者必须结合研究才有意义[133]。

本书认为应该基于宽派学者的观点来界定供应链碳成本。碳成本的核心为碳排放。基于供应链层面的碳成本不仅包括企业内部为自身碳减排或超标碳排放而付出的代价，还包括企业之间协同减排而发生的成本费用，即为了降低供应链整体碳排放而发生的事先预防成本以及事后超标碳排放交易成本和碳排放对环境造成损害的成本。与环境成本相似，供应链碳成本建立在产品全生命周期之上，因为每个流程（如采购、生产、制造、物流、销售等）都伴随着能源消耗，都要支付相应成本以减少能耗，防止过多的碳排放对环境造成损害。总而言之，供应链产品生命周期的所有流程中都产生碳成本，即每个企业都要为自己排放出的碳付出同等的代价。

从供应链整体角度进行阐释分析，供应链网络是由各主、客体成员企业构成的，各成员企业间密切联系，即单个成员碳交易、碳成本的变化均能导致供应链整体发生变化，所以需要对整个供应链进行全生命周期管理，供应链网络节点企业应当达成协调机制以实现协同减排，从而控制整个供应链的碳排放。

2.1.3 供应链碳流

碳的产生与化石能源消耗呈因果关系。能源是企业生产经营不可或缺的重要燃料，其中煤炭、石油、天然气等含碳化石能源的消耗是温室气体排放的核心源头，通过追踪含碳能源的流转过程构建能源流。能源流是物料形态流，而碳流是元素流，它隐藏于能源流中。能源流是描述含碳化石能源等碳资源在经济系统中投入、周转和产出等一系列流动。由于种类的不同，各种能源的计量单位存在显著差异，不能直接进行增加。能源热值则较好地解决了这一问题，可以将不同类型的能源消耗数量转化为能源热值，从而实现能源计量单位的统一以便于核算。借助能源热值，实现了能源输入、消耗、输出等环节的科学计量，形成能源流。再根据各种化石燃料单位热值含碳量及碳氧化率，折算出经济系统内碳的投入、循环、产出、废弃量，勾勒出经济系统的碳素流图。

碳素流是能量流中的主要形式。各系统（车间或企业）的投入碳素流与产出碳素流之差就是该系统（车间或企业）的碳排放。因此，碳素流分析的目的是，通过核算出各车间或企业的碳排放量，分析其成因，识别导致碳排放的关键因素和环节，从而探寻碳减排途径，实现最小化碳排放量。

供应链碳流，具体来说就是基于产品生命周期领域内产品供应链的碳足迹。温室气体核算体系（GHG Protocal）将供应链碳排放区分为三个"范围"，有效地围绕企业的三个边界来进行碳会计和审计（WBCSD/世界资源研究所，2004）。范围 1 的排放是由企业直接负责的活动产生的，范围 2 的排放是与购买电力、热力和蒸汽有关的间接排放，而范围 3 则涵盖了以企业的名义工作（服务）的其他业务（如第三方物流）。范围 3 的排放，是企业的上游供应商和下游客户产生的碳排放。以货币流动来区分上游和下游，上游的定义是"原则上与购买产品和服务相关的活动"；下游的定义是"原则上与销售产品和服务相关的活动"，范围 3 设置了 15 个基准类别，其中，类别 1 ~ 8 在上游，类别 9 ~ 15 位于下游，包括从供应商处提供的原材料进行生产时根据使用的能源量确定的 CO_2 排放量，将废弃物运送到废弃处理场时的物流过程和废弃物处理产生的 CO_2 排放量，将产品运送到消费者产生的 CO_2 排放量，消费者在使用时产生的 CO_2 排放量，和消费者废弃产品包装材料产生的 CO_2 排放量（具体内容见附表 4）。

与企业碳排放测算对象一样，供应链碳排放的测算对象也是碳。碳是以二氧化碳为主要成分的温室气体的简称，核算的对象是二氧化碳及其等同物，如甲烷（CH_4）、一氧化二氮（N_2O）、全氟化碳（PFCs）、三氟化碳（NF_3）等温室气体。由于气体具有流动性特征，因此，计算供应链层面的碳排放，应界定碳存在的时间和空间范围以及相关活动类型。目前碳排放的界定主要有两种模式：组织碳核算和产品碳核算（见图 2 - 4）。这两种核算模式主要是基于碳实物量的核算。

（1）组织碳核算

组织碳核算是基于以现场为中心，或基于碳排放物流（如移动燃烧排放物）的碳排放实物核算。所有组织碳核算方法试图捕获范围 1 ~ 3 的直接和间接排放。第一个组织碳核算标准是世界资源研究所（the World Resources Institute，WRI）和世界可持续发展工商理事会（World Business Council for Sustainable Development，WBCSD）共同发布的温室气体核算体系（GHG Protocal）。

（2）产品碳核算

产品碳核算是基于一种产品的生命周期评估（LCA）方法测量碳排放（或碳当量的排放）的方式，按照生命周期各阶段排放计算汇总。这种方式内部用于产品优化和设计，外部用于生态标签目的和与消费者的沟通。最广泛使用的方法在英国标准协会（BSI）的公开可用规范（PAS2050）和温室气体核算体系（GHG Protocal）倡议的产品生命周期标准中描述。目前，法国、英国、日本、美国、瑞典、加拿大、韩国等国已经在其国内推广使用碳标签，鼓励本国企业在商品包装上详细标注产品生命周期每个阶段的碳足迹。

综上所述，组织碳核算和产品碳核算这两种方法的核算目的是一致的，核算的结果合计也应该是基本相等的。它们之间的联系如图2-4所示。

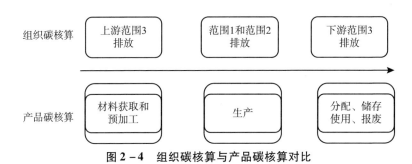

图 2-4　组织碳核算与产品碳核算对比

资料来源：温室气体核算体系（2011）[10]。

从组织维度分析，

供应链碳排放 = 范围 1 排放 + 范围 2 排放 + 上游范围 3 排放

　　　　　　　　+ 下游范围 3 排放

　　　　　　= 范围 1 排放 + 范围 2 排放 + 范围 3 排放　　　　（2-1）

从产品维度分析，

供应链碳排放 = 材料获取和预加工阶段碳排放 + 生产阶段碳排放

　　　　　　　　+ 运输阶段碳排放 + 使用阶段碳排放

　　　　　　　　+ 报废阶段碳排放　　　　　　　　　　　　　（2-2）

2.1.4　供应链碳价值流

价值作为商品的重要属性，能够反映商品对人类的重要程度，一般通过货币进行计量。简言之，价值是指在客户看来一件产品值多少钱。价值通常以价格形式呈现，在经济学上，这个价值实际上就是交换价值的反映。根据古典经济学观点，价值不能简单与价格相对等，而根据马克思政治经济学理论，价值是凝结在商品中的无差别人类劳动中。本书借鉴经济学观点，重点研究资源的价值，即资源对人类的价值，可以通过货币来计量，其价值大小受资源数量及效用影响。资源价值核算通常包括流量价值核算及存量价值核算两种，前者能够反映后者的变动情况。

流量价值的核算过程及结果，是本书研究使用的价值流核算与分析。供应链的价值流是产品价值凝结的整个过程，从原材料采购、运输，再到产品生产、销售等整个过程，产品价值逐渐形成，而其中的价值流动轨迹也就形成了价值流。供应链价值流的内涵较为广泛，还包括供应链各主体间的信息流动。价值流分析需要同时考虑产品生产全过程的增值、非增值活动，如成员企业间的信息沟通、物流运输、生产销售计划及产品生成的各个部分。价值流分析的主要目的是实现价值流的有效管理，即通过原料、产品的价值流动轨迹，减少资源错配及浪费，从而获得更大收益[97]。

本书借鉴周志方（2019）[2]对碳价值的定义与分类，基于产品全生命周期视角，推导出供应链碳价值流的概念。供应链碳价值流即供应链碳价值运动流转状况，是一种动态的价值范畴。供应链价值流则以碳元素流为核心，动态追踪产品生产的全过程，具体分析产品生产各个环节的价值变化，其核算内容不仅包括供应链成员企业内部的能源消耗、碳排放和经济利益产出，还有供应链成员企业之间协同减排发生的共同成本支出及其分配。

2.1.5　"碳流—价值流" 管理

在现有文献中并没有 "碳流—价值流" 这一专有名词，它由 "碳流" 与 "价值流" 这两个词组合而成，在词义上也表示 "碳流" 和 "价值流" 的集成和融合。

"碳流—价值流" 管理是 "碳流分析" 与 "价值流分析" 的二维集成。其集成思想源自肖序、刘三红（2014）[98]构建的 "元素流—价值流" 二维分析模式，将研究对象细化到碳元素，通过追踪碳元素的流动路径，计算碳元素流动所代表的价值流动数据；寻找碳排放潜力改善点，提出改进方案，重构碳元素流动路线，力争实现 "碳流—价值流" 的最优化。

本书中构建的供应链"碳流—价值流"管理体系归属于碳管理会计范畴,其遵循着管理会计的核心思想,具有决策、评价和控制等职能,它是以碳流和价值流之间的内在逻辑和因果关系为理论前提,追踪产品全生命周期阶段的碳元素流动轨迹。依据碳平衡原理,通过平衡系统内碳输入与输出计算系统内碳元素质量(或者是碳排放量),测算出最终合格产品的含碳比及以废气形式排放的碳排放当量(或含碳比),并以两者的含碳比例计算碳元素流动所代表的价值流动数据,寻找碳排放热点。同时,通过对上游供应商的评价筛选、供应链成员企业内部的排放点减排以及企业之间的协同管控等方式,以实现挖潜减少供应链碳排放,改善含供应商在内的整条供应链的价值流。

2.2 理 论 基 础

2.2.1 生命周期理论

"生命周期"概念揭示了生命体"从摇篮到坟墓"的全过程,将生命周期理论(product life cycle theory)运用于工业生态学领域则衍生为工业生态系统的代谢过程。1966 年,美国学者雷蒙德·费农(Raymond Vernon)在其《产品周期中的国际投资与国际贸易》中首次提出生命周期理论,指出产品生命周期分为引入期、成长期、成熟期和衰退期这四个时期。由于该理论较为全面地考虑了产品采用的整个过程,逐渐应用到其他领域。随着环境保护理念的兴起,生命周期理论引入到环境管理研究领域,对产品全生命周期各个阶段的资源消耗及环境损害均进行科学计量,从而实现资源消耗及污染排放的精准全面控制。

根据产品生产及利用过程,产品全生命周期包括原料采购、加工、包装、运输,产品制造、销售、回收等过程。生命周期成本(LCC)和生命周期评价(LCA)是供应链低碳决策中评估产品全生命周期经济和生态影响的常用方法(Lim & Park,2007)。

(1)生命周期评价(life cycle assessment,LCA)

LCA 是一种确定产品和过程从"摇篮到坟墓"对环境造成的总体影响

的方法（Reap et al., 2008）。1997 年国际标准化组织（ISO）环境管理技术委员会发布 ISO 14040 标准进一步规范了生命周期的实施步骤，包括四个步骤：目的与范围的确定、清单分析、影响评价及解释。LCA 涵盖了所有的环境影响，从环境方面对单个产品单元（和相应的功能单元）进行评价。考虑到对生命周期的各个阶段的划分可能会有分歧，在 LCA 中，区分了"生产—出库"（cradle to gate）以及"摇篮—目的地"（cradle to grave）的研究，前者主要评价生产或制造阶段对环境施加的负面影响，即部分生命周期评价（partial LCA）；后者考虑整个生命周期的环境影响，即全生命周期评价（LCA）。LCA 分析的目标在于将环境负面影响降至最低限度，目前主要应用在工艺分析、材料选择、产品评估比较和政策制定方面。

1998 年，中国逐步引进及普及 ISO 14040 系列标准，1999 年进一步确定了 LCA 的体系。随后相继发布及实施《LCA——目的与范围的确定和清单分析》《LCA—生命周期影响评价》《LCA—生命周期解释》等指南报告，LCA 分析逐渐成为企业关注的重点。此外，国家也大力扶持生命周期理论的研究，先后支持"城市生活垃圾生命周期分析及过程管理对策研究"等国家自然科学基金项目的研究，组建行业生命周期评价中心，对钢铁、火电、造纸、酿酒等诸多行业的生产工作进行全生命周期评价。在国家政策扶持下，全生命周期的理论与实践研究逐渐丰富，有力推动了中国生产效率的提高及碳减排工作。

（2）生命周期成本计算（life cycle costing, LCC）

LCC 是一种面向过程的工程和管理工具，即一种成本核算方法——既不是现金流也不是费用模型。它允许对未来成本进行估算，从而将注意力集中在组织内部和外部的因素上，目的是在发生这些因素之前消除它们，从而降低预期风险。与临时分析不同，它以过程为导向，可以解决企业的整个成本结构以及实现其他任何成本对象（如产品和流程）同时显示。它既可以是事后分析，也可以是事前分析，并且由于现金流不适合跟踪资源消耗，因此，它并不专门关注现金流。

此处不将关注重点放在产品存在的时间范围上，而是将其理解为一条操作链，从生产者的角度或供应链的角度而言是相关的，以便确定在个体企业范围之内和之外的降低成本的机会。正如瑟林（Seuring, 2002）[134] 所述，产品的生命周期本身并不是一个实体，它不受参与其中的各个企业的控制。而是对生产过程中的各个步骤做出决策或旨在满足客户需求。从生产者的角度来看，生命周期包括制造和购买后的客户支持以及产品处置活动，生产者应在早期的产品设计阶段考虑这些活动。

从产品角度实施 LCC 意味着要分析企业类似于价值链成本计算（Shank & Govindarajan，1996）和开簿式核算（Kajüter，2002；Kajüter & Kumala，2005）。价值链概念的整体方法原则上可以看作是管理会计中的 LCA 方法（James et al.，2002）。

自 20 世纪 90 年代 LCA 诞生以来，LCC 的环境含义已变得越来越重要。从管理的角度来看，缺乏互补的环境成本信息被视为分析的主要缺陷（Steen，2005）[135]。尽管 LCC 在环境领域设有应用先例，但由于环境问题，LCC 近年来又成为热点了。LCC 的环境含义已在文献中详尽定义。可以将其视为将成本纳入 LCA 的一种方式（Norris，2001）[136]，也可以看作是借助 LCA 推算产品的全部环境成本的一种方式（Epstein，2006）[137]。除了 LCA 以外，LCC 还被理解为整个产品生命周期中与环境相关的决策的预计财务后果（Bennett & James，2000b；Burritt et al.，2002）。

到目前为止常用的方法是将单独且一致的工具组合在一起。LCC 和 LCA 被视为补充工具，它们的并行实施不包括前者与后者的任何形式正式整合（Udo de Haes et al.，2004）。如果 LCA 和 LCC 基于相同的原理，以便可以将它们组合在一起，否则它们之间最合适的链接是将在 LCA 中设置的物理流量清单。它为推导与物质和能量流相关的成本提供了良好的基础。在已发表的文献中，这两种方法通常并行使用但集成很少。安妮特·比勒等（Annett Bierer et al.，2015）[138]将扩展的 MFCA 方法作为 LCC 和 LCA 之间的纽带，提出了用于 LCC—LCA 集成研究的程序模型。在集成链管理（ICM）的概念中也可以找到 LCA 的相同物理主干和概念基础。在 LCC 中采用供应链观点意味着整合产品、关系和成本维度（Seuring，2002，2003）[134]。因此，LCC 分析的系统边界必然受到在链的不同阶段运行的参与者之间实际关系的影响，并必须指出哪些成本是由 LCC 内部负责的，并且与 LCA 中的物质流不同，这严格取决于相关行为者的观点。

2.2.2 ISO 14052——MFCA 在供应链中的应用

MFCA 是一项环境管理会计工具。MFCA 追踪供应链内的物料输入输出流程，物料从供应链上游的供应商输入，进入产品制造企业，按照产品生产工艺流程的走向，生产出正产品，并向供应链下游的消费者输出，同时向环境中排放负产品（如废品、废气、废水等）。整个过程将产品（原材料开采→产成品→使用→再资源化）作为核算对象。在产品全生命周期的各个节点，按照一定标准分配计算物料有效利用成本及物料资源损失成本。MFCA 帮助组织更好地了解材料和能源的使用、损失以及由于材料低效所导致的相关成本。

ISO 14051 已经解释了企业边界内 MFCA 的应用。ISO 14052 又将 MFCA 边界延伸到供应链中的多个企业，通过企业间的 MFCA 集成方法更有效地利用物料和能源。这为供应链中不同组织带来经济和环境效益，包括降低总材料损耗（主要材料、能源和辅助材料），从而提供共同的机会降低成本，提高环境性能（如减少温室气体、提高材料/能源效率）和增加信任、合作和富有成果的业务关系。供应链中不同组织之间的信任关系和对自身情况的共同了解的增加促进了协作。这也可以通过相互的 MFCA 合作来激励长期合同。

MFCA 应用于供应链管理，可以改善现有的供应链管理信息共享、沟通机制以及企业采购部门与供应商之间的管理实践，该企业是供应商与消费者之间的关键纽带。MFCA 可以补充现有的环境管理和管理会计实践。此外，对供应链各个阶段的物流和能源使用进行全面评估也可以作为全面可持续性管理的基础。例如，MFCA 信息可以用于监测环境指标，或者帮助识别和减轻供应链中的风险。

ISO 14052 突破单一企业的范围边界，以某一产品生命周期为主线，计算该种产品的全生命周期环境成本，通过供应链中两个或多个企业之间的协作达到在整个供应链中更多地减少总物料损失[18-19]。在供应链的上游企业（供应商），物料损失可能是由于多种原因（如供应材料的尺寸或质量变化）造成的。在供应链的下游企业（客户），客户要求的过高精度（设计和规格）或过高的质量标准也可能导致物料损失。如果一个企业理解物料损失原因是传递给下游企业的材料或产品的规格型号或其他事项（如加工条件），该企业将意识到在生产这些材料或产品时可能产生了不必要的材料损失。如果发现过多的规格导致额外的物料损失，则对规格进行修改可带来材料和能源节约。该企业可以通过与供应商联合分析 MFCA 机会，与消费者（客户）讨论与 MFCA 相关的改进机会，或同时与一个或多个供应商和（或）一个或多个客户讨论与 MFCA 相关改进，来达成在供应链中应用 MFCA。所有参与企业本着致力于改善供应链中的物料和能源效率，互相信任、共享利益、密切合作。供应链中 MFCA 实施的 PDCA 循环步骤以及适用的原则和信息共享类型，为供应链"碳流—价值流"管理提供了基础理论的支撑。

2.2.3　碳足迹

碳会计核算以碳排放物质流过程的碳足迹计量为基础单位，而"碳足迹"的概念起源于"生态足迹"（ecological footprint）。生态足迹理论是用以研究地球承载力，因为地球呈封闭状态，外界的能量能够传输进来而非物质，因此地球存在增长的极限，这被称为地球的承载力。来自加拿大的生态学家威廉·里斯博士最初在 1992 年研究"生态足迹"，其后的学者们在此基础上热烈研讨后总结得出"碳足迹"这一新的概念。

对于"碳足迹"，世界不同环境组织、机构和学者分别从产品、服务、活动以及能源消耗生态足迹等不同角度阐述了其内涵。维德曼（Wiedmann，2007）[139]提出碳足迹以 CO_2 质量为计量单位，根据直接和间接排放将其他类型的温室气体以碳当量来表征；巴塞尔米（Barthelmie，2008）[140]则提出全生命周期内计算产品生产或行动产生的 CO_2；辛登（Sinden，2009）[141]重点研究产品在其生命周期内产生的各种温室气体排放的总量为碳足迹。有关"碳足迹"的主要核算方法有生命周期核算法（LCA）、投入产出法（IOA）以及混合生命周期法（hybrid LCA）等[142]。

本书主要考虑基于供应链的产品碳足迹，将其定义为：产品碳足迹是对该产品的全生命周期流程内产生的温室气体排放量的度量，以二氧化碳排放当量（CO_2eq）为单位，由制造产品消耗的材料、能源和人力等形成的直接或间接碳排放构成。已有"碳足迹"的各种定义的核算方法，为本书中的供应链碳流核算和管理提供了理论与方法支撑。

2.2.4　资源价值流会计三维模型

资源价值流会计作为环境管理会计的一个重要分支，是挖掘废弃物的产生源头及生产管理过程控制盲点的有效手段。它通过"价值流—物质流"的结合分析，度量内部资源损失价值、外部环境损害价值和资源的附加价值，为各级组织的循环经济战略提供更相关的价值流数据和信息支持[143]。

资源价值流会计以核算循环经济主体的资源物质流动与价值循环为主要目标，并基于此进行评价与优化管理。多学科的结合和交叉使得资源价值流会计具有超强的问题解决能力，工科科学解决物质流的技术性问题，会计学解决价值流中的价值尺度计量与管理问题。

依据价值流分析、物质流分析与循环经济的层级衔接，循环经济实践分为企业层面小循环、工业园区中循环、国家（地区）尺度大循环。相对应，资源价值流会计的应用模式可分为企业（行业）、园区（产业链）和国家（地区）三个层面，其核算的组织边界已经从企业（行业）向园区（产业链）、国家（地区）层面延伸[144]，如图 2-5 所示。

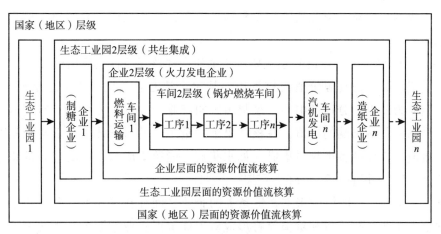

图 2-5 不同组织层级的资源价值流会计核算边界

（1）企业层面资源价值流会计核算流程及应用模式

企业层面的资源价值流会计以企业为核算边界，在单个企业核算范围内以物质流路线为依据，设立匹配于车间、工序（或作业中心）的物量中心，全面、合理计算各物量中心的资源有效利用价值、外部环境损害价值和废弃物损失价值，辨别分析企业内物料损失严重的生产环节，并找到物质损失的原因，提出改进意见，完善循环经济资源物质流环节，达到企业经济和环境效益"双赢"的目标。

①以企业经营生产中的物质流动环节为主体，建立和车间、作业中心相匹配的物量中心，构造具体时点的典型物质流图，能够具体展现企业资源耗散的"总体"与"结构"情况。

②按照物质流程图，加总每一个物量中心的成本，由每一个中心的物质输出方向核算正负制品的成本和废弃物所产生的环境损害成本，明确每一个中心废弃物消耗的比例，发掘重点改造的环节，进行诊断。

③根据价值流分析的结果，判断需要进行改善的技术和环节，产生新的废弃物资源化的"增环"，对物质流环节进行优化，对整体资源利用率进行提升。

④按照新的物质流程图计算价值流，同时分析总体和结构两个维度上循环经济绩效，并且进入循环管理。

⑤根据已获取的资料，从技术和经济两个维度来评价企业循环经济生产中成本与效益、资源利用与废弃物处置等，最终形成一套完整的管理方法体系。

（2）园区（产业链）层面资源价值流会计核算流程及应用模式

园区层面的资源价值流核算边界从单个核心企业向上下游企业延伸，以企业为节点划分物量中心，绘制园区的产业链（网）示意图，确定园区物质输入、输出端的价值，并核算单个物量中心的材料成本、能源成本及间接成本，反映各类物质集成（如水集成、能源集成和物质集成）的价值流转情况，并进行诊断分析[145-147]。

从生态工业园链网来看，链条上的企业之间存在联系并互相作用，上面节点企业的物质流和价值流将形成对下面节点企业的影响。无法就一家企业实现完整的资源循环利用，链条上企业之间需要互相合作，争取共赢，对废弃物进行集中处置和综合利用，这样能够降低整个园区价值流链网上的成本并且实现最大价值。故企业实现各自利益最大化必须要构建完整的生态工业园价值流链网。

园区层面的资源价值流分析核算包括结构分析和总体分析。"结构分析"以工业生态园内单个企业为物量中心，按照成本逐步结转，追踪每一个企业资源数值的改变，为园区资源整体流程核算物量和价值流奠定基础。

若存在工业共生的企业形式，则每个企业的资源物质流转都能直接定位到最终产品和废弃物当中。

"总体分析"将整个工业园区看作一个黑箱，对整个园区输入、输出的材料、能源、水等进行集成分析，以资源价值流转为基础，引入外部环境损害成本，按照循环经济开展前和循环经济开展后两个维度探索工业生态园环境承受力和经济绩效间的根本逻辑关系，揭示工业生态园资源、循环、环境三个层面的效率水平，有助于外部利益相关者深入了解工业生态园的可持续发展状况。

（3）国家层面资源价值流分析应用模式

国家层面的资源价值流分析将一定地域范围内的所有组织或子系统（企业、园区）视为一个经济系统。对国家尺度的物质流网络向部门或区域分解，根据子系统的物质投入量、排放量及蓄积量核算相应的价值流，并评估物质流动对环境的影响。价值流分析的目的在于识别完整价值流中的增值和非增值活动。以特定元素（如铝、铜、锌、铁等）为对象，通过绘制国家尺度的物质流图景，进行物质全生命周期的价值流、能源流与环境影响的评估，识别并消除（或优化）非增值活动，实现物质全生命周期的价值增值。

以资源价值流会计方法为理论基础，综合考虑产品生产全周期，利用物质流的追踪调查法跟踪供应链各链上企业的碳排放与碳基材料流动的情况，持续、动态、全面地揭示与碳排放相关的资源价值流数据，反映不同链上企业或企业中不同工序中碳排放及价值流动情况，明确碳资源浪费和碳污染物的源头，从而帮助企业管理者找到生产过程中需要重点分析的高碳点，促成链上企业通过信息共享，共同选定目标、实施行动、监测进展、调整行动等，提升供应链的碳资源利用率同时降低含碳污染物排放。因此，将资源价值流分析方法导入供应链碳管理体系，从供应链整体，同时深入供应链内部挖潜碳排放高污染点，从内部环节寻求优化路径。由此可见，基于供应链层面的资源价值流会计核算流程与应用模式为供应链层面"碳流—价值流"核算提供理论支撑。

2.2.5　供应链协同理论

安德森（Anderson）和李（Lee）在 1999 年最早定义了供应链协同的

概念[148]。这种供应链管理目的是实现整体上供应链效率和效益提高，保障链上企业的利益。在供应链体系中，各企业需要按照同一目标努力并且互相协同合作，保证供应链资源合理使用和分配。供应链协同管理的主要内容为企业之间在需求、物流、库存、采购、产品设计等多层面进行协同管理，企业需要同时完成内部协同和与其他企业的外部协同。相比较供应链合作和供应链协调，供应链协同是一种更高层次的联合运作方法。供应链协同的关键是发挥协同效应，让供应链组织整体的价值比局部组成价值加总更大，实现"1 + 1 > 2"效应。供应链协同管理理论为供应链"碳流—价值流"管理提供了基础理论的支撑。

2.3　本章小结

本章首先阐明本书的主要研究重点放在供应链层面（企业内部和供应链整体）。对供应链"碳流—价值流"管理有关的概念，比如供应链、供应链碳成本、供应链碳流、供应链碳价值流以及"碳流—价值流"管理等，进行了界定和说明；其次梳理了构建供应链"碳流—价值流"管理体系的相关理论基础，包括生命周期理论、"ISO 14052——MFCA 在供应链中的应用"国际标准指南、碳足迹、资源价值流会计三维模型、供应链协同理论等，提出生命周期理论和供应链协同理论是进行供应链层面分析的基础；ISO 14052 国际标准指南和资源价值流会计三维模型理论主要应用于供应链价值流分析；碳足迹理论主要应用于供应链碳流核算和管理。各个理论相互独立，又互相支撑，为接下来进行供应链"碳流—价值流"管理系统框架设计奠定理论基础。

第 3 章

供应链"碳流—价值流"管理的
逻辑机理与系统框架

能源流、碳流是物质流的一种特殊形态。碳元素以化石能源为载体，以能源流为基础的碳流，描述了含碳能源的物质流动状况及废弃物料的再使用、再循环利用过程中的碳流量和流向。从物质流的角度分析，碳流的最终产物是碳排放物，而能源利用是二氧化碳排放的主要来源。能源在供应链全流程中的转换、利用，是需要依附于设备、人工以及其他材料才能实现的。伴随着能源消耗产生的 CO_2 等废弃物，其废弃物占用了制造能力、人工、设备等，即碳排放会伴随产生部分能源成本、材料成本、人工成本、设备折旧等系统成本，其随着碳流成本分配都应涵盖在碳排放内部损失成本（价值）之内。识别和确认供应链碳流消耗和成本损失；突破企业边界，寻找碳排放量与价值流转数据之间对应的流程节点上的因果关联，由"果"及"因"，剖析供应链"能源—碳—价值"之间的机理关系，构建供应链"碳流—价值流"管理框架体系，以有效实现对供应链碳排放的实物管理和价值管理。

基于此，本章将首先分析全球碳排放趋势、能源消耗状况以及低碳供应链管理的现实要求，阐明供应链"碳流—价值流"管理研究的必要性。其次以此为背景，深入供应链内部，追踪供应链碳流路径和价值流运动轨迹，探索供应链的能源损耗、成本和 CO_2 排放之间的内在因果关系，剖析碳元素的流向和流量对碳价值流的影响机制。最后基于供应链碳流和价值流之间的互动规律和耦合机理，确定供应链"碳流—价值流"管理的功能定位、目标以及基本内容。该研究将为供应链"碳流—价值流"管理提供基本理论方法和内容。

3.1 供应链"碳流—价值流"
管理研究的必要性分析

3.1.1 全球碳排放问题日益严峻

《2019 年全球碳预算》报告指出，1850~2018 年，化石燃料和工业活动产生的累计排放量为 1649$GtCO_2$（10 亿吨 CO_2），土地利用变化产生的累计排放量为 751$GtCO_2$。累计排放总量为 2400±238$GtCO_2$，大气、海洋和陆地中分别为 953±18$GtCO_2$、586±73$GtCO_2$ 和 733±147$GtCO_2$[①]。

在化石燃料和工业排放上，全球化石燃料燃烧和工业活动排放的 CO_2 每 10 年都有所增长，从 20 世纪 60 年代的平均每年 11.4$GtCO_2$ 上升到 2009~2018 年的平均每年 34.7±2$GtCO_2$。2018 年排放量达到创纪录的 36.6±2$GtCO_2$。2019 年全球排放量预计将增加 0.6%（-0.2%~1.5%），增速比过去两年有所放缓。2018 年，全球 CO_2 排放的主要贡献国家（地区）为中国（28%）、美国（15%）、欧盟 28 国（9%）和印度（7%）（见图 3-1）。这些国家（地区）在 2017~2018 年的排放增速分别为：中国 2.3%、美国 2.8%、欧盟 28 国 -2.1%、印度 8.0%。2018 年，全球人均碳排放为 4.8tCO_2 人·年，美国为 16.6tCO_2 人·年，中国为 7.0tCO_2 人·年，欧盟 28 国为 6.9tCO_2 人·年，印度为 2.0tCO_2 人·年。2019 年的排放量比 2018 年的高 0.1%，为 36.4$GtCO_2$[②]。由于新冠肺炎疫情的限制，2020 年全球 CO_2 排放量下降 35.4%，但 2021 年预计将上升 4.9%，达到 36.4$GtCO_2$，这使得碳排放量几乎回到了 2019 年的水平。

在土地利用变化的 2009~2018 年，森林砍伐和其他土地利用变化产生的 CO_2 净排放量平均为 5.5±2.7$GtCO_2$，约占人类活动（化石燃料燃烧、工业、

---

① 数据来源于"全球碳项目"（Global Carbon Project，GCP）发布的《2019 年全球碳预算》报告。

② 数据来源于 GCP 发布的《2020 年全球碳预算》报告。

土地利用变化）排放总量的 14%。2018 年，土地利用变化、化石燃料和工业排放的总和达到 42.1 ± 2.8GtCO$_2$。2019 年，二氧化碳排放总量预计为 43.1GtCO$_2$（39.9 ~ 46.2GtCO$_2$）。在大气 CO$_2$ 浓度上，2018 年，大气中的 CO$_2$ 浓度平均达到 407.4ppm。2019 年大气中的 CO$_2$ 浓度比工业化前水平高 47%。由于厄尔尼诺恢复到中性状态，2019 年大气中的 CO$_2$ 浓度的增长速度接近过去 10 年的平均水平①。

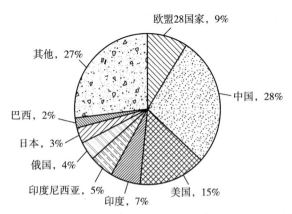

图 3 – 1　2018 年全球 CO$_2$ 排放主要贡献国家（地区）及所占比例排放对比

资料来源：《2019 年全球碳预算》报告，笔者整理而得。

《BP 世界能源展望（2019 年）》指出全球最大的能源消耗国是中国，预测 2022 年中国碳排放会上一个峰值，且 2040 年中国煤炭需求会达到最高，占全球总量接近 39%。因此，本书基于中国碳排放的严峻形势以及碳减排的战略挑战，从低碳供应链角度出发，在"物质流—价值流"分析方法的基础上导入碳元素流，推动企业将节能减排目标内化到自身的供应链管理中，从而带动供应链上下游合作以减少产品的碳足迹，降低碳排放，实现 1.5℃ 的温控目标。

---

① 数据来源于 GCP 发布的《2020 年全球碳预算》报告。

3.1.2 全球能源消耗日趋紧张

国际能源署《全球能源与二氧化碳现状（2018）》报告显示，2018年世界一次能源消费总量为143.01亿吨油当量，比2017年增长了2.3%，接近2010年以来年均增速的两倍。2018年全球一次能源消耗中，石油消耗占比31%，位居首位，其次为煤炭，占比26%，第三为天然气，占比23%，三种传统化石能源合计占全球一次能源消费总量的80%。当今全球能源消耗仍处于传统的化石能源时代，全球一次能源消耗增长趋势如图3－2所示。

图3－2　全球一次能源消耗增长趋势

资料来源：《国际能源署2013－2018年全球能源消费报告》，笔者整理而得。

在所有能源类型中，2018年全球天然气消费增速为4.6%，是自2010年以来最快的增长速度，石油消费增长了1.3%，煤炭消费增长了0.7%。石油与煤炭合计占2018年全球能源消费增量的25%。可再生能源增速为4%，满足了全球能源消费增长近25%的需求，主要原因是发电量的增加。其中，可再生能源占了2018年发电增量的45%。全球电力需求2018年新增4%，超过23000太瓦时。电力需求的快速增长，使得电能在最终能源消费总量中所占的份额达到20%，发电量的增加占到了2018年全球一次能源消费增量一半以上。

此外，根据《BP世界能源统计年鉴2019》，自2010年后，2018年在全球能源消耗和运用能源活动中造成的碳排放值再次达到最高水平。这与《巴黎气候协定》设定的加快转型的目标背道而驰。目前全球的发展是不可持续的，随着碳排放一直增加，未来为碳减排的成本和努力也会增加。

全球煤炭消费量 1.4% 和产量 4.3% 的增速均创 5 年新高，2018 年煤炭需求再次创造连续两年增长的现象。其中，煤炭消费增长的原因离不开发电用煤量的增加，这让电力行业在短期内都难以达成"脱碳"，这种现象在发展中国家十分常见。2018 年，全球电力需求增加 3.7%，占到一次能源增长的50%。接近 80% 的增长都是由发展中国家产生，主要是中国和印度，主要国家（地区）一次能源消耗增长贡献比如图 3 - 3 所示。2018 年，全球可再生能源增长 14.5%，虽然增速较高，但是伴随电力需求的增加，要维持 2015年的碳排放水平还需要现有可再生能源增速翻一番。

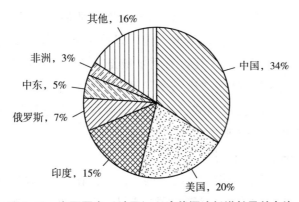

图 3 - 3　主要国家（地区）一次能源消耗增长贡献占比

资料来源：《BP 世界能源统计年鉴 2019》，笔者整理而得。

综上分析，从全球能源消耗状况上看，一次能源消耗长期处于递增状态，能源消费结构仍以传统的化石能源为主，可再生能源、核能等新能源虽然有所增长，但是仍然难以满足现代碳减排需求。在现今能源消费结构下，碳排放居高不下，全球不可持续道路仍将继续，难以实现《巴黎气候协定》目标。要想实现碳减排，不能仅仅依靠能源结构的调整，还需要采用综合措施促进资源循环化、再利用化、无害化处理，从而实现全球减排目标。因此，本书从供应链管理角度，对供应链企业进行"碳流—价值流"核算、评价、分析，希望能够为供应链企业碳管理实践提供思路，为中国及世界碳减排提供一定启示。

3.1.3 低碳供应链管理的迫切新需求

国内外碳减排严峻形势给中国企业敲响了降低碳减排的警钟，而针对企业自身，发展低碳供应链是实施碳减排事业当中不可或缺的，构成了企业整体碳减排系统关键内容。结合国内外背景，迫切要求低碳供应链管理朝着以下4个目标发展：

（1）顺应国际发展潮流

国际标准化组织于1993年设立环境管理技术委员会，逐步展开环境管理体系的编制和修订工作，颁布环境管理体系规范和使用指南（ISO 14001），并不断进行修订，反映出环境保护活动开始向环境全过程管理方向发展，促使绿色供应链管理研究的发展。随后美国实施"碳标志法令"，法国征收碳关税等，逐渐形成国际绿色贸易壁垒，发达国家及跨国企业纷纷进行碳管理，并将其拓展到供应链方面，"碳标签""碳披露"等逐渐应用到企业管理中，"碳壁垒"开始形成。企业进行低碳供应链管理能够顺应国际低碳发展形式，从而在国际绿色贸易竞争中构筑先发优势，从而获得可持续发展。

（2）契合国家发展战略

随着经济增速换挡和结构化改革调整，中国作为全球最大碳排放国家，面临的环境形势十分严峻。尽管中国自"十一五"规划中就开始逐渐加强对碳减排的关注，并计划到2030年非化石能源在总能源中的比重提高到20%左右。随着2013年以来碳交易试点工作的陆续启动，以及2017年建立碳交易全国统一市场计划的有序推进，中国已然成为全球最具潜力的"碳减排"市场。对此，习近平总书记强调："只有实行最严格的制度、最严密的法治，才能为生态文明建设提供可靠保障"。[①] 必须建立系统完整的制度体系，用制度保护生态环境、推进生态文明建设。企业进行低碳供应链管理是国家供给侧深化改革、经济发展发生转变的必然要求，能够积极适应国家形势变化及碳规制要求，从而赢得竞争优势。

（3）获得环境效益

面对全球日益严格的气候政策，企业需要沉着应对，这犹如经济全球

---

　　① 习近平总书记在全国生态环境保护大会上的讲话。

化给企业带来的冲击，不仅带来了风险，同时也带来了机遇，这可能改变企业现有生存秩序创造新的经济形势。故企业实行供应链管理，将低碳战略融入运营管理决策中，积极适应发展形势，实现生产和服务的转型，降低企业面临的风险，提高资源能源整合和使用效率，最终实现国家碳减排目标。

（4）获得经济效益

随着国家经济发展，企业经营生产所需要的原材料、人工、设备等成本价格会发生改变，采购、销售、物流等运营环节的成本也会发生改变，影响企业财务绩效和市场竞争力。同时，宏观环境内能源价格上升、能源供需不平衡以及生产和供应链过程产生不利因素等，使得企业生产经营风险加大，因此，企业进行低碳供应链管理能够实现资源循环利用，积极适应市场环境和产品市场环境的变化趋势，降低生产成本，缓解资源能源等紧张状况，促使企业可持续运营。

如图 3－4 所示，经济危机以来，全球碳排放量、能源消耗量不断攀升，二者具有密切关联，而年度平均油价则呈先增后减的变化趋势，能源成本变动波动性较大。由于近年来能源需求量的大幅增加，能源成本逐渐提升，给企业生产带来了巨大压力。因此，需要从低碳供应链管理角度出发，进行"碳流—价值流"分析，以缓解全球碳排放量，降低全球能源消耗量，应对能源成本提升的压力，保持竞争优势，实现可持续发展。

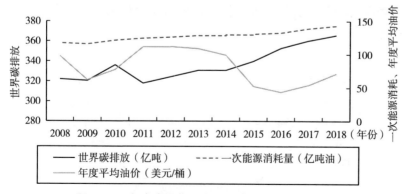

图 3－4　全球碳排放、能源消耗与能源成本关系

资料来源：《BP 世界能源统计年鉴》（2009～2019）。

3.2 供应链“碳流—价值流”管理逻辑机理

3.2.1 供应链“碳流—价值流”管理功能定位与目标

供应链“碳流—价值流”管理归属于碳管理会计的范畴，其思想源自“物质流—价值流”二维分析模型，借鉴资源价值流会计核算方法，结合产品生命周期理论，在“物质流—价值流”分析方法的基础上导入碳元素流，具体研究供应链全流程碳物质流动和价值循环，其研究对象主要是基于碳流循环的资源价值运动。从能源、环境、经济的角度，核算和追踪供应链范围内能源的输入、使用、循环以及输出全流程，注重分析供应链全流程中能源消耗、碳减排和经济效益产出的内在因果关联。

3.2.1.1 供应链“碳流—价值流”管理的定位与目标

“碳流—价值流”二维分析管理模式融合了具有物质属性的碳流与具有经济属性的价值流，如图 3 - 5 所示，二者的“融合”恰好弥补了各自分析的局限性。融合后的“碳流—价值流”二维分析描述了含碳物质和能源流动对价值流成本的影响，同时描述了企业间资源交换对碳交易价格的影响，强调了碳素流路线延长和资源循环使用能够改善环境，揭示了价值流对碳流路线优化的关键引领作用。既能反映碳物质的空间移动（循环）线路，又能涵盖碳流环节中价值投入、价值物化以及价值增值中的价值计算、报告、分析和评价。

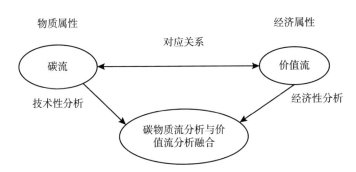

图 3 - 5 “碳流—价值流”管理的“二元”属性及定位

本书分析的是以核心企业为主导的供应链，突破了"企业边界"。围绕核心企业，在全生命周期内开展对产品的路径分析，向上下延伸至上下游企业。上游企业可能包括材料和零部件供应商、资本设备供应商、燃料供应商、第三方物流供应商、为报告企业提供商品和服务的其他企业等，下游企业可能含有深加工制造商、分销商、零售商、第三方物流供应商、废物管理企业等。以供应链为核算边界，可以直观地了解整个价值链中碳排放相关的风险和机遇，确认碳排放热点和碳减排机遇，促成供应链中各节点企业之间的合作，加大供应链参与和管理。基于供应链层面的"碳流—价值流"二维分析管理模式，从碳流分析视角出发，嵌入价值流分析，追踪供应链链上企业之间和企业内部的碳元素流路线，准确计算各环节的碳有效利用率、碳排放内部损失成本以及碳排放外部环境损害成本，为供应链发现碳减排关键环节，促进供应链整体以及各链上企业碳减排的积极性等方面提供有效的数据信息，从而降低供应链中的能耗、成本和风险。

供应链"碳流—价值流"管理不仅注重供应链资源的合理配置、经济效益的实现，还把碳因素也纳入评价范围。以"碳"为主体追踪对象，关注供应链全生命周期的碳效率，追踪供应链碳素流转路线，从源头、过程和末端选用减排措施，以实现供应链经营活动、财务活动和碳活动之间的相互平衡。由此可见，实现供应链经营、财务与碳的三重平衡是供应链"碳流—价值流"管理的最终目标，简言之，就是在保证供应链财务目标（如利润总额、利润率、利润增长率等）实现，资源（如材料、能源、产品、设备、人工等）优化配置的前提下，确保供应链碳排放的最小化。

供应链"碳流—价值流"的融合管理通过明晰地反映供应链成员企业内部及其企业之间能源流（碳元素流）的流动和损耗（碳排放）情况，构造全生命周期碳价值流图。经营者按照价值流图上显示的价值流量和流向，判别能源消耗以及高碳排放的关键步骤，从而对项目进行有针对性的改造。为材料替代选择、产品工艺低碳设计、碳流路线优化和含碳废弃物资源化等决策问题以及减排政策的制定提供重要数据支撑，通过"减物质化""去碳化"以提高生态效率。

3.2.1.2　与低碳供应链管理研究的关系

对于供应链整体环节，从原材料采购到最终产品交付的全生命周期内贯穿低碳化思维，形成一套汇通内外的低碳供应链管理体系。主要包括低碳采购、低碳制造、低碳支付、低碳物流和逆向物流等。

供应链"碳流—价值流"管理与低碳供应链管理一样，都是将碳排放深化为供应链可持续发展的终极目标，使用各类相应低碳技术，最大可能性地使整个供应链碳排放最小化，甚至达到"零排放"。然而两者不同的是，供应链"碳流—价值流"管理更多强调是运用"碳流—价值流"二维分析方法，深入供应链内部，追踪供应链碳流路径和价值流运动轨迹，分析供应链的能源损耗、成本和 CO_2 排放之间的内在因果关系，不仅核算"果"，更注重分析"因"。而且，供应链"碳流—价值流"管理还可以用于价值链的扩展，中观（或地域）层面 GHG 削减活动的展开、产品开发、资本预算、碳价格确定以及"经济—环境"二维融合评价等。

3.2.1.3　与"物质流—价值流"研究的区别

"碳流—价值流"是借鉴"物质流—价值流"分析方法的思路和模型而产生的一种分析方法，它与"物质流—价值流"分析方法一样，都归属于环境管理会计范畴，都具有决策、评价和控制等职能。但它们之间又有所区别。"碳流—价值流"分析更为集中和深入，是在"物质流—价值流"分析方法的基础上导入碳元素流，将研究对象细化到碳，通过追踪碳素流动的轨迹，确定各物量中心的有效利用碳元素率和废弃物（碳排放）碳元素率，以此为分配依据计算各物量中心的正制品碳素流价值（有效利用价值）和碳排放内部损失价值，同时依据碳排放量确定外部环境损害价值。由此判定优先改善碳排放点，以实现组织（企业、供应链等多级组织）节省成本、减少排放的目的。

基于供应链层面的"碳流—价值流"已经突破了传统会计核算的核心企业边界，其核算以上下游企业（或整个生产系统）作为基础核算主体，通过上下游企业中每个生产环节或生产线、分厂或辅助厂，逐步向上聚集为一个大物量中心，核算各企业正制品碳素流价值（有效利用价值）和废弃物价值（碳排放内部损失成本），并汇总反映供应链层面的碳排放内部损失价值（成本）及外部环境损害（碳排放量），如图3-6所示。

通过追踪供应链各成员企业的碳排放源和碳排放量，寻求优化价值链中碳减排潜力点，通过提高供应链成员的碳减排参与程度，降低供应链碳排放。同时，通过公开供应链以及成员企业的实际碳排放足迹和科学碳目标来满足利益相关方需要。

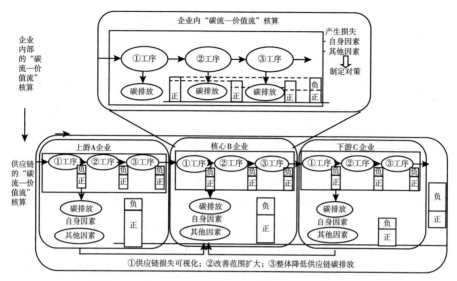

图 3 - 6　供应链层面"碳流—价值流"核算模型框架

3.2.1.4　供应链"碳流—价值流"耦合的作用

供应链碳流与价值流耦合的作用主要表现为:

(1) 衡量供应链含碳废弃物资源消耗的物量和价值,发掘改善潜力

低碳经济背景下"碳流—价值流"管理能够提供供应链产品生命周期过程从资源投入到资源输出全部情况和碳价值的流向信息。基于碳素流平衡理论,按照数量和价值两个维度将能源损耗和其他间接成本"显性化",构造全生命周期能源价值流图。经营者需要参照价值流图展现的价值流量及流向,定位碳排放节点,寻找每一种产品含碳原料、能源流动的途径,鉴别碳减排的机会,以便更有效地利用资源,并且评价和量化产品生命周期过程中使用、再循环和耗散方面的数据。

(2) 供应链碳流损失结构明晰化

碳流损失价值包括:①负制品已消耗含碳能源和材料的采购成本;②负制品已耗用的间接成本(如人工、折旧);③能源损失的含碳废弃物处理成本;④能够再次利用废弃物出售的差额成本或者再次循环利用成本(即资源化成本)。传统处理流程一般是将废弃物按照企业内部要求实现最小化处理,很难挖掘每一生产环节能源消耗损失并进行监控处置。在进行价值流分析时,能够对每一生产环节的相关技术、工艺及管理对象进行监测并与能源消耗过程进行匹配，给管理者更清晰的视角去判断含碳能源的利用效率和损失情况。

（3）供应链含碳废弃物外部环境影响价值显性化

根据传统会计处理要求，碳价值（成本）只关注内部碳损失成本。从数量上来说，这种环境相关成本占总成本比重较小。"碳流—价值流"分析模式中将碳价值流分类为碳有效利用价值（正制品）、碳排放内部损失成本（负制品）以及碳排放外部环境损害价值（成本）。废弃物和碳排放对环境的影响因素不是单一的材料能源短缺、能源枯竭或者废弃物及碳排放环境损害，而是三者共同的影响结果，进而产生对经济的影响。用外部损害价值评价方法衡量全生命周期阶段产生的碳流损失与排放对环境造成的外部损害。其显性化的计算结果，可以让管理者意识到碳流损失与排放带来了严重的外部损害，应及时采取有针对性的节能减排措施。由于碳具有空间的流动性，所以以从排放源头控制减排尤为关键。从供应链层面分析，有两种节能减排思路。第一种是"排放点"减排，即供应链节点企业通过企业内部"碳流—价值流"分析，有效识别企业内部的高碳排放点（流程），根据排放点的排放源，采取措施节能减排；第二种是协同减排，即以供应链作为整体采取协同减排措施，如通过前端控制，与上游供应商寻求合作减排。

以上分析可知，"碳流—价值流"分析可以为供应链节点企业内部以及供应链企业与企业之间碳素流提供较为完整而详实的数据分析，并以碳素流转为基础，对碳素流在不同空间的位移进行价值核算。微观上来说，为供应链节点企业可以更全面、有效评估其碳素流转与价值流现状，择优选择碳减排方案、优化企业碳流路线提供数据支持。同时通过汇总计算供应链整体的碳流与价值流信息，为协同减排决策提供支持。宏观上来说，"碳流—价值流"分析这一技术与经济一体化分析相关数据，也可为国家制定并实施碳减排补贴政策提供参考。

3.2.2 逻辑机理及框架构建依据

纵观历史，狩猎时代可称为动物能源时代，农耕时代可称为植物能源时代，工业革命后进入化石能源时代。现在我们正处于后化石能源时代，能源大规模地耗用，能源危机频频出现，通过实证研究发现能源消耗是碳排放的主要来源。

碳元素的流动以化石能源为介质，根据化石能源所具有能量的运行路径，在社会经济系统中改变与传递，最后稳固在经济系统当中或以二氧化碳及未燃碳形式排放到大气中。能源是一项重要的成分，并进行着输入与输出，在这个过程中，能源的输送（本地提供和外调）、加工转换以及能源终端使用，构成了一个能源系统。

3.2.2.1　逻辑起点：基于碳平衡的能源流

根据物质流与价值流的互动影响规律，资源的变化过程不仅是物质形态的变化过程，还是价值产生、转变、增值和分配的过程。由于能源也是一种资源，所以也适用于这个规律。

（1）生产单元（车间或企业）的碳素流模型

就企业层面而言，其生产系统为车间，关联物料的碳排放是碳素主体；就供应链层面而言，其生产系统则是企业，碳素主体由关联物料变成关联产品的碳排放。其中，碳排放以碳实物量表示，可以选择用二氧化碳排放当量（CO_2eq）表示，也可以选择用碳元素质量（C）表示。二氧化碳（CO_2）和碳素量（C）之间是可以转换的，1 吨碳在氧气中完全燃烧后能产生大约 $3.67tCO_2$，即二氧化碳分子量 44 与碳原子量 12 的比值。因此，这两种表示方法是相通的，也是可以相互转换的。

以碳元素质量为例，每个生产单元可分为以下六股碳素流[149]，如图 3-7 所示。

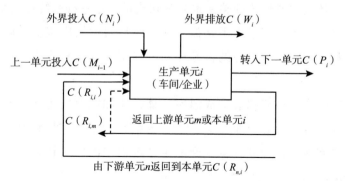

图 3-7　生产单元碳素流平衡模型（以碳元素含量表示）

根据碳平衡原理，生产单元（某车间或企业）的碳元素流满足等式：

$$C(M_{i-1}) + C(N_i) + C(R_{n,i}) + C(R_{i,i}) \qquad (3-1)$$
$$= C(P_i) + C(W_i) + C(R_{i,m}) + C(R_{i,i})$$

①输入碳素流，上一生产单元 $i-1$ 转入本生产单元 i 的含碳产品（半成品或产成品）的碳元素含量（质量），用 $C(M_{i-1})$ 表示；

②外加碳素流，从外界输入至本生产单元 i 的含碳能源、物质，其碳元素含量（质量）用 $C(N_i)$ 表示；

③输入循环物质的碳素流，本生产单元 i 循环利用下游单元 n 的废料或废品，其碳元素含量（质量）用 $C(R_{n,i})$ 表示；

④输出循环的碳素流，包括回收自用或他用的本生产单元的生产废料或废品。本过程回收自用的二次能源碳元素含量（质量）用 $C(R_{i,i})$ 表示；本生产单元回收，可被上游中心 m 循环利用的二次能源碳元素含量（质量）用 $C(R_{i,m})$ 表示；

⑤输出有效利用碳素流，生产单元 i 生产的半成品或合格品，将转入到下一生产单元 $i+1$ 或者流出整个碳生产系统，其碳元素含量（质量）用 $C(P_i)$ 表示；

⑥排放废弃碳素流，在工序 i 中，最终排放至外部环境的各种废弃物碳元素含量（质量）用 $C(W_i)$ 表示。

（2）集成的供应链碳元素流模型

集成得到的供应链碳素流模型包含了供应链上所有过程及过程之间的能源消耗、转换中所形成的碳元素存量和流量，是一种系统级模型[150]。在整个供应链上，各工序过程不是孤立的，而是通过供应链上不同工序中能源的交换和分配，实现能源的再循环和再利用并提高利用效率，大大减少碳排放的污染。

在供应链许多环节都会形成温室气体，比如原材料生产、产品加工制作、运输环节等。核心企业需要与供应链节点企业合作推行低碳减排政策，展开低碳共同减排，控制并减少产品生命进程中的碳足迹，才能更好地生产低碳产品。

依据碳排放在供应链中的运动轨迹和质量守恒定律，供应链系统的碳流入总量应等于碳流出总量，即碳投入＝碳产出[151]。其中，每个子系统流入端碳元素含量等于上个子系统的流出端碳元素含量，其流出端碳元素含量又等于下个子系统流入端的碳元素含量，而且可以根据其流向和流量，确定流入正制品的碳元素含量（碳的有效利用）和计入废弃物的碳元素含量（碳损失），如图 3 - 8 所示。

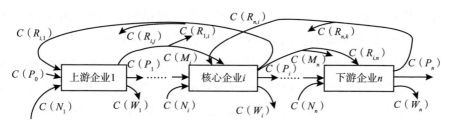

图 3 - 8　供应链层面的碳流平衡（以碳元素含量表示）

注：i，j，k 都表示链上企业所在供应链中的位置数，其中，$i > j > 1$，$i < k < n$。每个链上企业均满足公式（3 - 1）的平衡关系。

将供应链看作一个整体，则供应链的输入输出端碳元素含量平衡式为：

$$\sum C(N_i) + C(P_0) = C(P_n) + \sum C(W_i) \tag{3 - 2}$$

3.2.2.2　供应链"能源—碳—价值"之间的机理关系

供应链包含了企业产品的生命周期，上游为供应商，中间是核心企业，下游包含了销售商、零售商以及终端客户。将核心企业边界向上下游企业延伸，扩展到供应链。对单个企业来说，主要是指企业内部的各生产工序的能源消耗。能源消耗的范围在企业边界之内。而在供应链视角下，能源消耗核算的范围已经由单个制造企业的边界拓展到上游企业和下游企业。

（1）供应链全流程的能源消耗、碳流及碳排放的关系分析

供应链的能源消耗是基于产品生命周期的全流程能源消耗，不仅要计算供应链成员企业内部各生产工序（或称为物量中心）的能源消耗，还要从供应链整体角度出发，核算目标产品的整个生命周期的能源消耗。由于供应链各个成员企业自身的工艺技术改进以及成员间交易方式的变化都会引起供应链整体能源消耗的变化，所以供应链整体能源消耗的最优化是供应链整体所追求的理想状态。需通过供应链成员企业间活动和行为的协调，实现能源消耗的全生命周期控制，将供应链整体能源消耗控制在目标范围

之内。

追踪供应链内能源的流量和流向，可以发现能源在供应链企业内部以及企业之间消耗、使用、转换过程中会出现分流现象，一部分能源随着产品全生命周期过程进入产品，构成产品的组成部分；而另一部分能源在消耗过程中形成 CO_2。能源消耗是碳排放的起源，其消耗会直接或间接产生 CO_2 的排放。如图 3-9 可知，供应链全流程中可继续进入下一环节或最终生产进入产成品的碳，称为正制品含碳量，若存在含碳废弃物、能源回收利用而节约的碳，可以抵扣负制品含碳量。而供应链全流程中各企业能源消耗直接产生对外排放的 CO_2，进行集合汇总，就形成了供应链碳流。供应链全流程中各企业直接对外排放的废弃物 CO_2 折合的含碳量，称之为负制品含碳量。

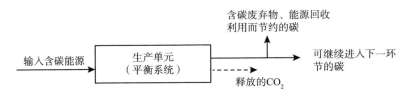

图 3-9 以二氧化碳（当量）表示的碳流平衡图

平衡系统的左边是碳输入端，即各工序生产时投入的含碳材料和燃料最后都变成 CO_2 排放到环境中，其他方式的排放最后也都会被氧化为 CO_2，如 CO 和烷烃等。因此，可以把所有形式排放的碳都当成 CO_2 排放。系统右边是流出平衡系统的所有材料所含碳折算的 CO_2 排放量，即碳输出端。碳输出端包括可继续进入下一环节的碳（表现为转入下一环节的半成品或最后环节的产成品所携带的固定碳）、含碳废弃物、能源回收利用节约的碳（可回收利用的副产品，用负数表示）折合的 CO_2，以及直接对外排放的 CO_2，即碳排放。其中，可继续进入下一工序的碳以及回收利用节约的碳，为有效利用的碳流，称为正制品含碳元素折合的 CO_2；而排放的废弃物 CO_2（即碳排放），被视为负制品含碳元素折合的 CO_2。

按公式（3-3）将不同能源折算成 CO_2，以反映 CO_2 在供应链成员企业内部以及企业之间的流转状况。

$$CO_2 = \sum_{i=1}^{n} CO_{2,i} = \sum_{i=1}^{n} E_i \times NCV_i \times CEF_i \times COF_i \qquad (3-3)$$

注：CO_2——估算得出的二氧化碳量（吨）；$i=1, k, n$——n 种能源；E_i——第 i 种能源的消耗量；NCV——能源的平均低位发热值；CEF——碳排放系数；COF——碳氧化因子。

基于对供应链的组织层级分析可知，供应链能源消耗与碳流核算应分两个层级进行：第一层级是供应链整体的能源消耗流转与碳流核算；第二层级是细分到供应链内部，对供应链成员企业内部能源消耗与碳流进行核算。

第一层级：供应链整体的能源消耗、碳流以及碳排放的关系分析

将供应链作为一个整体，视为一个黑箱，依据碳排放在供应链中的质量守恒定律，供应链系统的碳流入总量应等于碳流出总量，即碳投入 = 碳产出，如图 3–10 所示。

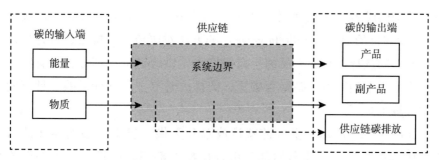

图 3–10 供应链碳排放的系统边界

供应链输入端为投入能源、含碳材料等形成的碳投入量，输出端为碳有效利用量（最终产出的产品、副产品中有效利用的碳元素）及未被利用直接对外排放的碳排放量。供应链碳排放可以通过公式（3–4）计算：

$$供应链碳排放量 = 碳投入量 - 碳输出量 \qquad (3-4)$$

打开供应链这个黑箱，显现出供应链内部（如链上企业之间及企业内部）的碳流流向和流量，如图 3–11 所示。基于产品全生命周期的供应链碳排放是某种产品在它的生命进程中所排出的 CO_2 以及其他温室气体等价的 CO_2 的总和。生产过程中的每个环节都会产生温室气体。企业生产低碳产品需要供应链各节点企业合作推行低碳减排政策，控制并减少产品生

命进程中的碳足迹。单单从一个企业的角度实行碳减排，会忽略单个企业生产运行和碳减排政策对供应链系统其他企业形成的溢出效应，放弃应用供应链企业之间的合作从系统整体上降低碳足迹，向上游企业寻求合作。

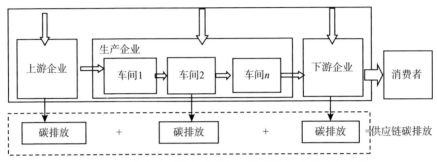

图 3 – 11　供应链碳排放构成及与供应链企业的对应关系

　　基于供应链，无论使用"从生产到出库"（cradle to gate）抑或使用"从摇篮到目的地"（cradle to grave）的方法对碳流、碳排放进行计量都是一种有效的选择。企业产品的生命周期也是供应链的一部分，具有物质均衡和多层次空间特点，是隐含碳流、碳排放时空多尺度计量的一种有效介质和计算工具[152]。

　　如图 3 – 11 所示，供应链碳排放总和为供应链上各层次参加部门的直接碳排放之和，具体参加部门由各层次上部门之间投入产出映射关系决定。

　　资源消耗的同时伴随着 CO_2eq 的直接和间接排放。为了帮助描绘直接和间接排放源，提高透明度，为不同类型的组织和不同类型的气候政策和业务目标提供效用，世界资源研究所（WRI）将碳资源在不同过程中产生的不同形式碳排放界定为 3 个范围，如图 1 – 2 所示，范围 1、范围 2 和范围 3（上游）（下游）合计确定的碳排放就是供应链的碳排放。供应链碳排放量计算也可以根据 WRI 界定的 3 个范围的碳排放量加总求和，如图 3 – 12 所示。

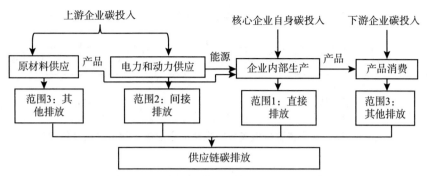

图 3 - 12　供应链碳投入与碳排放范围界定

从微观角度来看，各层次每个部门之间具有一定的量化映射关系。投入产出就是上个层级的相关部门投入资源进行生产活动，在本层级生产出中间或最终产品，中间产品有可能又以原料的形式投入新的生产活动继续生产出新的中间或最终产品。

第二层级：供应链成员企业内部能源消耗、碳流与碳排放的核算

各种能源沿着产品生产过程转换、使用、排放的路径流动，形成了能量流，而碳素流是能量流中的主要形式，含碳物质、能源消耗以及产物、排放物中均含有碳元素。基于此，从生态影响的角度出发，分析经济系统中能源的投入、转化、耗用、废弃等产生的环境影响，将能源的投入产出转化为温室气体潜力。

碳流在企业内部分两种情形，一种是不考虑含碳资源（原料、能源等）循环利用的企业内流转，另一种是考虑含碳资源（如含碳残料）循环利用的企业内流转。

第一种情形，不考虑含碳资源的循环利用。如图 3 - 13 所示，在供应链成员企业内，以企业管理营业活动中的物质流程为对象，建立与车间、工作中心的物量中心匹配，创建经典碳流图。含碳原料、能源作为企业的初始投入，依次在物量中心生产出半成品 1，半成品 1 转入下一物量中心继续生产。依次类推，最终生产出产成品，同时在各物量中心伴随着负制品（CO_2）的产生。各中心的碳排放为直接排放，没有对含碳残料的循环利用。企业内部各生产单元之间符合碳平衡原理。

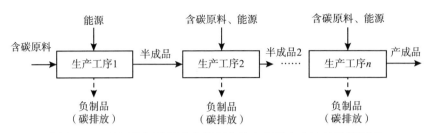

图 3 – 13　基于资源价值流分析视角的企业碳实物流转核算原理

第二种情形，考虑对含碳资源（如含碳残料）的循环利用[153 – 154]。以供应链成员企业为分析对象，在企业内部设置与车间、作业中心相匹配的物量中心。根据物料守恒定律，流经每个物量中心的含碳物料、能源，在输出端形成两个流向：一个是形成正制品，流向下一个物量中心，最终生产成产成品；另一个是在本中心形成负制品，形成碳排放。在传统的 CO_2 核算中，所有的排放（仅）分配给产品，废弃物（如残余材料）中所含的碳排放不予考虑。基于碳循环的生态核算下，输出端的产出不仅包括产品（正制品）有效利用的碳，也包括物料损失（负制品）形成的碳排放，如图 3 – 14 所示。深入生产工艺流程，可视化各工序的碳排放，通过对残余材料回收利用等措施，减少含碳材料的新投入，从源头上减少碳排放的产生。

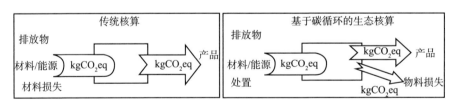

图 3 – 14　传统核算与基于碳循环的生态核算的对比

以某物量中心为例（见图 3 – 15），该物量中心投入含碳材料100kg、电能500kW·h，经过生产加工后产出产品100kg，残余材料25kg。残余材料经过资源化处理，循环利用后作为替代材料再次进入生产工序。循环过程中投入电能200kW·h。

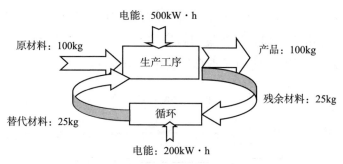

图 3 – 15　某物量中心的含碳物料和能源流

　　假定原材料的碳排放为：$6kgCO_2eq/kg$；电能：$0.5kgCO_2eq/kW \cdot h$，由此可以计算原材料投入产生碳排放 $600kgCO_2eq$，电能投入产生碳排放 $250kgCO_2eq$，再加上替代材料投入产生的碳排放 $150kgCO_2eq$，碳投入合计为 $600 + 250 + 150 = 1000$（$kgCO_2eq$）。按照产品和废弃物（残余材料）的数量比例进行分配：20% 分配给废弃物（残余材料），80% 分配给产品。计算可得：产品产生的碳排放为 $1000 \times 0.8 = 800$（$kgCO_2eq$），废弃物碳产出为 $200kgCO_2eq$。考虑废弃物（残余材料）在本物量中心的循环，通过废弃物资源化（使用电能碳排放 $100kgCO_2eq$），废弃物升级为可替代材料。循环中碳投入为 $200 + 100 = 300$（$kgCO_2eq$），循环排放物产生的碳产出为 $150kgCO_2eq$，这些碳投入量与碳产出相比，显示了回收产生的碳减排 $150kgCO_2eq$。相比于循环前碳排放减少 $50kgCO_2eq$，这就是碳排放减少的潜力，如表 3 – 1 所示。

表 3 – 1　　　　　循环前后碳排放计算及碳减排　　　　　单位：$kgCO_2eq$

循环前			循环后			碳排放减少
	碳投入	碳产出	差额（碳排放）		碳投入	碳产出	差额（碳排放）	

循环前				循环后				碳排放减少
	碳投入	碳产出	差额（碳排放）		碳投入	碳产出	差额（碳排放）	
生产工序	1000	800	200	生产工序	1000	1000	0	
				循环	300	150	150	
小计	1000	800	200	小计	1300	1150	150	
			200				150	50

如图 3 – 16 所示，物流成本核算已转移到环境影响，在这种情况下转化为温室气体潜力。如果生产过程将完整的原材料变成没有任何回收的产品，则可以节省 50kgCO_2eq（占总排放量的 16%）。

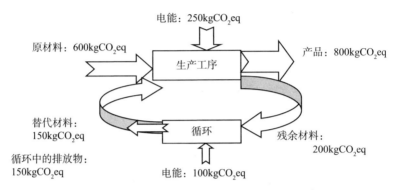

图 3 – 16　某物量中心的碳实物流（以 CO_2eq 计量）

注：假定原材料：6kgCO_2eq/kg；电能：0.5kgCO_2eq/kg。

上述计算结果说明了能源消耗的减少和含碳原料的循环利用，可以有效减少组织的碳排放，这有力地论证了能源消耗与碳流、碳排放之间的密切关系。

（2）供应链全流程碳物质流与价值流的基本逻辑关系分析

能源是供应链各企业之间的连结纽带。依据供应链各企业的实际能源消耗系数，确定能源流的不同分支走向。其中，一部分能源在供应链全流程中随着转换、使用、消耗，产生直接对外排放的 CO_2，从而形成碳排放。众所周知，组织消耗能源需要付出相应的成本（如购买成本等）。供应链全流程中能源成本也会随着能源转换、使用中的实物量（物质）分流形成价值分流，相应地形成正制品能源成本（价值）和负制品能源成本（价值）。

同时，能源在供应链全流程中的转换、使用活动，是需要依附于设备、人工以及其他材料才能实现的。因此，随之产生材料成本、人工成本和设备折旧成本。而伴随着能源实物量（物质）流向的不同分支，这些成本也同样相应地进入正制品碳有效利用价值和负制品碳损失价值。正制品碳有效利用价值包括正制品消耗的能源成本、材料成本和系统成本；负制品碳损失价值包括负制品（废弃物 CO_2）消耗的能源成本、材料成本和系统成本。供应链全流程中能源消耗和流转决定了供应链碳元素的流量和存量；

供应链全流程中含碳能源流转过程中的价值形成、增值、转移和实现过程，形成供应链价值流。

物质流、能量流和碳流贯穿于供应链成员企业内部及企业之间生产经营的全过程。碳则以碳基资源投入和碳排放产出为载体贯穿于供应链的物质和能量流动过程中。从资金角度来看，含碳资源在生产经营过程中流动的同时发生了价值的流动。其结果对供应链整体及其成员企业的财务状况和经营业绩产生影响；从环境影响角度分析，能源、含碳材料的投入、使用、转化、废弃的过程中，必然会有 CO_2（或 CO_2 等价物，CO_2eq）的产生，其排放量的多少对供应链整体及成员企业的环境业绩、社会形象产生重大影响。可见，供应链碳流与价值流存在着必然关联。碳价值流是建立在碳流的基础上，再考虑不同物质的价位，以货币形式表现的流量。

此外，供应链是一系列企业的组合。不同的企业组合形成的不同供应链，会形成不同的碳流。碳流是元素流，它隐藏于能源流中。碳流描述了能源与资源的物质流动状况及废弃物料的再使用、再循环利用过程中的碳流量和流向。以物质流的角度对碳流（碳素流）进行分析，碳元素的最终产物是碳排放物；而从能量流的角度出发考虑，碳流（碳素流）是制造企业的能源主体。

不同的供应链碳流会形成不同的能源效率，产生不同的供应链碳排放量。以碳流分析为基础的碳流价值（成本）核算按能源流转平衡基础划分不同成本要素，从而汇总形成不同的供应链内部碳损失成本（价值）。

借鉴资源价值流方法，按照碳元素的流动足迹分别对供应链物量中心（设置供应链节点企业为一级物量中心，供应链节点企业内部根据工艺流程可再划分二级物量中心）产出的正制品以及负制品（碳排放）成本进行核算。不同的供应链可以确定不同的供应链内部碳损失成本（价值）以及供应链碳有效利用成本（价值）。由此可知，不同供应链对应不同的供应链碳实物流（碳排放），形成不同的供应链内部碳损失成本（价值）。因此，可以根据不同供应链中碳实物流与碳价值流之间对应的关系分析，加强供应链核心企业的碳排放管理，以及依据前端控制的减排原则优先选择同时具有经济和环境优势的供应商。根据供应链节点企业能源和含碳材料的输入、输出计算消耗并核算成本，能使供应链内部的各环节能源流、价值流透明化，进而对供应链实施有效的"碳流—价值流"管理。

通过供应链能源流、价值流分析更加关注能源利用的动态与过程特征以及供应链各成员企业之间的相互作用关系，从而实现了能源科学领域由"静态的断面分析"到"动态的过程评价"的过渡和提升。

3.3 供应链"碳流—价值流"主要内容框架设计

3.3.1 供应链"碳流—价值流"管理循环

PDCA 是一种通过循环进行持续改善的管理方法，其工作流程包括 P（plan）——计划；D（do）——实施计划；C（check）——检查；A（action）——调整。PDCA 循环强调过程管理，重在改善，每经过一次循环，解决一批问题，未解决的问题放在下一个 PDCA 循环中。

改造现行的 PDCA 循环模式，归纳出低碳经济发展模式下"碳流—价值流"PDCA 循环来分析供应链的业务流程，如图 3 - 17 所示。

由图 3 - 17 可知，供应链"碳流—价值流"PDCA 循环管理模式包括 4 个阶段：

（1）计划与安排阶段

确定供应链"碳流—价值流"管理目标，对供应链企业以及企业内部生产车间（或服务提供部门）设置物量中心，确定每个物量中心的碳投入、输出量、能源、材料和人工、设备折旧等成本数据。

（2）计算与分析阶段

在此阶段，对供应链的各物量中心应用"碳流—价值流"计算方法。可视化供应链各物量中心的合格品成本、废弃物消耗成本（碳排放内部损失成本）以及 CO_2 产生状况（碳排放），识别供应链上"高碳排放点"，确定碳减排方向。

（3）诊断与决策阶段

根据供应链"碳流—价值流"核算结果，可以用于识别高碳排放点，对改善方案进行成本效益预评估，确定优先改善次序；也可以用于上游供应商的选择。根据对不同供应链通过"内部碳损失成本—外部碳环境损害"二维分析，依次排序，确定最优供应链，从而推选出同时具有经济和环境优势的供应商。

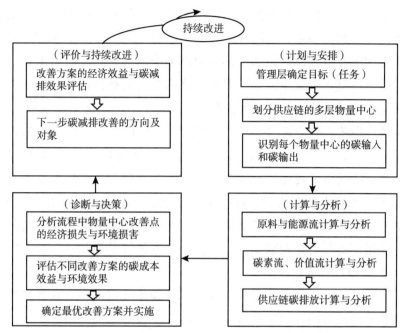

图 3 – 17　"碳流—价值流"的 PDCA 循环管理

（4）评价与持续改进阶段

对供应链整体状态进行综合评价并确定下一步进行改善的方向。

综上所述，结合 PDCA 管理循环理论，构建集核算与分析、评价与优化、决策与控制为一体的供应链"碳流—价值流"管理体系。

3.3.2　供应链"碳流—价值流"核算

供应链"碳流—价值流"核算是以供应链核心企业产品生命周期中的碳流为基础，动态描绘其在生命周期各阶段（节点企业）的价值变化过程。

碳价值流的起因是碳排放，如果没有碳排放，也就无需进行碳价值核算。由此可知，碳足迹（碳排放量）的核算成为供应链"碳流—价值流"核算的基础和前提。碳足迹即碳排放量，是用来描述某一特定主体的活动或实体所产生的碳排放量的专用术语。供应链价值流核算是以碳流核算为基础，仍沿用资源价值流分析方法对正、负制品输出的区分及成本分配规则，将含碳能源经过物量中心的能源流动产生的合格品定义为"正制品"，将物量中心所产生的含碳废弃物（CO_2）定义为负制品，以供应链上各物量中心的正负制品碳元素含量比作为能源流成本分配的标准（材料流成本和系统成本仍然按照正负制品所耗材料重量比例进行分配），从而计算出各物量中心的碳有效利用价值和碳排放内部损失价值，将供应链上各物量中心的碳排放内部损失成本汇总，即可计算出供应链整体碳排放内部损失成本。供应链碳排放视为外部环境损害。

  碳会计矩阵是供应链"碳流—价值流"二维核算的一种重要分析方式。它可以将基于价值链的物料流与能量流的产品（合格品）、损耗成本以及CO_2的产生状况以可视化的形式在矩阵上展示出来。其核算与分析模型可以应用于多条供应链的比较，对不同供应链的正制品、物料损失、CO_2排放量进行比较，选择在供应链整体上具有经济和环境优势的供应链。也可以应用于供应链核心企业确定，对不同供应商的评价和筛选，旨在降低供应链成本和CO_2排放量的削减。

  根据假设的核算结果，将供应链整体的碳排放内部损失成本及供应链碳排放核算结果反映在二维平面图上，如图 3－18 所示。

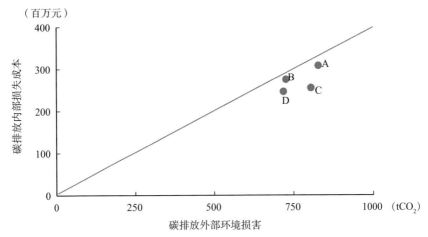

图 3－18　供应链"碳流—价值流"二维核算分析平面简图

资料来源：参考八木裕之（2016）[155]绘制。

  图 3－18 中，A、B、C、D 分别代表不同供应链，A 供应链的碳排放内部损失成本与碳排放外部环境损害都很大；B 供应链的碳排放外部环境损害较小，但碳排放内部损失成本较大；C 供应链的碳排放内部损失成本

较小，碳排放外部环境损害较大；D 供应链的碳排放内部损害成本和碳排放外部环境损害均最小。从供应链整体分析可知，D 供应链有较好的经济效益和环境效益；C 供应链虽有较好的经济效益，但环境效益较低；B 供应链环境效益较好，但有较低的经济效益；A 供应链的经济效益和环境效益均不佳。因此，D 供应链在四条供应链中表现最佳。追踪供应链内部（各节点企业以及企业内部各环节）碳流和价值流的生成过程，进行深度分析，为进一步提升供应链整体的碳资源利用效率，制定各层级组织的优化方案提供数据基础。

3.3.3　供应链 "碳流—价值流" 评价

供应链 "碳流—价值流" 综合评价不仅注重供应链资源的合理配置、经济效益的实现，还把碳因素也纳入评价范围，关注供应链全生命周期的碳效率。供应链 "碳流—价值流" 评价的对象就是以资源供需匹配、经济效益、碳效率和协同效率等多个维度综合描述的供应链整体状态。本书采用 DPSIR 模型建立指标体系，主要从供应链层面提取出相关评价指标，将这些指标按照模型进行分类，使指标之间具有一定的因果联系，然后结合因子分析法（FA）和数据包络分析法（DEA）对供应链 "碳流—价值流" 综合状态进行有效性评价。

3.3.4　供应链 "碳流—价值流" 决策优化与控制

（1）供应链 "碳流—价值流" 决策优化

供应链 "碳流—价值流" 决策优化主要包括两个层次的优化。第一层次，在 "碳流—价值流" 分析视角下进行供应商选择决策优化。核心企业基于控制前端碳排放的目的而优先选择低碳供应商，本书将根据供应链整体的 "碳排放内部损失成本—外部环境损害（CO_2）" 二维分析比较，选择经济和环境均具有优势的供应链，当核心企业一定时，推断出优势供应链上的供应商是优选的供应商。第二层次，供应链上各节点企业（包括供应商）的协同减排模式优化决策，来促成供应链整体优化，真正实现供应链整体利润最大化和供应链碳排放的减少。

（2）供应链 "碳流—价值流" 控制

低碳供应商的优选以及供应链企业的协同减排，已经可以较好地实现供应链减排。不过,供应链的企业之间相互协作与竞争,企业间强调合作,但也会为分配共享收益而展开竞争,因此,利益共享机制的建立以及各节点企业对整个产品系统形成一致的理解是实现供应链"碳流—价值流"有效管控的基础和前提。本书将构建基于信息共享下的供应链企业间利益共享分配模型,对供应链利益进行合理分配,以实现其整体利益最优的同时,实现每个链上企业利益的最高点。此外,还将设计纳入生态控制理念的供应链"碳流—价值流"管理控制体系,从供应链整体视角进行优化和控制。

综上所述,供应链"碳流—价值流"管理是将低碳思想贯穿于供应链的所有活动,由供应链核心企业联合所有参与企业实行"碳流—价值流"分析。基于资源价值流分析方法以及碳足迹核算,分析各参与企业的碳排放内部资源损失及碳排放外部损害成本,数据采集主要来自生产部门的生产报告、能源部门的能源报告、会计部门的专业会计成本以及环境部门的环境排放数据。基于供应链各节点企业的数据基础,核心企业与各企业进行信息沟通和共享,集成供应链整体层面的碳流和价值流信息,为供应链整体 CO_2 削减计划的制定、供应商的评价与选择、CO_2 削减活动计划数与实际数的比较,寻求 CO_2 削减改善等决策提供有力的数据支撑。供应链"碳流—价值流"管理体系的内部关系结构图,如图3-19所示。

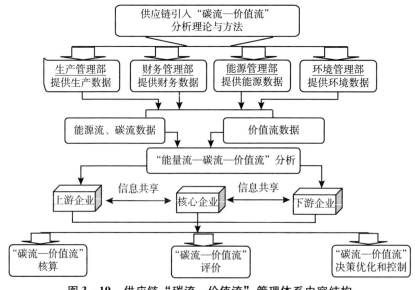

图3-19 供应链"碳流—价值流"管理体系内容结构

3.4　本 章 小 结

本章从全球碳排放趋势、能源消耗状况以及低碳供应链管理要求等现实背景分析出发，诠释了供应链全流程中能源消耗、碳减排和经济效益产出的内在因果关系，确定了供应链"碳流—价值流"管理的目标定位，分析了其与低碳供应链管理研究、"物质流—价值流"研究的区别和联系。明确提出实现供应链经营、财务与碳的三重平衡是供应链"碳流—价值流"管理的最终目标。

以基于碳平衡的能源流作为"碳流—价值流"管理研究的逻辑起点。根据供应链的组织层级，分别构建供应链内生产单元（车间或企业）的碳素流平衡模型和集成的供应链碳元素流模型。同理基于供应链的组织层级，进一步分析供应链全流程"能源—碳—价值"之间的逻辑机理。分析可见，供应链全流程中能源消耗和流转决定了供应链碳元素的流量和存量；供应链全流程中含碳能源流转过程中的价值形成、增值、转移和实现过程，形成供应链价值流。

基于碳流与价值流的互动规律和耦合机理，结合 PDCA 管理循环理论，构建供应链"碳流—价值流"管理框架体系，对其进行功能定位、概念界定及作用机理分析，将供应链"碳流—价值流"管理框架的基本内容设计为供应链"碳流—价值流"核算、综合评价以及决策优化与控制三大部分。构建的供应链"碳流—价值流"管理体系归属于环境管理会计范畴，是一项有效的碳管理会计工具。

第 4 章

基于碳会计矩阵的供应链
"碳流—价值流" 核算模型构建

工业是 CO_2 最主要的排放源。在中国，占全国 CO_2 排放量中有 82.57% 是工业 CO_2 排放量，因此，工业是中国碳减排工作的主要核心。当前，随着清洁生产、循环经济生产模式的大力推广和应用，微观单一企业的碳减排成效显著，但单个企业的减排潜力已渐至瓶颈。事实证明，GHG 削减率目标超过 80% 的企业，不仅将生产活动，也将包括使用、回收处理等产品生命周期在内的价值链作为 GHG 削减对象。以价值链整体作为 GHG 削减对象的气候变动战略将打破以单一企业为核算边界的界限，实现与上游供应商或下游顾客的合作中实现潜在损失的降低[155-156]。供应链碳协同减排研究已成为当前热点。

现有供应链协同减排研究主要集中于供应链碳排放量测度和减排，而深入供应链内部，从实物量和货币量视角关注供应链碳流和价值流生成与归集分配的研究较少。尽管碳排放与生产过程密切相关，但是当前的核算方法仅更加关注总成本金额，而不是成本生成过程。因此，迫切需要开发一套核算方法体系，融合供应链碳流和碳价值流的二维核算体系，可视化价值链的能量流与物料流的产品（合格品）、损耗成本以及 CO_2 的产生状况，有效实现成本降低和碳排放减少。为此，本章将借鉴资源价值流会计方法和产品生命周期理论，以碳元素为主体追踪，构建供应链 "碳流—价值流" 核算体系，并以碳流分析（CFA，carbon flow analysis）为基础，开展供应链碳价值流核算（CVFA，carbon value flow accounting），通过 "碳流—价值流" 二维核算结果，识别供应链中 "高碳排放点（过程)",提出有效对策,从而真正实现供应链整体碳减排以及经济与环境效益双赢目标。

4.1　模型构建的基本思路

在供应链生态系统内,大量的原料与能源被利用,通过不同的成员企业,生产五花八门的产品,物质与能源在不同的供应链成员企业间快进快出。成员企业消耗的能源越多,其碳排放量也越大。分析企业的能源消耗和碳物质流动目的是能够有效控制企业生产过程中的碳排放的源头,严格管控企业碳排放的成本。随着内部化碳成本的呼吁不断高涨,企业意识到企业独自碳减排效果有限,需要寻求与上下游企业合作减排。

基于产品生命周期的供应链碳活动主要包括供应链碳排放活动(范围1～3活动)、碳减排活动和碳排放权交易活动。供应链"碳流—价值流"核算就是以供应链碳活动中的碳流轨迹为基础,对其形成的碳价值(成本)流进行反映和控制。

如图4-1所示,碳流价值跟着能源进入供应链全生命周期,与人工、折旧、维修及其他制造费用一起,通过供应链各节点企业的消耗和再生产输出其有效使用价值。但同时,供应链全生命周期过程中必然会产生对环境造成影响的碳流损失。碳流损失量与碳排放处置是碳流损失的两部分,而碳排放成本包含碳流消耗成本和超额碳排放量交易成本两部分。能源的过多消耗、碳流损失、废弃物及碳排放环境损害三者共同构成了供应链外部碳排放损害,可用外部损害价值评价方法衡量其损害价值。

供应链"碳流—价值流"耦合分析是通过碳的物质流与价值流两个层面的核算反映和控制供应链的碳活动。供应链碳活动主要包括供应链成员企业的碳排放活动、供应链成员企业内部以及企业之间的碳减排活动,以及碳排放权交易活动。供应链"碳流—价值流"核算内容和步骤如表4-1所示。

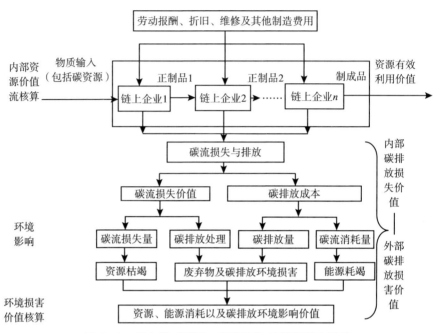

图 4-1　供应链"碳流—价值流"核算的基本思路

表 4-1　　　　　　　　　"碳流—价值流"核算系统的内容和步骤

		核算内容	核算步骤
核算系统	碳流核算	供应链碳实物流核算	范围 1、范围 2、范围 3 的界定 产品生命周期阶段划分 供应链碳排放的计算
	价值流核算	内部碳有效利用价值（成本） 内部碳排放损失价值（成本）	选择适用对象及物量中心 碳流与价值流模型 数据测定与采集 计算内部碳有效利用价值
		外部碳排放环境损害 碳排放权交易成本或收益 碳减排成本及其分配	— — —

4.2　供应链碳流核算原理

供应链碳流核算，实质上就是供应链碳实物流转核算，碳实物量可以用二氧化碳量（CO_2）表示，也可以用碳排放量（含碳元素质量 C）表示，根据实际需要选用其中的一种表示方法即可。

供应链碳流是反映产品全生命周期阶段（原料生产、原料运输、产品制造、加工、循环、回收、报废等）中输入或输出物料包含的碳元素，依据碳流平衡理论，计算得出供应链各个环节碳存量和流量信息。

4.2.1　基于碳元素平衡原理的碳流核算

追踪供应链产品生命周期过程中的能源（含碳原料）的投入、消耗、循环利用和报废数量，将各阶段中能源（含碳原料）的流转数量乘以含碳量，计算得到全生命周期各阶段碳素流。碳元素的流动具有动态性，但遵循碳流平衡理论。借鉴资源价值流核算原理，供应链碳流核算对产品全生命周期中各流程划分成若干个物量中心，按照碳元素的"流转"与"废弃"两个方向，即正负制品的碳元素含量，分别计算出各物量中心产品有效利用碳和废弃物中损耗的碳（即碳排放物）。根据供应链各链上企业输入输出碳流，整合得到供应链碳流分析模型。在产品全生命周期过程中，基准流从上游企业 1 一直贯穿到下游企业 n，以链上企业设置物量中心，在此过程中一些物量中心需要增加含碳原料或辅料形成外来物质流，生成的伴生物排入环境形成了废物流，若通过加工处理形成再生资源或返回生产系统重新利用可以形成循环流。等量关系通过公式（4 – 1）和公式（4 – 2）表示。

$$\genfrac{}{}{0pt}{}{\text{本中心投入能源}}{\text{（含碳原料）的碳元素}} + \genfrac{}{}{0pt}{}{\text{上一中心}}{\text{转入碳元素}} = \genfrac{}{}{0pt}{}{\text{正制品碳}}{\text{元素含量}} + \genfrac{}{}{0pt}{}{\text{负制品碳}}{\text{元素含量}} \qquad (4-1)$$

$$\genfrac{}{}{0pt}{}{\text{本中心投入能源（含碳原料）的}}{\text{碳元素质量}} = \sum \genfrac{}{}{0pt}{}{\text{能源（含碳原料）}}{\text{投入量}} \times \genfrac{}{}{0pt}{}{\text{能源（含碳原料）的}}{\text{含碳量}} \qquad (4-2)$$

其中，能源（含碳原料）含碳量的确定有两类方法，第一类是实测法，根据生产现场的原料、燃料等样本进行实际测量含碳率；第二类是计算法，能源（含碳原料）碳含量可以为能源（含碳原料）的低位发热量与相应的单位热值含碳量的乘积，也可以根据能源（含碳原料）的碳排放因子乘以 12/44 进行换算而求得，参照公式（4-3）或者公式（4-4）计算，具体如下：

$$\begin{array}{c}\text{能源（含碳原料）}\\\text{含碳量（质量百分比）}\end{array} = \text{低位发热量} \times \text{单位热值含碳量} \quad (4-3)$$

$$\begin{array}{c}\text{能源（含碳原料）}\\\text{含碳量（质量百分比）}\end{array} = \text{碳排放因子} \times 12/44 \quad (4-4)$$

上述公式（4-3）和公式（4-4）中低位发热量、单位热值含碳量、碳排放因子等的确定可以通过实测法获取实测值或测算值，也可以参考国家标准化管理委员会发布的一系列行业企业《温室气体排放核算和报告指南》中给定的相关缺省值。

$$\begin{array}{c}\text{正制品碳元素}\\\text{含量（百分比）}\end{array} = \frac{\text{正制品碳元素质量}}{\text{本中心新投入能源碳元素 + 上一中心转入的碳元素}}$$

$$(4-5)$$

$$\text{负制品碳元素含量（百分比）} = 1 - \text{正制品碳元素含量（百分比）}$$

$$(4-6)$$

假设一条由 3 个企业（分别为企业 A、企业 B 和企业 C）组成的 H 供应链，其中，企业 C 为供应链核心企业。以供应链节点企业作为分析对象，设置 3 个一级物量中心，用 $VC_1 - VC_3$ 表示；然后再追踪各链上企业内部生产工艺，设置 5 个二级物量中心，即企业 A 设置 2 个二级物量中心 QC_{11} 和 QC_{12}；企业 B 设置 1 个二级物量中心 QC_{21}；企业 C 设置 3 个二级物量中心 QC_{31}、QC_{32} 和 QC_{33}。供应链多层级（供应链层级、企业层级和车间层级）物量中心的设置如图 4-2 所示。

基于碳素流平衡原理，供应链上每个物量中心的碳素流均处于平衡的状态。根据每个物量中心输入输出含碳材料和能源的耗用量乘以相应的材料和能源的含碳量（百分比），材料或能源含碳量的确定可以由企业或车间实际测定或者使用国家给定的参考值，从而得到输入输出的碳元素质量。输入碳元素质量与输出碳元素质量之差可以视为该物量中心的碳排放的碳

元素含量。H 供应链上各物量中心的输入输出端的含碳元素质量计算结果
如图 4 - 3 所示。

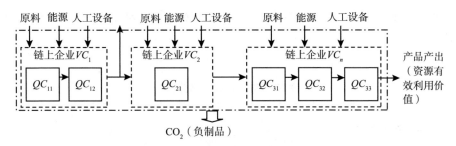

图 4 - 2　H 供应链的构成及其物量中心设置

注：QC_{ij} 表示供应链中第 i 个链上企业的第 j 个物量中心。

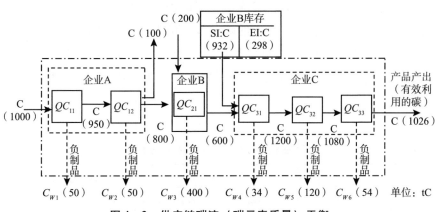

图 4 - 3　供应链碳流（碳元素质量）平衡

注：SI：期初在库　EI：期末在库。

　　从供应链层级分析，将供应链作为一个整体，分析其输入输出端含碳
量。供应链投入端含碳量主要包括三部分：链上企业 A 新投入含碳量
1000；链上企业 B 新投入含碳量 200；B 企业库存投入链上企业 C 的含碳
量 634（期初库存含碳量 932 - 期末库存含碳量 298），即供应链投入的含
碳量 = 1000 + 200 + (932 - 298) = 1834；供应链输出端碳元素分为两部分，
一部分为有效利用碳 1126（计入最终产品产出的碳元素 1026 + 计入中间产
品的碳元素 100）；另一部分为供应链内随着五个物量中心的含碳废弃物所
损耗的碳元素 708（50 + 50 + 400 + 34 + 120 + 54）；供应链输出端碳元素 =

1026 + 100 + 708 = 1834。由上述分析可知，供应链输入端碳元素 = 供应链输出端碳元素 = 1834。将供应链作为一个整体，其输入输出是遵循碳素流平衡理论的。供应链有效利用碳元素率 = 1126/1834 = 61.4%（如表 4 - 2），由此可以推出供应链中 38.6% 的碳元素成为废弃物（碳排放），没有被有效利用。

表 4 - 2 供应链整体碳流数据分析

供应链整体	碳投入	碳产出		碳有效利用率（正制品碳元素含量）
		计入正制品	计入负制品	
H 供应链	1834	1126	708	61.4%

具体到供应链内部，从供应链企业层级进行分析，以供应链的链上企业为分析对象，链上企业 A 投入的碳元素质量为 1000，输出端计入正制品的碳元素质量 900（800 + 100）和计入负制品的碳元素质量 100（50 + 50）；链上企业 B 和企业 C 的输入输出端碳元素计算原理同链上企业 A，计算结果如表 4 - 3 所示。

表 4 - 3 供应链链上企业的碳流数据分析

链上企业	碳投入	碳产出		碳有效利用率（%）（正制品碳元素含量）
		计入正制品	计入负制品	
A	1000	900	100	90
B	1000	600	400	60
C	1234	1026	208	83.14

分析链上企业的内部物量中心，链上企业 A 投入端投入的碳元素质量为 1000，经过企业内 QC_{11} 物量中心后，碳元素分为两部分：即质量为 950 的碳元素随着正制品（中间产品）进入下一物量中心 QC_{12} 和质量为 50 的碳元素不能进入下一物量中心，形成废弃物（碳排放）；由上一物量中心 QC_{11} 转入的碳元素经过 QC_{12} 物量中心后也同样分流为两部分，一部分是计入正制品（A 企业产品或服务）的碳元素 900，这一部分包括流入链上企

业 B，由 B 企业使用的正制品碳元素 800 和流入供应链以外的其他企业使用或库存的正制品碳元素 100。另一部分是计入负制品的碳元素 50，是碳元素最终形成废弃物（碳排放）。根据碳元素守恒的原理，后面物量中心的碳流分析过程同物量中心 QC_{11} 和 QC_{12}，各物量中心分析结果如表 4 – 4 所示。

表 4 – 4　　　　　供应链各物量中心的碳流数据分析

物量中心	碳投入	碳产出		碳有效利用率（%）（正制品碳元素含量）
		计入正制品	计入负制品	
QC_{11}	1000	950	50	95
QC_{12}	950	900	50	94.74
QC_{21}	1000	600	400	60
QC_{31}	1234	1200	34	97.24
QC_{32}	1200	1080	120	90
QC_{33}	1080	1026	54	95

基于上述分析，从供应链层面来看，供应链碳排放量就是供应链各成员企业碳排放量的总和。如上例中供应链碳排放就是三个链上企业的五个物量中心计入废弃物碳元素质量的合计，即 708tC（50 + 50 + 400 + 34 + 120 + 54），根据 C 分子量与 CO_2 分子量的比例转化，根据一吨碳在氧气中燃烧后能生成约 3.67 吨二氧化碳，可以测算出供应链碳排放量为 2598.36tCO_2。

4.2.2　供应链碳排放的"三个范围"计算

按照 WRI 和 WBCSD 的相关规定，供应链碳排放为供应链核心企业、上游和下游企业碳排放的总和。参照日本环境省 2017 年 12 月发布《关于整个供应链中温室气体排放的计算基本准则（2.3 版）》[15] 以及 2018 年 3 月发表的《以供应链上组织的温室气体排放量计算为目的的排放单位数据库（Ver. 2.5）》[157]，归纳出供应链碳排放量计算的一般步骤：确定测算对象、划分边界（组织边界和运营边界）、明确测算范围、选择计算方法、收集数据以及计算汇总供应链碳排放。

为了界定组织边界，应先定义组织拥有或控制的业务活动范围的边界。设置组织边界的方法有权益（股权）份额法或控制权法。权益份额法下，企业根据投资比率（股权份额）来计算应合并的温室气体排放量；控制权法是一种排放合并方法，用于计算受控业务的 100% 排放。即使投资比例很高，如果企业没有控制权也不会算在内。这里，控制权是财务控制权（具有确定运营商的财务政策和管理政策的能力）或管理控制权（通过将其管理政策引入运营商来完全实现）。可以从任一角度定义。通常这两个标准范围内包括的合并业务运营商都包括在组织边界内。合并纳入方法选择的不同，也会影响供应链碳排放总量。例如，一家联营企业可以将其母公司的温室气体排放量报告为 40%（股利份额）、0%（如果没有财务控制）和 100%（如果他们估计对这家企业拥有运营控制权）。

在经过核算对象确定、组织边界和运营边界的界定后，得以明确供应链碳排放测算范围，如表 4 - 5 所示。

表 4 - 5 供应链碳排放的测算范围

项目	内容
温室气体	能源 CO_2、非能源 CO_2、CH_4、N_2O、HFCs、PFCs、SF_6、NF_3（与计算、报告和出版系统中的温室气体类型相同）
组织范围	本企业（核心企业）所有部门和办公室、关联企业（合并企业） 上游对应于范围 3 中类别 1~8 的经营者 下游对应于范围 3 中类别 9~15 的经营者
地理范围	国内和国际
活动类型	在供应链中所有有关温室气体排放的活动
时间范围	与供应链排放有关的一年的业务报告年度为 1 年 活动产生的排放实际上是目标期间的排放，但供应链上游和下游排放的排放时间是基于其活动的温室气体排放，这 1 年可能有所不同

供应链碳排放"范围 1""范围 2""范围 3"的具体计算说明如下：

（1）范围 1 碳排放的计算

范围 1 排放是指在组织边界从温室气体源直接向大气排放的温室气体。指 JIS Q 14064 - 1 中的"直接温室气体（GHG）排放"和范围 3 标准中的

"范围 1 排放"。范围 1 排放主要包括核心企业内部使用燃料、含碳原料产生的直接排放以及使用自己的交通工具产生的直接排放。用 CE_1 表示范围 1 排放。范围 1 排放可参照公式（4-7）或公式（4-8）计算，具体公式如下：

$$CE_1 = \sum 化石燃料消费量 \times 低位发热量 \times 单位热值含碳量$$
$$\times 碳氧化率 \times 44/12 \tag{4-7}$$

$$CE_1 = \sum 含碳原料消耗量 \times CO_2 排放因子 \tag{4-8}$$

能源、含碳原料消耗量，即物理量的确定，比如千克、吨等。基于全生命周期的物料流动追踪，对供应链企业内部及企业与企业之间的所有核算节点进行物料平衡测算，反映各节点中有效利用进入下一节点，形成产品或中间产品的物料数量、未形成产品成为物料损失的物料数量以及在不同节点间循环利用的物料数量，为计算供应链各节点企业的物料损失量提供了数据基础。能源低位发热量、单位热值含碳量、CO_2 排放因子等指标可以参考国家发展和改革委员会应对气候司发布的 GB/T 32151《温室气体排放核算与报告要求》中给定的相关缺省值，也可以委托具有资质的第三方进行实际测量。

（2）范围 2 碳排放的计算

范围 2 排放又称能源间接排放，即使用他人提供的电和热，在发电和产热阶段产生的 CO_2 排放量。范围 3 标准中的 JIS Q 14064-1"源自能源的间接温室气体（GHG）排放"和"范围 2 排放"仅限于 CO_2 排放，包括自耗以及电厂的输配电损耗，用 CE_2 表示范围 2 排放。范围 2 排放的计算公式（4-9）如下：

$$CE_2 = \sum q_i \times f_i \, (i=1, 2, \cdots, n) \tag{4-9}$$

其中：CE_2 表示消耗电力和热力的 CO_2 排放总量，也即范围 2 排放量；q_i 表示第 i 种能源（电力或热力）的消耗量；f_i 表示第 i 种能源（电力或热力）的 CO_2 排放因子。中国电网结构分为华北、东北、华中、华东、西北和华南六个电网区域，电力的 CO_2 排放因子可参照所在电网区域进行确定。

（3）范围 3 碳排放的计算

范围 3 排放也叫作其他间接排放，是与企业供应链中的业务活动有关的间接温室气体排放，不包括直接排放和基于能源的间接排放，指的是

JISQ14064 – 1 中的"其他间接温室气体（GHG）排放"，以及范围 3 标准中的"范围 3 排放"。在中国范围 3 排放的报告仅包括员工商务旅行或职工通勤等类型产生的碳排放。参考借鉴日本环境省颁布的《以供应链上组织的温室气体排放量计算为目的的排放单位数据库（Ver. 2. 5）》[157]中介绍的供应链排放（范围 3）的 4 步模型计算方法，具体流程如图 4 – 4 所示。

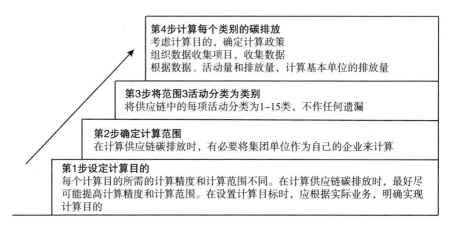

图 4 – 4 供应链碳排放（范围 3）4 步计算模型

范围 3 碳排放分 15 种类别（具体计算范围见附录说明），按类别收集数据，分类别进行计算，最后汇总。用 CE_3 表示范围 3 排放，范围 3 排放的基本计算公式（4 – 10）如下：

$$CE_3 = \sum (活动水平 \times 排放强度) \qquad (4 - 10)$$

公式中的活动水平是与经营者活动规模相关的量（金额），如电力消耗量、货物运输量、废弃物处理量、各种交易金额等，从各种内部数据、文献数据、行业平均数据、产品设计值等中收集；排放强度是指每活动量的 CO_2 排放量，例如每 1kW · h 用电量的 CO_2 排放量，每吨千米货物运输的 CO_2 排放量，每吨焚烧废物的 CO_2 排放量等，这些数据基本上是从现有数据库中选择并使用，但也有直接测量排放的方法，或者接收商业伙伴排放的计算结果的方法。日本现在有"排放强度单位数据库""基于投入产出表的单位排放强度"，可供中国在计算范围 3 排放时参考借鉴。

供应链碳排放等于范围 1、范围 2 和范围 3 排放的合计，公式（4 – 11）

如下：

$$供应链碳排放(CE) = CE_1 + CE_2 + CE_3 \qquad (4-11)$$

由上述分析可知，范围1和范围2的碳流核算与生产过程的能源消耗密切相关，可追踪到企业生产流程中各个物量中心的投入产出碳元素，由此可确定各物量中心（包括一级和二级物量中心）的计入正制品的碳有效利用率（正制品碳排放分配率）和计入负制品的碳损失率（负制品碳排放分配率）。范围3的碳流核算以供应链企业为核算边界。此时，供应链碳排放的计算方法可以选用排放因子法。对范围1、范围2和范围3分别进行核算再汇总。温室气体排放量为活动数据与温室气体排放因子的乘积。

以某食品供应链为例，当核心企业（DN食品企业）的组织边界和运营边界都确定后，共同组成清单边界。供应链上以核心企业为中心，向上下游进行延伸，包含了若干链上企业。每个链上企业都有从上述一个或多个碳排放源类别中产生直接和（或）间接排放的过程、产品或服务。温室气体协议计算工具是基于这些类别组织的。将供应链核心企业向其上游、下游进行生产扩展，从而形成了供应链层面上的碳排放量核算的范围，如图4-5所示。

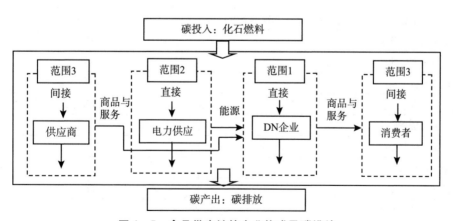

图 4-5　食品供应链的企业构成及碳排放

该条以食品生产企业为核心企业的供应链，分别从范围1、范围2和范围3核算碳排放量，计算结果如表4-6、表4-7所示。

表 4 - 6 范围 1 和范围 2 碳排放量

（根据《GHG 协议公司标准》测定结果） 单位：tCO_2

场所	范围1和范围2排放量
制造工厂的二分厂	2620
仓库二分厂	461
干货仓库二分厂	60
制造工厂和仓库的一分厂	14342
总部	1326
其他现场	443
咖啡馆1（休息）	14
咖啡馆2	227
总计	19493

表 4 - 7 范围 3 碳排放量（GHG 协议公司标准测定结果） 单位：tCO_2

分类	范围3排放量
购买商品和劳务	113709
资金产品	5052
能源能量有关活动（不包含在范围1和范围2内）	1519
上游运输与分配	66947
运营中产生的废弃物	4848
商务旅行	704
员工通勤	1162
上游租赁资产	—
下游运输与分配	18477
销售产品的加工	—
销售产品的使用	3458
销售产品的报废处理	223
下游租赁资产	—
特许经营	—
投资	—
合计	216099

　　结合产品生命周期的角度，汇总该食品供应链的碳排放总量，如
表 4 - 8 所示。

表 4 - 8　　　　　　食品供应链的产品生命周期各阶段碳排放量　　　　单位：tCO_2

排放过程	排放量
原料和包装物的生产	113709
上游物流	12647
制造	20178
下游物流	59070
零售	18477
使用阶段	3458
报废	233
不可归属过程	7810
合计	235572

　　由表 4 - 8 可知，按照产品生命周期各排放过程测算的碳排放量合计为
235572tCO_2，与前述表 4 - 6 和表 4 - 7 中计算的供应链"范围 1 ~ 3"排放
之和在总量上一致。

　　供应链碳排放当量 = （范围 1 + 范围 2）+ 范围 3 = 19493 + 216099 =
235572 （tCO_2）

　　将产品生命周期阶段的碳排放与温室气体核算体系（GHG 协议）规定
的"范围 1 ~ 3"的碳排放一一对应上。如表 4 - 9 所示。

表 4 - 9　　　产品生命周期阶段的碳排放所对应的"范围 1 ~ 3"范畴

周期阶段	供应链碳流核算				《GHG 协议公司标准》
产品生产周期阶段	阶段：详细	tCO_2	范围	范围 3 类型	范畴（种类）
原料和包装物生产	原料和包装物（不含上游运输）	113709	3	1	食品企业的原料和包装物购买的商品和服务

周期阶段	供应链碳流核算				《GHG 协议公司标准》
产品生产周期阶段	阶段：详细	tCO₂	范围	范围3类型	范畴（种类）
上游物流	上游运输（不在经营控制下）	12647	3	4	上游运输和分配（配送）
制造	制造工厂（在经营控制下）	6698	1	—	范围1 能源相关的排放
制造	制造工厂（在经营控制下）	12092	2	—	范围2 能源排放
制造	制造工厂（在经营控制下）	1311	3	3	范围3 能源相关排放
制造	食品产品报废现场（包装）	77	3	5	作业产生的废物
下游物流	下游运输（不受经营控制）	43332	3	4	上游运输和分配（配送）
下游物流	非经营控制下仓库的能源和逃逸排放	10968	3	4	上游运输和分配（配送）
下游物流	运输损失	4770	3	5	（物流）作业产生的废物
零售	非经营控制下零售店冰箱的逃逸排放	18477	3	9	下游运输和配送（非经营控制下零售业的能源与逃逸排放）
使用阶段	家庭排放量	3458	3	11	已售产品的使用
报废	零售和家庭报废	223	3	12	已售产品的报废处理
不可归属过程	总部和其他场所	226	1	—	范围1 能源相关排放（总部和其他场所）
不可归属过程	销售车和企业车的移动燃烧	99	1	—	范围1 销售车和企业车的移动燃烧
不可归属过程	总部及其他场所的能源排放量（电力）	359	2	—	范围2 总部和其他场所的能源相关排放
不可归属过程	资本产品	5052	3	2	资本产品
不可归属过程	总部及其他场所的能源相关排放量	208	3	3	范围3 能源相关排放
不可归属过程	商务旅行	704	3	6	商务旅行
不可归属过程	员工通勤	1162	3	7	员工通勤
合计		235572			

4.3　供应链价值流核算程序设计

在产品生命周期中不同参与者之间的交流生成了供应链。按照标志性活动将生命周期进程划分为原材料筹备、生产、使用和废弃阶段，这些阶段进行中有特定的经济决策者为介质，因此，根据决策者在产品生命周期的不同阶段所负责的任务将供应链划分为初始生产者、供应商、设备制造商、使用者和回收站/处理者，如图 4 - 6 所示。

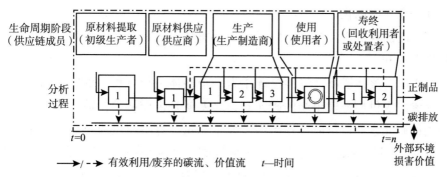

图 4 - 6　基于 LCA 的供应链"碳流—价值流"分析应用模型

供应链碳价值流核算以产品全生命周期各阶段的碳素流核算为基础，各阶段碳素流动遵循"投入—产出"平衡原理。在每个阶段的输出端，有一部分碳素会随着本步骤生产的中间产品或服务流入下一阶段，被有效利用，按照碳有效利用率（u_i）核算的碳流价值为这部分的碳排放有效利用价值（成本）。还有一部分碳素会计入含碳物料废弃物以及碳排放物中，这部分是被浪费的碳元素，按照碳损失率（$1-u_i$）核算的碳流价值则为碳排放内部损失价值（成本）。由于碳元素可按照一定系数（3.67）折算出 CO_2 排放当量，所以供应链各生命周期阶段的碳损失可以被视为碳排放，各阶段的碳排放（碳损失）之和就是供应链碳排放（碳损失）。供应链碳排放的外部环境损害价值（成本）可以通过供应链碳排放当量与每单位 CO_2 排放的外部损害系数值相乘而得到。

与已有的企业资源价值流研究不同，供应链"碳流—价值流"体系中的价值流核算具有两个明显的特征，第一，核算范围扩大到整个生命周期阶段（"摇篮—目的地"，cradle-to-grave），不仅包含核心企业所关注的生命周期特定阶段（"生产—出库"，cradle-to-gate），还包括核心企业的上下游阶段。上游阶段的投入对于生成产品输出是不可缺少的，中间产品的价格会影响生命周期阶段中供应链参与者的成本，组成下个环节链上企业采购成本的主要组成部分。因此，供应链中的流动表现为上游阶段的成本经本环节汇总后传到至下个阶段。第二，将碳元素流抽象为碳排放成本的本质，以碳元素流转路线为基础，根据碳流与价值流的互动规律，将价值流核算细化到碳流价值核算。以碳为追踪分析对象，是对资源价值流会计在研究对象上的细化。

供应链碳价值流核算依照"供应链整体—链上企业—企业内部"三层级纵向展开。

供应链整体层面，将供应链作为一个整体进行分析。供应链输入端的碳元素减去供应链输出端的碳元素，之差就是供应链碳排放。以计入碳排放中的碳元素除以供应链输出端碳元素总量计算得出供应链碳损失率。将1减去供应链碳损失率之差就是供应链碳有效利用率。按照供应链碳有效利用率和供应链碳损失率的比例分配供应链碳流总成本（碳材料投入成本、能源成本、人工成本、设备折旧成本、链上企业之间的交易成本等），从而计算出供应链碳排放内部损失成本和供应链碳排放有效利用成本。

链上企业整体层面，研究输入输出链上企业的含碳资源（含碳材料、能源）的种类和数量的变化，加上相应的单价等信息，得到输入企业的含碳资源投入数据，将投入的含碳资源成本加上对应的人力、制造费用等系统成本，按照企业最后输出的合格品与废弃物的含碳量比例在两者之间进行分配，从而可获得企业层面的资源有效利用成本（价值）和碳排放内部成本、企业碳排放量等信息。进而计算企业整体层面的资源流转效率和碳排放强度。

链上企业内部结构层面，深入企业内部，以企业内碳素流动轨迹构造碳物质流动路径，根据企业内部生产过程特点创建物量中心，将各物量中心作为分析单元，对输入输出物量中心的含碳资源实行碳价值流的计算，得到各物量中心的资源有效利用价值和碳排放内部损失成本（价值）以及碳排放外部损害成本，将各物量中心的价值流核算结果进行二维分析，能够从中寻找企业内部碳排放的改良点，为最后改善决策提供信息支撑。

具体计算，如图4-7所示。

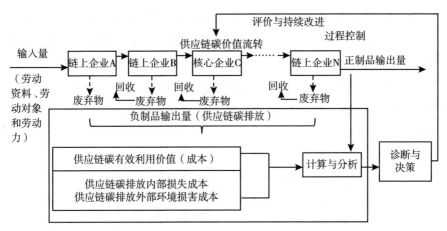

图4-7　供应链"碳流—价值流"模型

供应链价值流核算基本程序设计如下：

（1）供应链碳价值（成本）的定义与分类

碳排放或者说碳减排问题是典型的公共物品问题，是关乎人类能否可持续发展的全球性问题，就企业或营利组织而言是纯粹的社会责任。主要是因为一个企业排放了 CO_2，CO_2 是气态物质，具有空间流动性，不能库存，会随着空气流动而扩散，会产生外部性问题。

供应链价值流核算是以供应链产品生命周期中的碳流为基础，动态描绘其在生命周期全过程的价值变化。由于供应链内包含多个企业，它本身是超越"会计主体"的一个网状空间，供应链成本体系中包含企业内成本和企业间成本，而成本信息只能来自供应链的参与企业，因此，供应链企业间成本（如供应链协同减排成本）的核算与分配必须冲破企业核算成本的原规则，重新对这部分成本进行解析、整合。从资源输入端分析，供应链投入成本分为供应链各节点企业生产投入成本和节点企业之间的成本（如通讯费用、管理费用、谈判成本、资金成本等）。供应链协同减排成本包括分散在各节点企业的材料成本（购买清洁材料新增成本）、人工成本

（低碳技术或低碳设备的人工运行成本）、能源成本（购买清洁能源新增成本）、设备折旧维修成本（购买低碳设备的折旧和维修成本）、资金成本（用于上述用途资金的机会成本）以及管理费用（与其他节点企业之间的谈判成本、招待费用、通讯费用等），这些成本虽然实际发生在不同的供应链节点企业，但都是为了协同减排而发生成本，这些成本合计可以视为供应链的共同成本，按照一定方法（如依据节点企业之间达成的分配协议）在各节点企业之间进行重新分配。

在资源输入端，归集供应链企业价值流成本。供应链节点企业的价值流成本由以下四部分组成，分别是材料、系统、能源和废弃物处理成本，结果如图4-8所示。

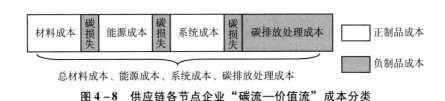

图4-8 供应链各节点企业"碳流—价值流"成本分类

供应链企业之间的"碳流—价值流"成本，主要指企业之间协同减排发生的成本支出，如引进低碳技术、购买低碳设备、使用低碳清洁能源等，这部分支出可分为经营性减排支出和资本性减排支出。由供应链各节点企业共同参加的碳减排活动的成本和费用，属于共同发生成本，需要采用一定分配方法在各节点企业之间进行分配。此外，协同减排期间供应链参与企业发生的碳排放权交易成本或环保罚款总和也可以视为共同成本，同样，发生的碳排放权交易收益合计则视为共享收益。

本书将供应链"碳流—价值流"核算的成本分为供应链企业内部的"碳流—价值流"成本和供应链企业共同成本两大部分，具体内容如表4-10所示。

在资源的输出端，有供应链碳有效利用价值和碳排放内部损失价值两部分内容。

表 4 - 10　　　　　　　　　　供应链"碳流—价值流"成本内容

成本分类			目标对象
供应链企业内成本	材料成本	主要材料	构成产品的组成部分的新投入的新材料和上一流程流入的半成品
		次要材料	本流程投入不构成产品主要部分的材料
		辅助材料	生产中不可或缺的各环节新投入的不构成产品实体部分的材料
	系统成本		人工费、折旧费、仓储费、物流费等相关制造费用
	能源成本		生产过程中的耗费，如电力、原油、蒸汽、热力或相似介质的成本
	碳排放处理费用		碳排放企业内部处理成本、外包处理成本
供应链企业之间成本（共同成本）			供应链协同减排成本，包括年投资成本、年运营成本、碳排放权交易成本或收益、碳税、罚款以及链上企业之间的沟通、谈判等管理成本、资本成本等 供应链协同减排成本需要在链上各节点企业之间进行分配

注：上表中年投资成本包括购买低碳设备计提折旧（即配备了净化装置的设备的年投资额）；年运营成本包括设备上安装净化装置年运营成本（材料成本、系统成本、能源成本等），使用低碳清洁能源耗用能源成本（可减去使用低碳设备节省能源成本）等。

（2）确定核算对象与设置物量中心

供应链是企业之间的链条连接。在供应链中，先确定核心企业并以核心企业为主导，追踪核心企业产品的生命周期流经路径，由产品生命周期链上的各节点企业共同构成供应链。供应链碳会计核算以企业为节点划分一级物量中心，价值链中的企业用 $VC_1 - VC_n$ 表示。确定一级物量中心的材料以及能源资源的流量和存量，同时以实物和货币形式加以计量。继续追踪分析链上节点企业，每个企业内部根据具体生产或制造流程设定若干二级物量中心，物量中心是物料流和能源流的分歧点或变化点。

按照碳素流转平衡原理，结合成本逐步结转方法，上一环节（企业）生产的正制品（中间产品、半成品等）总是作为原料投入到下一环节（企业）继续生产，计入正制品中的碳元素也随之转入下一个环节，而计入负制品的碳元素（可换算为废弃物 CO_2eq）在产生环节就退出生产，如此往复，直至最后生产出全部产品。同样，随着碳元素流在物量中心之间移动，伴随着成本的累积，构成碳有效利用价值和碳损失价值。碳损失价值包括碳排放内部损失成本和碳排放外部环境损害成本。能源消耗与碳排放密切相关，因此，能源成本的分配标准按照正负制品含碳量比例进行分配。而材料和系统成本仍然借鉴资源价值流会计中的分配标准。输出端正负制品应分担的各成本项目，分配计算过程见公式（4-12）~公式（4-17），其中，正制品碳元素含量的计算见公式（4-5）。

输出端正制品能源成本 =（上一步骤转入能源成本 + 本步骤新投入能源成本）× 正制品碳元素含量　　　　　　　　　　　　　　　　　　（4-12）

输出端负制品（CO_2eq）损耗的能源成本 =（上一步骤转入能源成本 + 本步骤新投入能源成本）×（1 - 正制品碳元素含量）　　　　　（4-13）

输出端正制品材料成本 =（上一步骤转入材料成本 + 本步骤新投入材料成本）× 正制品材料重量比重　　　　　　　　　　　　　　　　（4-14）

输出端负制品材料成本 =（上一步骤转入材料成本 + 本步骤新投入材料成本）×（1 - 正制品材料重量比重）　　　　　　　　　　　　（4-15）

输出端正制品系统成本 =（上一步骤转入系统成本 + 本步骤新投入系统成本）× 正制品材料重量比重　　　　　　　　　　　　　　　　（4-16）

输出端负制品系统成本 =（上一步骤转入系统成本 + 本步骤新投入系统成本）×（1 - 正制品材料重量比重）　　　　　　　　　　　　（4-17）

能源、含碳原料（并入能源一起处理，如燃煤发电企业的原料煤炭均视为能源投入）依次在不同物量中心之间的移动，跟随资源在企业生产过程中的转移路线，表现各个物量中心负制品与正制品的数量及价值比率，深入剖析其成本组成，并据此找出有改善前景的阶段、对象，寻求途径降低成本。深入企业内部，从物量中心入手控制成本。

（3）数据测定与采集

对供应链上成员企业以及企业内部"碳流—价值流"分析的数据收集，按照不疏漏重要投入和产出的原则，覆盖所有生产经营流程。主要经济（成本）数据来源于各企业财务管理部门，技术数据来源于各企业相关生产管理部、能源管理部和环境管理部，部分数据来源于发改委和各行业制定的清洁生产标准、各企业（如钢铁生产企业、发电企业、煤炭企业等）温室气体排放核算与报告要求[158-161]。

（4）核算框架与实施

通过追踪供应链碳素流转路线，以碳元素作为价值的载体，采用逐步结转模式，依据每一过程或节点的碳素流动计算碳资源流价值，不仅包括现行会计系统中的材料、能源、人工、折旧等按碳流数量归集的成本（价值），而且还包括碳排放对环境系统的损害价值。借鉴资源价值流分析方法，将归集的碳价值流成本在各环节输出端根据计入正制品（中间产品或最终产品）和负制品（含碳废弃物）的碳元素质量比重进行分配，分别计算碳有效利用成本和碳排放内部损失成本。以供应链作为整体，汇总各环节碳排放内部损失成本的计算结果，得到供应链整体的碳排放内部损失成本。生成具有特色的"内部碳排放损失价值—外部碳排放损害价值"二维核算体系，如图 4 - 9 所示。

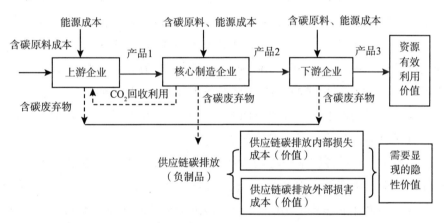

图 4 - 9　供应链"内部碳损失—外部碳损害"二维核算体系

以前述 4.2 的 H 供应链为例，参照图 4 - 3 中碳元素流转信息，进行供应链碳价值流核算，计算结果如表 4 - 11 所示，其计算过程分析如下：

一是 H 供应链包含 A、B、C 三个链上企业，其碳价值流核算所需的成本数据采集分别来自这三家链上企业。按照材料成本、能源成本、系统成本建立各链上企业投入的成本项目。不同成本投入按不同分配标准进行分配。能源成本与能源消耗、碳排放密切相关，因此，能源成本按照正负制品碳排放比例（碳含量比重）进行分配；材料和系统成本与物料消耗更为相关，则按正负制品所耗材料重量的比例进行分配。分项目进行分配，核算结果会更为合理。对于链上企业内部，各物量中心（如生产车间）之间进行成本结转，直至最后物量中心，生产出该企业的合格产品，因此，企业正制品有效利用（碳）成本应为该企业各物量中心的正制品成本合计，企业负制品成本则为企业内各物量中心废弃物（碳排放）损失成本的合计数。

以链上企业 A 为例，企业 A 是 H 供应链的上游企业，将企业 A 视为一个整体，企业 A 在核算期间完工产出合格产品含碳量 900（占总输出含碳量的 90%），形成废弃物的含碳量 100。其中，输出的合格产品中一部分转至供应链中下游企业（含碳量 800），还有一部分出售给供应链外的企业（含碳量 100）。因此，计入供应链碳会计矩阵中的企业 A 成本应该是转至下游企业的部分产品成本，而不是企业 A 生产全部产品的成本。在这里，需要按照计入下游 B 企业的产品碳元素含量（800）占总产品产出碳元素含量（900）比例进行分配，则计算出上一中心转入企业 B 的能源成本等于上步骤企业 A 的 QC_{12} 生成的正制品能源成本 5.62 万元乘以计入企业 B 的正制品碳元素分配比例（800/900），即 5.00 万元；材料成本则等于上步骤企业 A 的 QC_{12} 生成的正制品材料成本 380.09 万元乘以计入企业 B 的材料消耗重量分配比例（1600/1800），即 337.86 万元；系统成本的计算类同材料成本。其他项目分配以此类推。

二是链上企业各物量中心的碳排放内部损失成本由负制品成本、碳排放处理成本、碳资源化利用成本（或收益）等构成。以链上企业 A 为例，企业 A 设置两个物量中心 QC_{11} 和 QC_{12}，由于碳排放处理成本和碳资源化利用成本按企业 A 归集，不区分物量中心，所以企业 A 汇总的碳排放内部损失成本 = QC_{11} 负制品成本 + QC_{12} 负制品成本 + 企业碳排放处理成本合计 + 企业碳资源化利用成本合计 = 45.93 万元。

三是对于供应链整体而言，供应链层面的正制品碳有效利用成本则为各链上企业正制品成本之和，碳排放内部损失成本就是各链上企业废弃物（碳排放）损失成本的合计数。

供应链层面的正制品成本 = 798.04 + 221.35 + 1221.57 = 2240.97（万元）

供应链碳排放内部损失成本 = 45.93 + 157.11 + 82.15 = 285.19（万元）

表4-11　H供应链链碳排放内部价值（成本）核算

项目分类	成本项目	链上企业A			链上企业B		链上企业C				供应链合计
		QC_{11}	QC_{12}	企业小计	QC_{21}	企业小计	QC_{31}	QC_{32}	QC_{33}	企业小计	
本中心新投入（万元）	材料成本	422.31	0		16.44		0	0	0		
	系统成本	2.82	0		0.92		0	0	0		
	能源成本	6.24	0		6.44		0	0	0		
上一中心转入（万元）	材料成本	0	401.19		337.86		437.91	425.83	383.24		
	系统成本	0	2.67		2.25		3.93	3.82	3.44		
	能源成本	0	5.93		5.00		14.15	13.76	12.38		
本中心合计（万元）	材料成本	422.31	401.19		354.30		437.91	425.83	383.24		
	系统成本	2.82	2.67		3.18		3.93	3.82	3.44		
	能源成本	6.24	5.93		11.44		14.15	13.76	12.38		
正制品碳排放分配率（%）		95	94.74		60		97.24	90	95		
负制品碳排放分配率（%）		5	5.26		40		2.76	10	5		
正制品成本（万元）	材料成本	401.19	380.09	781.28	212.58	212.58	425.83	383.24	364.08	1173.15	2167.02
	系统成本	2.67	2.53	5.21	1.91	1.91	3.82	3.44	3.27	10.52	17.64
	能源成本	5.93	5.62	11.55	6.87	6.87	13.76	12.38	11.76	37.90	56.31
	合计	409.80	388.24	798.04	221.35	221.35	443.40	399.06	379.11	1221.57	2240.97

续表

项目分类	成本项目	链上企业 A			链上企业 B		链上企业 C				供应链合计
		QC_{11}	QC_{12}	企业小计	QC_{21}	企业小计	QC_{31}	QC_{32}	QC_{33}	企业小计	
	材料成本	21.12	21.10	42.22	141.72	141.72	12.09	42.58	19.16	73.83	257.77
	系统成本	0.14	0.14	0.28	1.27	1.27	0.11	0.38	0.17	0.66	2.21
	能源成本	0.31	0.31	0.62	4.58	4.58	0.39	1.38	0.62	2.38	7.59
碳排放内部成本（万元）	碳排放处理成本	1.81		1.81	7.24	7.24		3.77		3.77	12.82
	资源化利用成本	1		1	2.3	2.3		1.5		1.5	4.8
	合计	—		45.93	—	157.11		—		82.15	285.19

4.4　供应链"碳流—价值流"融合核算

4.4.1　二维核算体系：碳会计矩阵

如今经济活动决策越来越趋向于综合评价分析经济和生态两个层面综合效益，对着眼于可持续发展的低碳供应链来说，不能仅仅追求经济利益，还需要考虑自身经营活动带来的生态影响。在环境问题领域中，会计是种很有用的计量工具，未来人类遇到的许多环境问题都需要借助会计核算为其提供数据信息支撑。依照前述分析表明，单纯的碳流分析仅提供了碳元素流动信息，从物量单位角度追踪、反映供应链企业内部及企业之间的碳流转。单纯的碳价值流核算主要以货币金额的形成反映碳排放内部成本，没有考虑碳排放的外部环境损害。将碳流和碳价值流融合，既可以从实物量和货币量角度详细说明碳流转，也可以反映碳排放内部损失成本和外部环境损害等碳价值流信息，有助于提供更全面、更完整的信息，为后续评价和优化控制提供数据支持。二维核算结果通过碳会计矩阵来实现。

碳会计矩阵能清晰明了地对照显示每个物量中心的产品、原材料的成本发生额和 GHG 排放量。GHG 是在原材料和能源的流通使用中被排放出来的。

碳会计矩阵从环境和经济两个维度反映供应链环境经营情况。在经济层面上，依照资源价值流会计的核算原理与基本概念分类，将投入的生产成本根据其输出物状况分配给产品（合格品）耗用成本和废弃物损耗成本（碳排放内部成本），从价值链的角度进行产品生命周期有效利用成本和碳排放内部损失成本；从环境层面上，根据温室气体协议的三段计量法，将供应链碳排放的核算边界定为"范围 1""范围 2""范围 3"，统计供应链的碳排放量。

碳会计矩阵本来是以重建碳管理的预算管理系统为目的的[162]，本书主要以其基本功能即价值链的经济方面和环境方面的评价功能为中心进行改良优化。产品（优良品）和原材料消耗的成本项目以及价值链（value chain，VC）中的物量中心的项目根据 MFCA 中各种概念分类划分，原材料成本是指投入的原材料费用等，系统成本包括加工原材料时投入的劳务费、折旧成本等，能源成本包括燃料费用、电力费用等，废弃物管理成本是指废弃物处理、回收再利用费用等。价值链中的企业用 $VC_1 \sim VC_n$ 表示。各 VC 中设定 QC，QC 是物料流和能源流的分歧点或变化点，成本可以根据各个 QC 控制。

4.4.2　碳会计矩阵的计算公式及应用流程

4.4.2.1　基本架构

碳会计矩阵是以持续、有效削减整个供应链碳排放量作为主要目的，用以反映供应链有效利用价值、内部环境损害价值以及外部环境损害（碳排放）等信息的一种矩阵图表[163]，是一种具体的集成表现形式。碳会计矩阵在内容上包括碳物质流和价值流核算，通过生态评估和经济性评估方法，并将这些信息进行耦合，用以反映供应链各流程的碳排放量及内部碳排放价值损失，为识别高碳排放点提供决策有用信息，如图 4－10 所示。

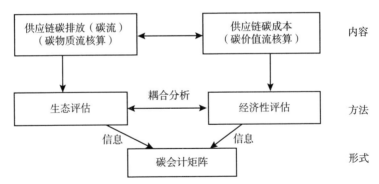

图 4－10　供应链碳会计矩阵与供应链"碳物质流—价值流"分析的关系

碳会计矩阵旨在削减供应链整体的损耗和 CO_2 排放量。因此，要以供应链整体成本及其 CO_2 排放总量作为评价对象。

4.4.2.2　基本核算公式

如表 4－12 所示，供应链碳会计矩阵反映的信息主要包括价值链的经济信息和环境信息两个方面。矩阵表中纵向部分为价值链构成企业以及企

表 4－12 供应链层面碳会计矩阵框架

产品或损耗项目	物量中心	VC$_1$				...	VC$_n$				VC$_1$-VC$_n$ 发生量
		QC$_1$	...	QC$_g$	小计	...	QC$_{n1}$	...	QC$_{nx}$	小计	
产品（合格品）	原材料成本	PM_{11}	...	PM_{1g}	$\sum PM_{1j}$	...	PM_{n1}	...	PM_{nx}	$\sum PM_{nj}$	$\sum PM_{1j} + \cdots + \sum PM_{nj}$
	系统成本	PS_{11}	...	PS_{1g}	$\sum PS_{1j}$	...	PS_{n1}	...	PS_{nx}	$\sum PS_{nj}$	$\sum PS_{1j} + \cdots + \sum PS_{nj}$
	能源成本	PE_{11}	...	PE_{1g}	$\sum PE_{1j}$	...	PE_{n1}	...	PE_{nx}	$\sum PE_{nj}$	$\sum PE_{1j} + \cdots + \sum PE_{nj}$
原材料损耗（内部）负担环境损耗	原材料成本	NM_{11}	...	NM_{1g}	$\sum NM_{1j}$	...	NM_{n1}	...	NM_{nx}	$\sum NM_{nj}$	$\sum NM_{1j} + \cdots + \sum NM_{nj}$
	系统成本	NS_{11}	...	NS_{1g}	$\sum NS_{1j}$	...	NS_{n1}	...	NS_{nx}	$\sum NS_{nj}$	$\sum NS_{1j} + \cdots + \sum NS_{nj}$
	能源成本	NE_{11}	...	NE_{1g}	$\sum NE_{1j}$	...	NE_{n1}	...	NE_{nj}	$\sum NE_{nj}$	$\sum NE_{1j} + \cdots + \sum NE_{nj}$
废弃物管理成本		WTC_{11}	...	WTC_{1g}	$\sum WTC_{1j}$	...	WTC_{n1}	...	WTC_{nx}	$\sum WTC_{nj}$	$\sum WTC_{1j} + \cdots + \sum WTC_{nj}$
成本合计		$\sum QC_{11}$	...	$\sum QC_{1g}$	$\sum VC_1$	...	$\sum QC_{n1}$	...	$\sum QC_{nx}$	$\sum VC_n$	$\sum VC_1 + \cdots + \sum VC_n$
CO$_2$ 排放量（外部）负担环境损耗	范围 1 排放（tCO$_2$）	$CE1_{11}$	...	$CE1_{1g}$	$\sum CE1_1$	...	$CE1_{n1}$	...	$CE1_{nj}$	$\sum CE1_n$	$\sum CE1_1 + \cdots + \sum CE1_n$
	范围 2 排放（tCO$_2$）	$CE2_{11}$	...	$CE2_{1g}$	$\sum CE2_1$	...	$CE2_{n1}$	...	$CE2_{nj}$	$\sum CE2_n$	$\sum CE2_1 + \cdots + \sum CE2_n$
	范围 3 排放（tCO$_2$）		...		$CE3_1$	...	$CE3_n$				$CE3_1 + \cdots + CE3_n$
CO$_2$ 排放量合计		$\sum CE1_1 + \sum CE2_1 + CE3_1 = CE_1$				...	$\sum CE1_n + \sum CE2_n + CE3_n = CE_n$				$CE_1 + \cdots + CE_n$

业中设定的物量中心，各物量中心的成本项目划分为：原材料成本、系统成本、能源成本以及废弃物管理成本。横向部分为上下两块，上部分表示经济信息，即各物量中心的正制品成本与负制品成本（也称为内部负担环境损耗）；下部分表示环境信息，即各物量中心的外部环境损耗（碳排放）。

一是从经济信息披露来看，碳会计矩阵反映了各个物量中心的正制品成本与负制品成本（也称为内部负担环境损耗）。上一环节生产的正制品（中间产品、半成品等）总是作为原料投入到下一环节继续生产，而负制品（废弃物）在产生环节就退出生产，如此往复，直至最后生产出全部产品。为了体现物料在产品生产过程中的透明性，正负制品成本分四个项目反映：原料成本、系统成本、能源成本以及废弃物管理成本。价值链中的企业用 $VC_1 - VC_n$ 表示。每个企业内部根据具体生产或制造流程设定若干物量中心（Quantity Center，QC），物量中心是物料流和能源流的分歧点或变化点。按照碳流转平衡原理，含碳材料、能源依次在不同物量中心之间的移动，跟踪企业内部生产流程以及企业之间的碳元素移动轨迹，按照各个 QC 负制品与正制品的含碳比重，分配计算各物量中心的合格产品成本以及负制品的内部负担环境损耗（或称为碳排放内部损失成本）。依照上述过程，供应链各层级物量中心计算公式如下：

a. 链上企业内部。在链上企业 n 内部各物量中心之间材料成本、系统成本和能源成本流转满足以下平衡等式（4 – 18）~平衡等式（4 – 20）：

$$XM_{nj} + PM_{n(j-1)} = TM_{nj} = PM_{nj} + NM_{nj} \qquad (4-18)$$

$$XS_{nj} + PS_{n(j-1)} = TS_{nj} = PS_{nj} + NS_{nj} \qquad (4-19)$$

$$XE_{nj} + PE_{n(j-1)} = TE_{nj} = PE_{nj} + NE_{nj} \qquad (4-20)$$

其中，n 表示为链上企业 n；j 表示企业 n 内的第 j 个物量中心；XM_{nj} 表示链上企业 n 的第 j 个物量中心新投入的材料成本。

b. 链上企业整体。链上企业内部各物量中心之间成本逐步结转，直至最后一个步骤生产出合格正制品。因此，对于企业整体而言，其正制品成本就是企业内部所有物量中心的正制品成本的合计；而负制品成本是企业内所有物量中心负制品成本的合计。以链上企业 n 为例，计算见公式（4 – 21）~公式（4 – 25）所示：

$$\text{链上企业 } n \text{ 正制品材料成本 } PM_n = PM_{n1} + \cdots + PM_{nj} = \sum PM_{nj}$$

$$(4-21)$$

$$\text{链上企业 } n \text{ 正制品系统成本 } PS_n = PS_{n1} + \cdots + PS_{nj} = \sum PS_{nj}$$

$$(4-22)$$

$$\text{链上企业 } n \text{ 正制品系统成本 } PE_n = PE_{n1} + \cdots + PE_{nj} = \sum PE_{nj}$$

$$(4-23)$$

$$\begin{array}{l}\text{链上企业 } n \text{ 碳排放}\\ \text{内部损失成本}\end{array} = \sum NM_{nj} + \sum NS_{nj} + \sum NE_{nj} + \sum WTC_{nj}$$

$$(4-24)$$

$$\text{链上企业 } n \text{ 碳排放 } CE_n = \sum CE1_n + \sum CE2_n + CE3_n \qquad (4-25)$$

c. 供应链整体。对于供应链整体而言，供应链正制品成本应等于各链上企业正制品成本之和；供应链负制品成本等于各链上企业负制品成本之和。

$$\text{供应链正制品材料成本} = \sum PM_{1j} + \cdots + \sum PM_{nj} = PM_1 + \cdots + PM_n$$
$$= \sum PM_n \qquad (4-26)$$

$$\text{供应链正制品系统成本} = \sum PS_{1j} + \cdots + \sum PS_{nj} = PS_1 + \cdots + PS_n$$
$$= \sum PS_n \qquad (4-27)$$

$$\text{供应链正制品能源成本} = \sum PE_{1j} + \cdots + \sum PE_{nj} = PE_1 + \cdots + PE_n$$
$$= \sum PE_n \qquad (4-28)$$

$$\text{供应链碳排放内部损失成本} = \sum NM_n + \sum NS_n + \sum NE_n + \sum WTC_n$$

$$(4-29)$$

$$\text{供应链碳排放} = CE_1 + \cdots + CE_n = \left(\sum CE1_1 + \sum CE2_1 + CE3_1 \right) + \cdots$$
$$+ \left(\sum CE1_n + \sum CE2_n + CE3_n \right) \qquad (4-30)$$

表 4 - 12 和上述公式 （4 - 18） ~ 公式 （4 - 30） 中的参数说明如表 4 - 13 所示。

表 4 – 13   公式参数说明

指标	含义	指标	含义
VC_n	产品供应链上的第 n 个链上企业	NM_{nj}	链上企业 n 的第 j 个物量中心废弃物损耗的材料成本
PM_{nj}	链上企业 n 的第 j 物量中心合格产品耗用的材料成本	NS_{nj}	链上企业 n 的第 j 个物量中心废弃物损耗的系统成本
PS_{nj}	链上企业 n 的第 j 物量中心合格产品耗用的系统成本	NE_{nj}	链上企业 n 的第 j 个物量中心废弃物损耗的系统成本
PE_{nj}	链上企业 n 的第 j 物量中心合格产品耗用的能源成本	$CE1_{nj}$	链上企业 n 的第 j 个物量中心范围 1 燃料使用、产品生产时的碳排放量
WTC_{nj}	链上企业 n 的第 j 个物量中心的废弃物管理成本	$CE2_{nj}$	链上企业 n 的第 j 个物量中心范围 2 购买或要求的电、蒸汽、供暖或冷凝产生的碳排放量
XM_{nj}	链上企业 n 的第 j 个物量中心新投入的材料成本	$CE3_n$	链上企业 n 范围 3 间接排放的碳排放量
XS_{nj}	链上企业 n 的第 j 个物量中心新投入的系统成本	PM_n	链上企业 n 正制品材料成本
		PS_n	链上企业 n 正制品系统成本
XE_{nj}	链上企业 n 的第 j 个物量中心新投入的能源成本	PE_n	链上企业 n 正制品能源成本
		WTC_n	链上企业 n 废弃物管理成本

　　表 4 – 13 中供应链中的企业用 $VC_1 - VC_n$ 表示（其中 n 表示供应链上成员企业的个数，$n \geqslant 2$）。表中 $QC_1 - QC_g$ 表示 VC_1 企业设定的物量中心。$NM_{11} - NM_{1g}$ 分别代表 VC_1 企业内 $QC_1 - QC_g$ 物量中心对应的废弃物损耗的材料成本（内部负担环境损耗的材料成本）；$NS_{11} - NS_{1g}$ 分别代表 VC_1 企业内 $QC_1 - QC_g$ 物量中心对应的废弃物损耗的系统成本（内部负担环境损耗的系统成本）；$NE_{11} - NE_{1g}$ 分别代表 VC_1 企业内 $QC_1 - QC_g$ 物量中心对应的废弃物损耗的能源成本（内部负担环境损耗的能源成本）；$WTC_{11} - WTC_{1g}$ 分别代表 VC_1 企业内 $QC_1 - QC_g$ 物量中心对应的废弃物管理成本；$PM_{11} - PM_{1g}$ 分别代表 VC_1 企业内 $QC_1 - QC_g$ 物量中心对应的合格品（包括半成品或产成品）耗用的材料成本；$PS_{11} - PS_{1g}$ 分别代表 VC_1 企业内 $QC_1 - QC_g$ 物量中心对应的合格品（包括半成品或产成品）耗用的系统成本；$PE_{11} - PE_{1g}$ 分别代表 VC_1 企业内 $QC_1 - QC_g$ 物量中心对应的合格品（半成品或产成品）耗

用的能源成本；$QC_m - QC_x$ 表示 VC_n 企业设定的物量中心。链上企业各物量中心的设置与 VC_1 类同。

二是从环境信息披露的角度分析，根据温室气体协议的三段计量法，将供应链碳排放的核算边界界定为"范围 1""范围 2""范围 3"，统计供应链的碳排放量。在各 QC 的 GHG 排放项目中记录范围 1～3 的 GHG 排放量，每个物量中心的产品、原材料消耗的成本发生额和 GHG 排放量对应表示。各成本项目金额和 GHG 排放量在各企业（VC）内进行汇总，选择或构成 VC 时可以清楚明了地显示出供应链范围内价值链成本以及供应链碳排放信息。由于范围 3 中，很难根据 QC 进行设定，所以以企业整体计算 CO_2 排放量。概言之，供应链碳排放是范围 1、范围 2 和范围 3 碳排放量之和。

4.4.2.3　基本步骤和流程

（1）选择供应链构成企业，对每个链上企业设定物量中心

本书设定由供应商与制造商组成的二级供应链为研究对象。该供应链包括两个成员企业，一个是原材料供应企业（简称企业 A，位于 X 市），一个是食品产品生产企业（简称企业 E，位于 P 市）。原料供应企业主要向产品生产企业供应原材料，向产品生产企业供应比例是总重量的 37%、购买额的 50%。为简化表示，假定各企业的生产制造原材料均在生产开始时一次投入，其他 QC 只投入包装材料。书中采用实践数据进行模拟。

食品生产企业生产的产品属于速溶类产品，即消费者在对象产品上添加热水使其溶解后即可使用。废弃的产品包装材料，应在指定的垃圾废弃场处理。

"企业 A—企业 E"供应链的情形特征如表 4-14 所示，具体情况说明如下：

位于 X 市的原材料供应企业 A 向产品生产企业 E 提供原材料，进行产品生产。企业 A 制造方法精度低，生产成本相对小，但是原材料中会混入相对多的杂质。因此，企业 E 需要建立清除杂质的流程，生产成本相对增大。

表4-14　　　　　　　　　　　　案例情形特征

品质不良原材料供应商 ↓ 产品制造商	原材料供应制造商				产品制造商			
	企业	所在地	生产成本	特征	企业	所在地	生产成本	特征
	国内企业A	X市	小	提供低廉原材料。因为原材料含有杂质，下一个工厂加工需要更多成本	国内企业E	P市	大	含杂质原材料需要更多成本

　　案例中原材料供应企业（企业A）设定三个物量中心：$QC_1 \sim QC_3$；产品生产企业（企业E）设定三个物量中心：$QC_4 \sim QC_6$。原料供应企业（企业A）与产品生产企业（企业E）共同形成价值链（VC）。同时将原料供应企业和产品生产企业分别命名为VC_1和VC_2。

　　图4-11描述了产出量为100吨时，供应链成员企业内部以及成员企业之间的物质流转情况。

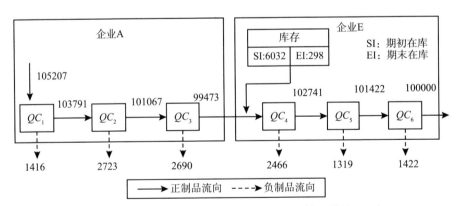

图4-11　供应链企业内与企业间的物质流转（单位：kg）

　　（2）构建供应链碳会计矩阵以及各物量中心的计算公式

　　①"企业A—企业E"供应链碳会计矩阵框架构建。如表4-15所示，由原材料供应企业A和产品生产企业E构建的供应链碳会计矩阵基本框架，表格中根据前述供应链各层级物量中心的计算思路，设置计算参数。

表 4-15　"企业 A—企业 E" 供应链碳会计矩阵

产品或损耗项目	物量中心	原材料供应企业 A (VC_1)				产品生产企业 E (VC_2)				总计 (VC_1+VC_2)
		QC_1	QC_2	QC_3	小计	QC_4	QC_5	QC_6	小计	
产品（合格产品耗用） 原材料成本	原材料成本	PM_{11}	PM_{12}	PM_{13}	$\sum_{j=1}^{3}PM_{1j}$	PM_{21}	PM_{22}	PM_{23}	$\sum_{j=1}^{3}PM_{2j}$	$\sum_{j=1}^{3}PM_{1j}+\sum_{j=1}^{3}PM_{2j}$
	系统成本	PS_{11}	PS_{12}	PS_{13}	$\sum_{j=1}^{3}PS_{1j}$	PS_{21}	PS_{22}	PS_{23}	$\sum_{j=1}^{3}PS_{2j}$	$\sum_{j=1}^{3}PS_{1j}+\sum_{j=1}^{3}PS_{2j}$
	能源成本	PE_{11}	PE_{12}	PE_{13}	$\sum_{j=1}^{3}PE_{1j}$	PE_{21}	PE_{22}	PE_{23}	$\sum_{j=1}^{3}PE_{2j}$	$\sum_{j=1}^{3}PE_{1j}+\sum_{j=1}^{3}PE_{2j}$
原材料损耗（碳排放外部环境损耗）	原材料成本	NM_{11}	NM_{12}	NM_{13}	$\sum_{j=1}^{3}NM_{1j}$	NM_{21}	NM_{22}	NM_{23}	$\sum_{j=1}^{3}NM_{2j}$	$\sum_{j=1}^{3}NM_{1j}+\sum_{j=1}^{3}NM_{2j}$
	系统成本	NS_{11}	NS_{12}	NS_{13}	$\sum_{j=1}^{3}NS_{1j}$	NS_{21}	NS_{22}	NS_{23}	$\sum_{j=1}^{3}NS_{2j}$	$\sum_{j=1}^{3}NS_{1j}+\sum_{j=1}^{3}NS_{2j}$
	能源成本	NE_{11}	NE_{12}	NE_{13}	$\sum_{j=1}^{3}NE_{1j}$	NE_{21}	NE_{22}	NE_{23}	$\sum_{j=1}^{3}NE_{2j}$	$\sum_{j=1}^{3}NE_{1j}+\sum_{j=1}^{3}NE_{2j}$
	废弃物管理成本	WTC_{11}	WTC_{12}	WTC_{13}	$\sum_{j=1}^{3}WTC_{1j}$	WTC_{21}	WTC_{22}	WTC'_{23}	$\sum_{j=1}^{3}WTC_{2j}$	$\sum_{j=1}^{3}WTC_{1j}+\sum_{j=1}^{3}WTC_{2j}$
合计成本	合计成本	$\sum QC_{11}$	$\sum QC_{12}$	$\sum QC_{13}$	$\sum VC_1$	$\sum QC_{21}$	$\sum QC_{22}$	$\sum QC_{23}$	$\sum VC_2$	$\sum VC_1+\sum VC_2$
CO₂ 排放量（碳排放内部损耗）	范围 1 排放（tCO_2）	$CE1_{11}$	$CE1_{12}$	$CE1_{13}$	$\sum_{j=1}^{3}CE1_{1j}$	$CE1_{21}$	$CE1_{22}$	$CE1_{23}$	$\sum_{j=1}^{3}CE1_{2j}$	$\sum_{j=1}^{3}CE1_{1j}+\sum_{j=1}^{3}CE1_{2j}$
	范围 2 排放（tCO_2）	$CE2_{11}$	$CE2_{12}$	$CE2_{13}$	$\sum_{j=1}^{3}CE2_{1j}$	$CE2_{21}$	$CE2_{22}$	$CE2_{23}$	$\sum_{j=1}^{3}CE2_{2j}$	$\sum_{j=1}^{3}CE2_{1j}+\sum_{j=1}^{3}CE2_{2j}$
	范围 3 排放（tCO_2）		$CE3_1$				$CE3_2$		$CE3_2$	$CE3_1+CE3_2$
	CO_2 排放总量	$\sum_{j=1}^{3}CE1_{1j}+\sum_{j=1}^{3}CE2_{1j}+CE3_1=CE_1$				$\sum_{j=1}^{3}CE1_{2j}+\sum_{j=1}^{3}CE2_{2j}+CE3_2=CE_2$				CE_1+CE_2
	碳减排效率	$CE_1/\sum VC_1$				$CE_2/\sum VC_2$				$\dfrac{CE_1+CE_2}{\sum VC_1+\sum VC_2}$

注：为简化表示，假定各企业的生产制造原材料均在生产开始时一次投入，其他 QC 只投入包装材料。

由表 4 – 15 可知，以供应链成员企业内设置的二级物量中心为最小核算单元，其核算结果将作为供应链层级核算的数据基础。前述供应链各层级物量中心的基本计算公式主要反映核算的基本思路，而实际案例中各级物量中心的各成本项目计算公式是在前述基本（通用）计算公式的基础上，结合案例进行的修正，后续案例计算过程中有具体说明。

②原材料供应企业 QC 的计算式。QC_1 是原材料供应企业设定的第一个物量中心，没有上步转入，即本物量中心新投入成本为本中心的总成本，按一定比例全部分配给合格品与废弃物。QC_1 各成本项目公式是在前述公式的基础上，结合案例，根据上下游企业特征，考虑到案例企业的损耗、成本与 CO_2 发生的系数，设定的具体案例公式如表 4 – 16 所示，参数说明如表 4 – 17 所示。

表 4 – 16　　　　　　　　原料供应企业 A 中 QC_1 的计算公式

项目	成本分类	计算公式
本物量中心新投入产品成本	材料成本	$XM_{11} = PM_{11} + NM_{11} = (R1_1 \times M_1 + a1_1 \times B_1) \times r5_1 \times r3_1 \times r2_1 \times r4_1$
	系统成本	$XS_{11} = PS_{11} + NS_{11} = S_1 \times a2_1 \times r5_1 \times r3_1 \times r2_1 \times r1_1$
	能源成本	$XE_{11} = PE_{11} + NE_{11} = R1_1 \times (a3_1 \times E_1 + a4_1 \times W_1) \times 1000 \times r5_1 \times r3_1 \times r2_1$
负产品成本	材料成本	$NM_{11} = R2_1 \times M_1 + a1_1 \times B_1 \times R2_1/R1_1$
	系统成本	$NS_{11} = S_1 \times a2_1 \times R2_1/R1_1$
	能源成本	$NE_{11} = R2_1 \times (a3_1 \times E_1 + a4_1 \times W_1) \times 1000$
正制品成本（合格产品耗用成本）	材料成本	$PM_{11} = XM_{11} - NM_{11}$
	系统成本	$PS_{11} = XS_{11} - NS_{11}$
	能源成本	$PE_{11} = XE_{11} - NE_{11}$

表 4 – 17　　　　　　　　　　公式参数说明

指标	单位	指标	单位
B_1：经费 = 基准值 $\times r0_1$	元	D_1：废弃物处理费	元
$a1_1$：辅助材料成本分配率		$r0_1$：原料供应企业 A 的生产成本系数	
M_1：材料费 = 基准值 $\times r0_1$	元/kg	$r1_1$：原料供应企业 A 的人工费用调整系数	

指标	单位	指标	单位
S_1：系统费＝基准值×$r0_1$	元	$r2_1$：原料供应企业 A 的其他费用调整系数	
$a2_1$：QC_1 系统费用分配率		$r3_1$：原料供应企业 A 的损耗系数	
E_1：电力费	元/g	$r4_1$：原料供应企业 A 的原材料使用率	
$a3_1$：QC_1 电力费用分配率		$r5_1$：原料供应企业 A 的生产力效率系数	
W_1：水费	元/g	$R1_1$：QC_1 投入量	kg
$a4_1$：QC_1 水费分配率		$R2_1$：QC_1 损耗量	kg
U_1：回收费用	元		

原材料供应企业 QC_2，因为 QC_2 是原材料供应企业设定的第二个物量中心，考虑到有上一个物量中心 QC_1 转入的合格产品成本，故 QC_2 的总成本应该等于本物量中心新投入的成本加上上一个物量中心转入的合格产品成本。公式如表 4 – 18 所示，参数说明如表 4 – 19 所示。

表 4 – 18　　　　　　　原料供应企业 A 中 QC_2 的计算公式

项目	成本分类	计算公式
本物量中心新投入产品成本	材料成本	$XM_{12} = M_2 \times r5_2 \times r3_2 \times r2_2$
	系统成本	$XS_{12} = S_2 \times a2_2 \times r5_2 \times r3_2 \times r2_2 \times r1_2$
	能源成本	$XE_{12} = R1_2 \times (a3_2 \times E_2 + a4_2 \times W_2) \times 1000 \times r5_2 \times r3_2 \times r2_2$
本物量中心总成本	材料成本	$ZM_{12} = XM_{12} + PM_{11}$
	系统成本	$ZS_{12} = XS_{12} + PS_{11}$
	能源成本	$ZE_{12} = XE_{12} + PE_{11}$
负产品成本	材料成本	$NM_{12} = R2_2 \times M_2 + a1_2 \times B_2 \times R2_2/R1_2 + C_2$
	系统成本	$NS_{12} = (XS_{12} + PS_{11}) \times R2_2/R1_2$
	能源成本	$NE_{12} = (XE_{12} + PE_{11}) \times R2_2/R1_2$
正制品成本（合格产品耗用成本）	材料成本	$PM_{12} = ZM_{12} - NM_{12} = XM_{12} + PM_{11} - NM_{12}$
	系统成本	$PS_{12} = ZS_{12} - NS_{12} = XS_{12} + PS_{11} - NS_{12}$
	能源成本	$PE_{12} = ZE_{12} - NE_{12} = XE_{12} + PE_{11} - NE_{12}$

注：QC_2 各成本项目公式是在前述公式的基础上，结合案例，根据上下游企业特征，考虑到案例企业的损耗、成本与 CO_2 发生的系数，设定的具体案例公式。

指标	单位	指标	单位
B_2：经费 = 基准值 × $r0_2$	元	U_2：回收费用	元/kg
$a1_2$：辅助材料成本分配率		$r0_2$：原料供应企业 A 的生产成本系数	
M_2：包装材料费包装 1 总计 = 基准值 × $r0_2$	元/kg	$r1_2$：原料供应企业 A 的人工费用调整系数	
C_2：包装材料损耗费包装 1 = 基准值 × $r0_2$		$r2_2$：原料供应企业 A 的其他费用调整系数	
S_2：系统费 = 基准值 × $r0_2$	元	$r3_2$：原料供应企业 A 的损耗系数	
$a2_2$：QC_2 系统费用分配率		$r4_2$：原料供应企业 A 的原材料使用率	
E_2：电力费	元/g	$r5_2$：原料供应企业 A 的生产力效率系数	
$a3_2$：QC_2 电力费用分配率		$R1_2$：QC_2 投入量	kg
W_2：水费	元/g	$R2_2$：QC_2 损耗量	kg
$a4_2$：QC_2 水费分配率			

原材料供应企业 QC_3，与 QC_2 分析原理一样，QC_3 的总成本等于本物量中心新投入成本加上上一物量中心 QC_2 转入的合格产品成本。QC_3 公式如表 4 – 20 所示，参数说明如表 4 – 21 所示。

表 4 – 20　　　　　　　　　原料供应企业 A 中 QC_3 的计算公式

项目	成本分类	计算公式
本物量中心新投入产品成本	材料成本	$XM_{13} = M_3 \times r5_3 \times r3_3 \times r2_3$
	系统成本	$XS_{13} = S_3 \times a2_3 \times r5_3 \times r3_3 \times r2_3 \times r1_3$
	能源成本	$XE_{13} = R1_3 \times (a3_3 \times E_3 + a4_3 \times W_3) \times 1000 \times r5_3 \times r3_3 \times r2_3$
本物量中心总成本	材料成本	$ZM_{13} = XM_{13} + PM_{12}$
	系统成本	$ZS_{13} = XS_{13} + PS_{12}$
	能源成本	$ZE_{13} = XE_{13} + PE_{12}$
负产品成本	材料成本	$NM_{13} = R2_3 \times M_3 + a1_3 \times B_3 \times R2_3 / R1_3 + C_3$
	系统成本	$NS_{13} = (XS_{13} + PS_{12}) \times R2_3 / R1_3$
	能源成本	$NE_{13} = (XE_{13} + PE_{12}) \times R2_3 / R1_3$

续表

项目	成本分类	计算公式
正制品成本（合格产品耗用成本）	材料成本	$PM_{13} = ZM_{13} - NM_{13} = XM_{13} + PM_{12} - NM_{13}$
	系统成本	$PS_{13} = ZS_{13} - NS_{13} = XS_{13} + PS_{12} - NS_{13}$
	能源成本	$PE_{13} = ZE_{13} - NE_{13} = XE_{13} + PE_{12} - NE_{13}$

注：QC_3 各成本项目公式是在前述公式的基础上，结合案例，根据上下游企业特征，考虑到案例企业的损耗、成本与 CO_2 发生的系数，设定的具体案例公式。

表 4 – 21　　　　　　　　　公式参数说明

指标	单位	指标	单位
B_3：经费 = 基准值 × $r0_3$	元	U_3：回收费用	元/kg
$a1_3$：辅助材料成本分配率		$r0_3$：原料供应企业 A 的生产成本系数	
M_3：包装材料费包装 2 总计 = 基准值 × $r0_3$	元/kg	$r1_3$：原料供应企业 A 的人工费用调整系数	
C_3：包装材料损耗费包装 2 = 基准值 × $r0_3$		$r2_3$：原料供应企业 A 的其他费用调整系数	
S_3：系统费 = 基准值 × $r0_3$	元	$r3_3$：原料供应企业 A 的损耗系数	
$a2_3$：QC_3 系统费用分配率		$r4_3$：原料供应企业 A 的原材料使用率	
E_3：电力费	元/g	$r5_3$：原料供应企业 A 的生产力效率系数	
$a3_3$：QC_3 电力费用分配率		$R1_3$：QC_3 投入量	kg
W_3：水费	元/g	$R2_3$：QC_3 损耗量	kg
$a4_3$：QC_3 水费分配率			

③产品生产企业 QC 的计算式。原材料供应企业将原材料提供给产品生产企业，原材料由材料供应企业运输进入 QC_4。因此，QC_4 耗用原材料成本包括原材料购买价格、运输成本。QC_4 是产品生产企业设定的第一个物量中心，除了耗用上游企业提供的材料外，没有其他成本的转入，故本物量中心新投入成本等于该物量中心的总成本。QC_4 公式如表 4 – 22 所示，参数说明如表 4 – 23 所示。

表 4 - 22   **产品生产企业 E 中 QC_4 的计算公式**

项目	成本分类	计算公式
本物量中心新投入产品成本	材料成本	$XM_{21} = (A_1 \times r4_1 + L1_1 \times V_1 \times R1'_1/1000 + L2_1 \times T_1 \times R1'_1/1000) \times r5_1 \times r3_1 \times r2_1$
	系统成本	$XS_{21} = S_1 \times a2_1 \times r5_1 \times r3_1 \times r2_1 \times r1_1$
	能源成本	$XE_{21} = R1'_1 \times (a3_1 \times E_1 + a4_1 \times W_1 + a5_1 \times G_1) \times 1000 \times r5_1 \times r3_1 \times r2_1$
负产品成本	材料成本	$NM_{21} = R2'_1 \times M_1 + a1_1 \times B_1 \times R2'_1/R1'_1$
	系统成本	$NS_{21} = S_1 \times a2_1 \times R2'_1/R1'_1$
	能源成本	$NE_{21} = R2'_1 \times (a3_1 \times E_1 + a4_1 \times W_1 + a5_1 \times G_1) \times 1000$
正制品成本（合格产品耗用成本）	材料成本	$PM_{21} = XM_{21} - NM_{21}$
	系统成本	$PS_{21} = XS_{21} - NS_{21}$
	能源成本	$PE_{21} = XE_{21} - NE_{21}$

注：QC_4 各成本项目公式是在前述公式的基础上，结合案例，根据上下游企业特征，考虑到案例企业的损耗、成本与 CO_2 发生的系数，设定的具体案例公式。

表 4 - 23   **公式参数说明**

指标	单位	指标	单位
B_1：经费 = 基准值 × $r0_1$	元	T_1：原料和产品运输（卡车）	元/tkm
$a1_1$：辅助材料成本分配率		V_1：原料和产品运输（船）	元/tkm
M_1：材料费 = 基准值 × $r0_1$	元/kg	H_1：发货	tkm/kg
S_1：系统费 = 基准值 × $r0_1$	元	A_1：原料供给厂商的原料价格	
$a2_1$：QC_4 系统费用分配率		$r0_1$：产品生产企业 E 的生产成本系数	
E_1：电力费	元/g	$r1_1$：产品生产企业 E 的人工费用调整系数	
$a3_1$：QC_4 电力费用分配率		$r2_1$：产品生产企业 E 的其他费用调整系数	
W_1：水费	元/g	$r3_1$：产品生产企业 E 的损耗系数	
$a4_1$：QC_4 水费分配率		$r4_1$：产品生产企业 E 的原材料使用率	
U_1：回收费用	元	$r5_1$：产品生产企业 E 的生产力效率系数	
G_1：煤气费	元/g	$R1'_1$：QC_4 投入量	kg
$a5_1$：QC_4 煤气费分配率		$R2'_1$：QC_4 损耗量	kg
D_1：废弃物处理费	元/kg		

产品生产企业 QC_5，由于 QC_5 是产品生产企业设定的第二个物量中心，有上一物量中心 QC_4 转入的合格产品成本，故 QC_5 的总成本应等于本物量中心新投入成本加上上一物量中心 QC_4 转入的合格产品成本。QC_5 的公式如表 4-24 所示，参数说明如表 4-25 所示。

表 4-24　　　　　　　　产品生产企业 E 中 QC_5 的计算公式

项目	成本分类	计算公式
本物量中心新投入产品成本	材料成本	$XM_{22} = M_2 \times r5_2 \times r3_2 \times r2_2$
	系统成本	$XS_{22} = S_2 \times a2_2 \times r5_2 \times r3_2 \times r2_2 \times r1_2$
	能源成本	$XE_{22} = R1'_2 \times (a3_2 \times E_2 + a4_2 \times W_2 + a5_2 \times G_2) \times 1000 \times r5_2 \times r3_2 \times r2_2$
本物量中心总成本	材料成本	$ZM_{22} = XM_{22} + PM_{21}$
	系统成本	$ZS_{22} = XS_{22} + PS_{21}$
	能源成本	$ZE_{22} = XE_{22} + PE_{21}$
负产品成本	材料成本	$NM_{22} = R2_2 \times M_2 + a1_2 \times B_2 \times R2'_2 / R1'_2 + C_2$
	系统成本	$NS_{22} = (XS_{22} + PS_{21}) \times R2'_2 / R1'_2$
	能源成本	$NE_{22} = (XE_{22} + PE_{21}) \times R2'_2 / R1'_2$
正制品成本（合格产品耗用成本）	材料成本	$PM_{22} = ZM_{22} - NM_{22} = XM_{22} + PM_{21} - NM_{22}$
	系统成本	$PS_{22} = ZS_{22} - NS_{22} = XS_{22} + PS_{21} - NS_{22}$
	能源成本	$PE_{22} = ZE_{22} - NE_{22} = XE_{22} + PE_{21} - NE_{22}$

注：QC_5 各成本项目公式是在前述公式的基础上，结合案例，根据上下游企业特征，考虑到案例企业的损耗、成本与 CO_2 发生的系数，设定的具体案例公式。

表 4-25　　　　　　　　　　公式参数说明

指标	单位	指标	单位
B_2：经费 = 基准值 × $r0_2$	元	U_2：回收费用	元/kg
$a1_2$：辅助材料成本分配率		T_2：原料和产品运输（卡车）	元/tkm
M_2：包装材料费包装 1 总计 = 基准值 × $r0_2$	元/kg	V_2：原料和产品运输（船）	元/tkm
C_2：包装材料损耗费包装 1 = 基准值 × $r0_2$		H_2：发货	tkm/kg
S_2：系统费 = 基准值 × $r0_2$	元	$r0_2$：产品生产企业 E 的生产成本系数	

续表

指标	单位	指标	单位
$a2_2$：QC_5 系统费用分配率		$r1_2$：产品生产企业 E 的人工费用调整系数	
E_2：电力费	元/g	$r2_2$：产品生产企业 E 的其他费用调整系数	
$a3_2$：QC_5 电力费分配率		$r3_2$：产品生产企业 E 的损耗系数	
W_2：水费	元/g	$r4_2$：产品生产企业 E 的原材料使用率	
$a4_2$：QC_5 水费分配率		$r5_2$：产品生产企业 E 的生产力效率系数	
G_2：煤气费	元/g	$R1'_2$：QC_5 投入量	kg
$a5_2$：QC_5 煤气费分配率		$R2_2{}'$：QC_5 损耗量	kg

产品生产企业 QC_6，与 QC_5 分析原理一样，QC_6 的总成本等于本物量中心新投入成本加上上一物量中心 QC_5 转入的合格产品成本。QC_6 公式如表 4-26 所示，参数说明如表 4-27 所示。

表 4-26 产品生产企业 E 中 QC_6 的计算公式

项目	成本分类	计算公式
本物量中心新投入产品成本	材料成本	$XM_{23} = M_3 \times r5_3 \times r3_3 \times r2_3$
	系统成本	$XS_{23} = S_3 \times a2_3 \times r5_3 \times r3_3 \times r2_3 \times r1_3$
	能源成本	$XE_{23} = R1'_3 \times (a3_3 \times E_3 + a4_3 \times W_3 + a5_3 \times G_3) \times 1000 \times r5_3 \times r3_3 \times r2_3$
本物量中心总成本	材料成本	$ZM_{23} = XM_{23} + PM_{22}$
	系统成本	$ZS_{23} = XS_{23} + PS_{22}$
	能源成本	$ZE_{23} = XE_{23} + PE_{22}$
负产品成本	材料成本	$NM_{23} = R2_3 \times M_3 + a1_3 \times B_3 \times R2'_3 / R1'_3 + C_3$
	系统成本	$NS_{23} = (XS_{23} + PS_{22}) \times R2'_3 / R1'_3$
	能源成本	$NE_{23} = (XE_{23} + PE_{22}) \times R2'_3 / R1'_3$
正制品成本（合格产品耗用成本）	材料成本	$PM_{23} = ZM_{23} - NM_{23} = XM_{23} + PM_{22} - NM_{23}$
	系统成本	$PS_{23} = ZS_{23} - NS_{23} = XS_{23} + PS_{22} - NS_{23}$
	能源成本	$PE_{23} = ZE_{23} - NE_{23} = XE_{23} + PE_{22} - NE_{23}$

注：QC_6 各成本项目公式是在前述公式的基础上，结合案例，根据上下游企业特征，考虑到案例企业的损耗、成本与 CO_2 发生的系数，设定的具体案例公式。

表 4 - 27　　　　　　　　　公式参数说明

指标	单位	指标	单位
B_3：经费 = 基准值 × $r0_3$	元	T_3：原料和产品运输（卡车）	
$a1_3$：辅助材料成本分配率		V_3：原料和产品运输（船）	
M_3：包装材料费包装 2 = 基准值 × $r0_3$	元/kg	H_3：发货	
C_3：包装材料损耗费包装 2 = 基准值 × $r0_3$		L_1：X 市——T 市港口	km
S_3：系统费 = 基准值 × $r0_3$	元	L_2：T 市港口——P 市	km
$a2_3$：QC_6 系统费用分配率		$r0_3$：产品生产企业 E 的生产成本系数	
E_3：电力费	元/g	$r1_3$：产品生产企业 E 的人工费用调整系数	
$a3_3$：QC_6 电力费用分配率		$r2_3$：产品生产企业 E 的其他费用调整系数	
W_3：水费	元/g	$r3_3$：产品生产企业 E 的损耗系数	
$a4_3$：QC_6 水费分配率		$r4_3$：产品生产企业 E 的原材料使用率	
G_3：煤气费	元/g	$r5_3$：产品生产企业 E 的生产力效率系数	
$a5_3$：QC_6 煤气费分配率		$R1'_3$：QC_6 投入量	kg
U_3：回收费用	元/kg	$R2'_3$：QC_6 损耗量	kg

（3）收集案例数据，分企业分物量中心进行汇总

相关成本费用数据均是以生产 100 吨产品为基准进行折算而得，如表 4 - 28 和表 4 - 29 所示。r_0、r_1、r_2、r_3、r_4、r_5 等系数指标值按企业 A 与企业 E 分别设定，不再细分至企业内部各物量中心。因此，企业内部各物量中心的上述指标值如表 4 - 30 中所示对应企业指标值。

（4）根据前述 $QC_1 \sim QC_6$ 公式及结果，编制碳会计矩阵，如表 4 - 31 所示

经过上述供应链基本模型的计算和分析，说明碳会计矩阵模型具有有效性。案例"企业 A—企业 E"供应链中各节点企业以及企业内部各环节的合格产品耗用、碳排放内部损失成本（内部负担环境损耗）以及碳排放外部环境损害（外部负担环境损害 CO_2 排放总量）均在碳会计矩阵中得到

表 4 - 28　　原料供应企业 A 相关成本数据

指标	QC_1	指标	QC_2	指标	QC_3
B_1：经费 = 基准值 × $r0_1$	6100083.83 元	B_2：经费 = 基准值 × $r0_2$	6100083.83 元	B_3：经费 = 基准值 × $r0_3$	6100083.83 元
辅助材料费	197556.47 元	辅助材料费	197556.47 元	辅助材料费	197556.47 元
M_1：材料费 = 基准值 × $r0_1$	647 元/kg	M_2：包装材料费包装 1 总计 = 基准值 × $r0_2$	10579135.2 元	M_3：包装材料费包装 2 总计 = 基准值 × $r0_3$	15868703.1 元
S_1：系统费 = 基准值 × $r0_1$	29157471.6 元	S_2：系统费 = 基准值 × $r0_2$	29157471.6 元	S_3：系统费 = 基准值 × $r0_3$	29157471.6 元
$a1_1$：辅助材料成本分配率	0.2	$a1_2$：辅助材料成本分配率	0.2	$a1_3$：辅助材料成本分配率	0.2
$a2_1$：QC_1 系统费用分配率	0.6	$a2_2$：QC_2 系统费用分配率	0.2	$a2_3$：QC_3 系统费用分配率	0.3
E_1：电力费	0.00189 元/g	E_2：电力费	0.00189 元/g	E_3：电力费	0.00189 元/g
$a3_1$：QC_1 电力费用分配率	0.2	$a3_2$：QC_2 电力费用分配率	0.4	$a3_3$：QC_3 电力费用分配率	0.4
W_1：水费	0.000058 元/g	W_2：水费	0.000058 元/g	W_3：水费	0.000058 元/g
$a4_1$：QC_1 水费分配率	0.4	$a4_2$：QC_2 水费分配率	0.4	$a4_3$：QC_3 水费分配率	0.2
U_1：回收费用	1.0 元/kg	U_2：回收费用	1.0 元/kg	U_3：回收费用	1.0 元/kg
D_1：废弃物处理费	65 元/kg	C_2：包装材料损耗费包装 1 = 基准值 × $r0_2$	873004.69 元	C_3：包装材料损耗费包装 2 = 基准值 × $r0_3$	754470.69 元
$R1_1$：投入量	105207kg	$R1_2$：投入量	103791kg	$R1_3$：投入量	101067kg
$R2_1$：损耗量	1416kg	$R2_2$：损耗量	2723kg	$R2_3$：损耗量	1594kg

表 4-29　产品生产企业 E 相关成本数据

指标	QC_4	指标	QC_5	指标	QC_6
B_1：经费 = 基准值 $\times o_1$	7930108.92 元	B_2：经费 = 基准值 $\times o_2$	7930108.92 元	B_3：经费 = 基准值 $\times o_3$	7930108.92 元
辅助材料费	256823.41 元	辅助材料费	256823.47 元	辅助材料费	256823.47 元
$a1_1$：辅助材料成本分配率	0.2	$a1_2$：辅助材料成本分配率	0.2	$a1_3$：辅助材料成本分配率	0
M_1：材料费 = 基准值 $\times o_1$	841 元/kg	M_2：包装材料费包装 1 总计 = 基准值 $\times o_2$	13752875.94 元	M_3：包装材料费包装 2 = 基准值 $\times o_3$	20629313.61 元
S_1：系统费 = 基准值 $\times o_1$	37904713.03 元	S_2：系统费 = 基准值 $\times o_2$	37904713.03 元	S_3：系统费 = 基准值 $\times o_3$	37904713.03 元
$a2_1$：QC_4 系统费用分配率	0.4	$a2_2$：QC_5 系统费用分配率	0.29	$a2_3$：QC_6 系统费用分配率	0.32
E_1：电力费	0.00189 元/g	E_2：电力费	0.00189 元/g	E_3：电力费	0.00189 元/g
$a3_1$：QC_4 电力费用分配率	0.5	$a3_2$：QC_5 电力费用分配率	0.35	$a3_3$：QC_6 电力费用分配率	0.2
W_1：水费	0.000058 元/g	W_2：水费	0.000058 元/g	W_3：水费	0.000058 元/g
$a4_1$：QC_4 水费分配率	1.0	$a4_2$：QC_5 水费分配率	0	$a4_3$：QC_6 水费分配率	0
G_1：煤气费	0.028 元/g	G_2：煤气费	0.028 元/g	G_3：煤气费	0.028 元/g
$a5_1$：QC_4 煤气费分配率	1	$a5_2$：QC_5 煤气费分配率	0	$a5_3$：QC_6 煤气费分配率	0
U_1：回收费用	1.0 元/kg	U_2：回收费用	1.0 元/kg	U_3：回收费用	1.0 元/kg
D_1：废弃物处理费	84 元/kg	C_2：包装材料损耗费包装 1 = 基准值 $\times o_2$	1134905.56 元	C_3：包装材料损耗费包装 2 = 基准值 $\times o_3$	980811.95 元
T_1：原料和产品运输（卡车）	20 元/tkm	T_2：原料和产品运输（卡车）	20 元/tkm	T_3：原料和产品运输（卡车）	20 元/tkm
V_1：原料和产品运输（船）	3.2 元/tkm	V_2：原料和产品运输（船）	3.2 元/tkm	V_3：原料和产品运输（船）	3.2 元/tkm

续表

指标	QC_4	指标	QC_5	指标	QC_6
H_1: 发货	2726tkm/kg	H_2: 发货	2726tkm/kg	H_3: 发货	2726tkm/kg
A_1: 原料供给厂商的原料价格	199510512.77元				
L_1	23154km	L_1	23154km	L_1	23154km
L_2	1079km	L_2	1079km	L_2	1079km
$R1'_1$投入量	105207kg	$R1'_2$投入量	102741kg	$R1'_3$投入量	101422kg
$R2'_1$损耗量	2466kg	$R2'_2$损耗量	1319kg	$R2'_3$损耗量	1422kg

注：L_1：X市—T市港口的船运距离；L_2：T市港口—P市的公路运输距离；数据来源于google map。

表4-30　案例企业的损耗、成本与CO_2发生的系数

企业名称	生产成本系数 r_0	人工费用调整系数 r_1	其他费用调整系数 r_2	损耗系数 r_3	原材料使用率 r_4	生产力效率系数 r_5
原料供应企业（企业A）	1.0	1.4	1.0	1.6	1.0	0.85
产品生产企业（企业E）	1.3	1.0	1.0	1.0	0.75	1.4

注：r_0生产成本系数，表示生产成本发生率；r_3损耗系数，表示损耗发生率；r_5生产力负荷系数，表示生产力效率；这些系数的确定：将调查企业实际投入量损耗比例设定为标准值，根据不同情况增减变动，系数越大，损耗越大，系数越高。CO_2的产生率越高。在计算成本和CO_2排放量时将其作为系数相乘。

表4-31 案例"企业A—企业E"供应链碳会计矩阵

单位：万元

		VC_1（企业A）				VC_2（企业E）				VC_1+VC_2
		QC_1	QC_2	QC_3	小计	QC_4	QC_5	QC_6	小计	总计
产品（合格产品耗用）	材料成本	9171.02	10494.62	12552.23	32217.87	15762.32	17556.51	20317.61	53636.44	85854.31
	系统成本	3307.40	4301.81	5873.17	13482.38	2087.13	3579.50	5203.64	10870.27	24352.65
	能源成本	5.68	16.24	26.37	48.29	420.03	424.03	423.38	1267.44	1315.73
原材料损耗（内部担环境损耗）	材料损耗	91.70	115.16	100.54	307.40	207.51	131.21	127.00	465.72	773.12
	系统损耗	23.55	115.90	94.11	233.56	35.54	46.55	74.00	156.09	389.65
	能源损耗	0.06	0.44	0.42	0.92	7.15	5.51	6.02	18.68	19.60
	废弃物管理成本	9.35	17.97	10.52	37.84	20.96	11.21	12.09	44.26	82.10
合计成本		12608.75	15062.14	18657.36	46328.26	18540.64	21754.54	26163.74	66458.9	112787.16
GHG排放量（外部担环境损耗）单位：(tCO_2)	范围1排放	1.7	0.6	0.9	3.2	67.5	1.5	2.5	71.5	74.7
	范围2排放	3.3	4.3	3.3	10.9	42.5	8.9	4.5	55.9	66.8
	范围3排放 原料生产和运输		273.6		273.6		221.2		221.2	494.8
	产品的运输		78.2		78.2		50.0		50.0	128.2
	产品使用	0	0		0		16.0		16.0	16.0
	产品废弃物	0	0		0		40.7		40.7	40.7
CO_2排放总量（tCO_2）		—	—		365.9		—		455.3	821.2
碳减排效率		—	—		0.007898		—		0.006851	0.007280

注：供应链中原料供应企业（企业A）的碳减排效率=365.9÷46328.26=0.007898；
供应链中产品生产企业（企业E）的碳减排效率=455.3÷66458.90=0.006851；
供应链整体的碳减排效率=821.2÷112787.16=0.007280。

123

相应的显示。矩阵表中显示的碳减排效率是一个综合反映节能减排效率的指标，而碳减排效率是极小值指标。当各层级组织（供应链整体、供应链各节点企业以及企业内部各环节）的碳减排效率指标值越低，说明该组织碳减排效率越高；反之，指标值越高，碳减排效率越低。案例中原料供应企业（企业 A）的碳减排效率指标值相对较高，与产品生产企业（企业 E）形成供应链后，该指标值略有下降，表明供应链整体碳减排效率有所提高。

4.5 本章小结

供应链"碳流—价值流"核算以供应链核心企业产品生命周期中的碳流为基础，动态描绘其在生命周期各阶段（节点企业）的价值变化过程。本章引入碳会计矩阵的构建理念，构建了供应链"碳流—价值流"核算体系，设计了基本核算公式与模型，并通过案例推演了其核算流程，验证了核算模型的有效性。

碳会计矩阵是供应链"碳流—价值流"二维核算的一种重要分析范式。它可以将基于价值链的物料流与能量流的产品（合格品）、损耗成本以及 CO_2 的产生状况以矩阵形式可视化。其核算结果清晰直观，有利于各层级组织识别出高碳排放点，其目的在于削减价值链整体的损耗和 CO_2 排放量。

第 5 章

供应链"碳流—价值流"评价体系构建

管理大师彼得·德鲁克（Peter F. Drucker）曾经说过："如果你不能评价，你就无法管理。"供应链的"碳流—价值流"管理亦是如此。供应链能够将供应商、生产商、销售商及客户紧密联系在一起，形成一个规模巨大且具有系统功效的网络结构。但供应链成员间关系相互独立，供应链网络相对松散，且每个供应链成员企业都是独立法人实体，都有独立决策权和控制权，追求着自身利益最大化。供应链"碳流—价值流"管理的目的是对全生命周期能源流、碳流和价值流的全程跟踪和量化，以此为基础核算全流程碳流转中形成的价值转移，可视化供应链高碳排放点（过程），有针对性地采取措施，从而优化碳流路线，降低成本，以实现供应链整体层面的经营、财务、碳三重平衡。以供应链"碳流—价值流"管理目标为导向，构建供应链"碳流—价值流"综合评价体系，以用于其管理有效性评价。

本章将基于 DPSIR 模型框架，采用因子分析（FA）和数据包络分析（DEA）相统合的评价方法对供应链经济效益、碳效率以及供应链成员企业之间的协同效率等状态进行评价。遵循供应链低碳管理发展目标和评价体系的构建原则，进一步构建科学、合理、可行的供应链"碳流—价值流"综合评价指标体系来指导实践。

5.1 供应链"碳流—价值流"评价对象及范围

传统的供应链管理是以顾客需求为中心，对供应链中的信息流、物流和资金流进行集成化管理。其评价指标仅局限于供应链的经济效益及内部资源的充分利用，没有考虑产品的全生命周期过程中产生的碳排放损失及其对外部环境造成的损害价值、供应链企业内部与企业之间协同减排的成本效益分析，而这正是供应链"碳流—价值流"综合评价要考虑的因素。

供应链"碳流—价值流"评价体系的建立应从帮助供应链实现经营、财务与碳三重平衡出发，充分考虑供应链整体的资源供需配比、碳排放约束、经济效益的实现以及供应链企业协同等因素，力求在供应链整体达成经营平衡、财务平衡的状态下实现供应链碳排放的最小化，促成供应链内部成员企业的协同减排合作。

与传统的供应链管理评价不同，供应链"碳流—价值流"综合评价不仅注重供应链资源的合理配置、经济效益的实现，还把碳因素也纳入评价范围，关注供应链全生命周期的碳效率。因此，供应链"碳流—价值流"评价的对象是以资源供需匹配、经济效益、碳效率和协同效率等多个维度综合描述的供应链整体状态。

（1）资源供需匹配

供应链要实现整体有效运转，须保证链上企业生产经营所需的资源（物料、人工、设备、能源等）有足够的供给，资源的供需相互匹配，即供给应大于或等于需求，且两者之间的差额在一个可接受的幅度内，供应链整体资源得到有效配置。

（2）经济效益

供应链整体利润增长的实现方法可能会影响供应链上单个企业的经济利益，与之产生利益冲突。这就需要在企业之间进行协调，以实现供应链整体经济效益为首要目标，对利益受到损害的链上企业实行成本补偿。供应链整体经济利益的实现取决于资源价格、产品售价、资源供应量、产品对资源的消耗量、产品或服务的需求量以及人工、设备等多种因素的共同作用。

（3）碳效率

随着对低碳化要求的日益严格，各行业企业不得不重视低碳化问题。以供应链整体为分析对象，确定每单位销售额产生的二氧化碳排放。虽然目前国内外尚未公布出一系列的各行业供应链的碳排放标准。但可以根据供应链各节点企业所在行业的先进值为标杆。结合供应链"碳流—价值流"核算结果，挖潜可改善的供应链"高碳点"，通过实施源头减排、过程减排和末端减排措施，以实现保证经济效益的同时尽可能少的碳排放。

（4）协同效率

供应链是由若干个参与企业组合而成。供应链企业之间协同效率越高，供应链协同减排战略实施效果越佳。利用单个企业来进行碳减排是不够的，需要供应链上节点企业通力协作，将各自企业所拥有资源进行相互整理协调，以实现整条供应链碳减排。

5.2 供应链"碳流—价值流"
综合评价指标体系的构建

5.2.1 基于 DPSIR 模型的"碳流—价值流"评价机理

DPSIR（driving forces-pressure-state-impact-response）模型，是 1993 年欧洲环境局在经济合作与发展组织提出的综合压力—状态—响应（PSR）模型和驱动力—状态—响应（DSR）模型的基础上发展而来的。DPSIR 模型包括经济、社会、资源和环境四方面内容，不仅表明了社会、经济发展和人类行为对资源的消耗与生态环境的影响，还表明了人类行为及其最终导致的资源环境状态对社会的反馈[164-165]。

DPSIR 概念模型为综合分析和描述供应链系统中的社会、经济、资源与环境之间的关系提供了一个基本的分析架构。利用该模型能够从驱动力、压力、状态、影响和响应等角度，深入剖析人类活动与环境系统间的关系，其原理如图 5-1 所示。DPSIR 模型的优点在于能够动态地反映各个因素之间的逻辑关系和因果关系，并且选用该模型可以有效避免评价指标的重叠和遗漏[92]。

DPSIR 模型被广泛地应用在可持续发展尤其是水资源安全评价、地域性生态安全评价中。随着研究的深入，也有少部分的学者将 DPSIR 模型应用到企业层面的绩效和质量评价研究中，但是应用于供应链"碳流—价值流"综合评价的研究尚不多见。

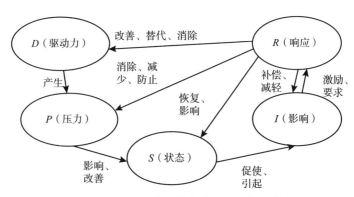

图 5 – 1 DPSIR 模型的考虑因素及相互关系

本书采用 DPSIR 模型建立指标体系，主要从供应链层面提取出相关评价指标，将这些指标按照模型进行分类，使指标之间具有一定的因果联系，能够帮助厘清供应链"碳流—价值流"评价方法与目标之间的逻辑关系。在原本 DPSIR 模型机理上进行改进。改进后的 DPSIR 评价模型以"状态"（资源供需配比、经济效益、碳效率、协同效率）为评价目标，其因果机理如下："驱动力"和供应链的"压力"（环境、经济约束），引起供应链上企业进行"响应"（低碳环保投资、低碳技术研发等），为使供应链整体利润持续增长，进而"影响"供应链企业行为发生变化，最终使整个供应链的"状态"改变，供应链的总体效益发生变化，特别是经济效益和碳效益。如图 5 – 2 所示。

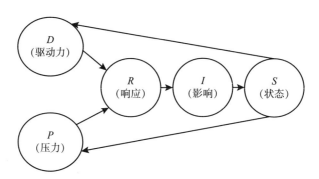

图 5 – 2 供应链"碳流—价值流"综合评价体系机理图

5.2.2 评价指标选择原则及确定

5.2.2.1 评价指标选取原则

（1）科学性与实用性原则

在进行供应链"碳流—价值流"评价时，需要结合实际问题，选取比较科学、实用的评价指标。首先指标内涵一定要明确，要与供应链"碳流—价值流"评价紧密结合，且科学合理，避免选取模糊概念以致评价结果缺乏准确性。其次在选取指标时要基于文献分析，即对既往文献进行归纳梳理，并结合科学理论选取社会公认的评价指标。最后在指标选取过程中也要结合实际情况，考虑数据的易得性及可行性，从而选择具有有效的、可比的、代表性的、可控的综合指标和重点指标。

（2）主成分性和独立性原则

在供应链"碳流—价值流"评价时，初选的指标体系通常较为复杂、繁多，需要结合系统理论。基于指标重要性及关系对指标体系的影响程度进行筛选，将诸多变量凝聚为主成分变量，用以对供应链"碳流—价值流"的总体评价。同时，由于供应链"碳流—价值流"综合评价指标通常会出现指标概念重叠的问题，所以需要考虑独立性原则，选取相对独立的指标，从而避免指标重复解释，增强评价结果的准确性。

（3）整体性原则

本书是以供应链整体作为分析对象构建评价指标体系。因此，指标体系应比较全面地反映供应链的特征，需要客观反映供应链网络的总体状况，也要反映供应链节点间关系即发展变化趋势，以便较为全面、系统、多角度对供应链"碳流—价值流"做出总体评价。

（4）简洁与聚合原则

简洁能够使得指标更加清晰，容易理解和使用，但同时还要有一定聚合性，能够客观全面代表研究问题，便于理解。简洁性和聚合性通常互相矛盾，因为在实现简洁性的时候，难以保证指标的聚合性，这也是指标设计的难点所在。但是简洁性及聚合性都具有其独特优势，简洁聚合的指标能够便于管理者决策，所以对指标体系进行处理以抽析出高聚合度指标是供应链"碳流—价值流"综合评价指标体系研究的关键。

（5）经济和资源环境指标相结合原则

低碳经济模式重点关注"节能减排"。通过降低能源消耗和 CO_2 排放，来实现成本节约和减少环境污染，这与循环经济理念的"3R"原则（reduce，reuse，recycle）不同。因此，指标的设计应从"节能减排"原则出发，旨在促进供应链尽可能少地碳排放，甚至达到"零排放"。在保证企业平稳运行状态下，降低资源消耗，减少环境污染，从而达到经济发展与低碳发展的协调和共同发展。

5.2.2.2　评价指标的确定

将评价指标分类为结果度量指标和影响分析指标，以供应链整体状态表现为"果"，进行因果机理分析，推导分析其影响因素。选取 DPSIR 模型中五要素（状态、驱动力、压力、响应、影响）作为供应链"碳流—价值流"综合评价指标的准则层。对于指标层中具体指标的设置，本书参考周志方（2019）[2]、贾瓦瑞亚（Javaria，2018）[77]、萧（Hsiao，2016）[79]、张凯欣（2018）[147]等国内外相关文献以及工信部发布的《绿色供应链管理评价要求》《园区低碳发展评价指标体系》《绿色制造标准体系建设指南》等标准和指南，选取供应链产销率、供应链整体利润增长率、供应链碳效率指数、低碳认知度、低碳产品订单完成率、科研人员比重、能源回收利用率等 32 个评价指标。然后通过与供应链企业的采购部门、生产部门的领导和员工座谈，结合中国供应链企业碳排放实际情况和供应链整体表现，采用频度统计法和专家咨询法进行指标的再筛选。基于 DPSIR 模型框架分析，剔除一些脱离实际情况、与供应链"碳流—价值流"无关的或者难以测度的指标，最终选定了 18 个评价指标。这 18 个指标总体可分为结果度量指标和影响分析指标。

这 18 个评价指标构成了基于 DPSIR 模型框架的供应链"碳流—价值流"综合评价指标体系，该体系由三个层级组成，分别为目标层、准则层和指标层，如表 5-1 所示。

第一层为目标层，对供应链"碳流—价值流"进行综合评价；第二层为准则层，将影响供应链"碳流—价值流"综合评价的各种因素进行研究并且按驱动力、状态、压力、影响、响应进行划分，从而得出各因素对目标层的影响；第三层是指标层，结合构建原则，依据第二层每项指标的性质选用具体基本指标，以此组建供应链"碳流—价值流"综合评价指标体系。准则层以及指标层的各项指标的具体内涵及计算将在下节深入展开说明。

表 5 – 1　　　　　　供应链 "碳流—价值流" 综合评价指标

目标层	指标分类	准则层	指标层
供应链 "碳流—价值流" 综合评价指标 （H）	结果度量指标	状态指标（S）	供应链产销率 S_1 供应链整体利润增长率 S_2 供应链碳效率指数 S_3 信息共享率 S_4
	影响分析指标	驱动力指标 （D）	低碳投资收益率 D_1 碳排放交易收入或成本 D_2 供应链二氧化碳减排量 D_3
		压力指标（P）	供应链碳减排成本 P_1 供应链单位产出碳排放内部损失成本 P_2 供应链单位产出碳排放外部环境损害成本 P_3 单位产值能耗 P_4 供应链环保处罚 P_5
		响应指标（R）	低碳研发费用率 R_1 低碳投资率 R_2 可再生能源利用率 R_3
		影响指标（I）	低碳产品销售率 I_1 市场占有率 I_2 单位产品碳排放量 I_3

5.2.3　评价指标内涵及计算

（1）状态（S）指标

状态是驱动力和压力共同作用后的结果，表示供应链 "碳流—价值流"
管理后，供应链呈现的状态。状态指标包括反映供应链资源供需配比、经
济效益、碳效率和协同效率的指标。反映供应链资源供需配比的指标有供
应链产销率；供应链经济效益主要通过供应链整体利润增长率来衡量；供
应链碳效率指数反映供应链碳效率的高低；信息共享率指标反映供应链的
协同效率高低。

　　a. 供应链产销率 S_1。该指标能够反映供应链在特定时期（如会计期
间）内的产销情况，也能够反映资源的综合利用水平。它是指一定时间

（如会计期间）内供应链节点企业已销售产品数量之和与已生产产品数量之和的比值。也可以用供应链核心企业产销率替代，采用公式（5-1）或公式（5-2）。

$$供应链产销率\ S_1 = \frac{一定时间内供应链节点企业已销售产品数量之和}{一定时间内供应链节点企业已生产产品数量之和}$$

$$(5-1)$$

或者

$$供应链产销率\ S_1 = \frac{一定时间内供应链核心企业已销售产品数量之和}{一定时间内供应链核心企业已生产产品数量之和}$$

$$(5-2)$$

供应链产销率越大，反映其资源利用水平越高。此外，该供应链产销率也能够反映供应链库存水平，越大则表明供应链成品库存量越小。

b. 供应链整体利润增长率 S_2。表示整条供应链在会计期间所获取的利润增值比。供应链整体的本期利润相对上期利润的增长比率。设上期和本期的利润分别为 π^{t-1} 和 π^t，则供应链整体利润增长率的计算公式：

$$S_2 = \frac{\pi^t - \pi^{t-1}}{\pi^{t-1}} \qquad (5-3)$$

c. 供应链碳效率指数 S_3，该指标表示供应链每单位销售额（如每万元）的二氧化碳排放量。计算公式如下：

$$S_3 = \frac{供应链碳排放量}{供应链销售总额} \qquad (5-4)$$

供应链碳效率指数这一指标值越小，说明该供应链每单位销售额的二氧化碳排放量就越少，对环境影响较小，供应链的碳效率越高，是相对清洁的供应链；反之，这一指标值越大，说明供应链每单位销售额的二氧化碳排放量就越多，对环境影响较大，供应链碳排放效率越低，是相对不环保的供应链。

d. 信息共享率 S_4。该指标是指供应链中各成员企业信息（资源消耗、碳排放等）的分享程度，就是把在互联网时代中重要性越趋明显的信息资源与供应链企业共同分享，以便更加合理地实现资源配置，是提高供应链信息资源利用率，避免在信息采集、储存和管理上重复浪费的重要手段。它能够反映供应链企业之间的信任程度以及企业之间的沟通力。

（2）驱动力（D）指标

驱动力是供应链开展"碳流—价值流"管理的动力来源。低碳经济模式下，供应链中各节点企业只追求经济效益是不够的，还需要考虑环境效益，关注节能减排，有效控制二氧化碳的排放。驱动力指标主要包括低碳投资收益率 D_1、碳排放交易成本或收入 D_2 和供应链二氧化碳减排量 D_3。

a. 低碳投资收益率 D_1。该指标表示供应链低碳投资的收益率，能够反映低碳投资所取得的综合效益，是衡量低碳投资合理性的重要标准，也是在一定投资规模下为获得最佳投资回报而选择环境保护措施或其他措施的准则。其公式如下所示：

$$低碳投资收益率 D_1 = 供应链利润总额／供应链低碳投资总额 \times 100\%$$

$$(5-5)$$

b. 碳排放交易成本或收入 D_2。当碳排放超额时，需要购买碳排放权，会面临着成本的增加。但当投资了低碳技术降低碳排放量时，企业可以将多余的排放权卖出，进而产生收益。该指标以万元为单位，计算公式如下：

$$碳排放交易成本或收入 D_2 = （实际碳排放量 - 额定碳排放量）$$

$$\times 碳交易价格 \qquad (5-6)$$

该指标衡量二氧化碳减排带来的额外收入，正数为带来的碳排放交易收入，负数为产生的碳排放交易成本，由碳减排量乘以碳交易价格计算可得。碳交易价格可参考供应链企业所在地碳交易市场价格，或者采用就近原则。

c. 供应链二氧化碳减排量 D_3。该指标反映供应链本期实际排放量相对上期实际排放的减少量，能够直接反映供应链碳减排绩效。以吨二氧化碳排放当量（tCO_2eq）为单位。

联合国气候专家委员会（Intergovernmental Panel on Climate Change, IPCC）推荐使用的二氧化碳排放量计算公式：

$$CE = (Q \times M - F) \times S \times \frac{44}{12} \qquad (5-7)$$

在上述公式中，Q 是指能源消耗量，M 是单位能源所含的碳，F 是企业生产中的固碳量，S 是能源利用过程中的氧化率。设上期和本期的供应链实际碳排放量分别为 CE_{t-1} 和 CE_t，则供应链二氧化碳减排量计算公式如下：

$$D_3 = CE_t - CE_{t-1} \qquad (5-8)$$

（3）压力（P）指标

驱动力对供应链的盈利水平和碳排放水平产生作用，导致供应链的盈利水平和碳排放水平的压力变化。与驱动力相比，压力对供应链的盈利水平和碳排放水平往往呈现显性的影响。压力（P）指标包括供应链碳减排成本 P_1、供应链单位产出碳排放内部损失成本 P_2、供应链单位产出碳排放外部环境损害成本 P_3、单位产值能耗 P_4、供应链环保处罚 P_5。

a. 供应链碳减排成本 P_1。供应链碳减排支出可分为经营性减排支出（使用低碳能源、材料取替代高碳能源和材料所产生的减排）和资本性减排支出（购买低碳设备和技术）。

$$P_1 = C_{经营性减排} + C_{年资本性减排} \qquad (5-9)$$

$$C_{经营性减排} = C_{使用低碳能源} - C_{使用原有资源} \qquad (5-10)$$

$$C_{年资本性减排} = (C_{采用低碳设备、技术} - C_{采用原有设备、技术}) / N_{减排受益期} \qquad (5-11)$$

b. 供应链单位产出碳排放内部损失成本 P_2。该指标是供应链核心企业单位产出碳排放内部损失成本。该指标值可以参照供应链碳会计矩阵中的碳排放内部损失成本合计数除以供应链核心企业总产出作为计算结果。

c. 供应链单位产出碳排放外部环境损害成本 P_3。该指标主要指供应链单位产出碳排放量（范围1、范围2和范围3排放）的外部环境损害成本，参照日本的 $LIME$ 系数，该指标的计算公式如下：

$$外部环境损害成本 = 单位产出二氧化碳排放量 \times LIME 系数 \qquad (5-12)$$

d. 单位产值能耗 P_4。单位产值能耗是相对工业企业来说的，是用工业综合能耗与工业总产值之比，一般工业总产值以万元为单位，表示生产单位产值（每万元）平均消耗的能源，该指标计算公式如下：

$$单位产值能耗 = E/G \qquad (5-13)$$

在上述公式中，E 代表供应链各节点企业的能耗总量，折算为吨标准煤（tce）计算；G 代表一定时期的各节点企业的生产净产值合计，以万元为单位。

e. 供应链环保处罚 P_5。供应链环保处罚是指环境保护行政机关依照环境保护法规对犯有一般环境违法行为的供应链企业作出的具体的行政制裁措施，包括罚款、责令停产等多种具体形式。出于研究的需要，这里需要对供应链环保处罚进行量化处理，因此，选取产品供应链中的环境罚款（尤其是二氧化碳超排）总额进行测度。

（4）响应（R）指标

响应是企业为了适应供应链环境的改变，减弱或者改善环境系统的改变对企业发展的影响而采取的积极措施。响应（R）指标包括低碳研发费用率 R_1、低碳投资率 R_2 和可再生能源利用率 R_3。

a. 低碳研发费用率 R_1。该指标指供应链中所有节点企业在一定时期内（如会计期间）用于低碳或零碳产品的研究开发费用之和占该期间供应链总营业收入总额的比率。该指标值越大说明研发投入越多，对产品低碳减排的重视程度越高，反之亦然。用公式表示如下：

$$低碳研发费用率 = \frac{会计期间内供应链各节点企业低碳研发费用总额}{会计期间内供应链营业收入总额}$$
$$\times 100\% \tag{5-14}$$

b. 低碳投资率 R_2。该指标指供应链中所有节点企业在一定时期内（如会计期间）投资于低碳项目、低碳技术和低碳工艺流程等方面的实物或资本投资额与该时期投资总额的比率，反映供应链碳投资的规模和努力程度。指标值越大说明该供应链的碳投资规模越大，努力程度越高。用公式表示如下：

$$低碳投资率 = \frac{会计期间内供应链各节点企业碳投资额合计}{会计期间内供应链投资总额} \times 100\%$$
$$\tag{5-15}$$

c. 可再生能源利用率 R_3。该指标表示供应链中各节点企业使用的可再生资源之和占供应链各节点企业使用的所有资源总和的百分比。

（5）影响（I）指标

影响是响应对供应链产生的静态结果，在响应的作用下，供应链中的单个节点企业和供应链整体发生变化。这种变化将继续影响到供应链的"状态"。影响（I）指标主要包括低碳产品销售率 I_1、市场占有率 I_2 和单位产品碳排放量 I_3。

a. 低碳产品销售率 I_1。该指标是供应链低碳产品销售额占所有产品销售额的比重，表明顾客对低碳产品的认同度。

b. 市场占有率 I_2。该指标指供应链产品在市场同类产品中所占比重，是供应链市场地位的重要体现。能够反映供应链产品的市场竞争力以及客户对该供应链产品的认可程度，通常市场占有率越高，竞争力越强。

c. 单位产品碳排放量 I_3。该指标是指供应链上每生产一个单位的产品或提供一个单位的服务所产生的碳排放量。该指标值越小，说明供应链产品越"清洁"。也可以用供应链核心企业的单位产品碳排放量替代，计算公式如下：

$$单位产品碳排放量 = \frac{供应链核心企业碳排放量}{供应链核心企业生产总量} \times 100\% \quad (5-16)$$

5.3 供应链"碳流—价值流"评价方法体系的构建

5.3.1 综合评价方法的选择

5.3.1.1 评价方法的比较

国内外研究者一直在积极探讨多种综合评价方法对国家（地区）、区域和企业的"经济—环境"效率进行评价，采用神经网络方法、灰色关联分析法、模糊综合评价法、因子分析法、数据包络分析法等。

神经网络法（back propagation，BP）是由科学家鲁梅尔哈特等（Rumelhart et al.，1986）提出的一种按误差逆传播算法训练的多层前馈网络，它主要是模拟人思维，能够分布式存储和并行协同处理信息[166-167]，但是其具有容易陷入局部最优等弊端[167]。

灰色关联分析法的特点在于适用于不确定的小样本，用最少的信息探究现实存在的规律，同时允许任意分布，但是灰色关联分析法要求需要对各项指标的最优值进行现行确定，主观性过强，同时部分指标最优值难以确定[168-169]。

模糊综合评价法通过模糊数学理论，可以将定性指标转变成定量指标，进而进行总体评价。模糊综合评价法能够较好解决模糊、较难度量的问题，结果相对清晰且较为系统[170-171]，但是模糊综合评价法不能为决策提供新方案，而且定性成分多，难以让人信服。

因子分析法（FA）作为多元统计方法，主要是通过降维的方式，以较少的综合因子去代表事物原本众多的影响因子,从而对效率进行系统评价,是一个较为科学合理且常用来分析影响因素的分析方法[172-174]。

数据包络分析法 (data envelopment analysis, DEA) 最初是查恩斯等 (Charnes et al., 1978) 为了提高测度公共事业单位效率而提出的方法[175]。至此 DEA 方法以其优势迅速成为绩效测度的流行方法。作为全球公认的管理学研究工具,已经逐渐应用于供应链效率评价中[176-178]。

为了抉择更适合的方法。表 5-2 对以上方法的优缺点进行了比较。

表 5-2　　　　　　　五种评价方法的优缺点比较

方法	优点	缺点
神经网络 (BP)	(1) 非线性映射能力 (2) 具有较强的泛化能力 (3) 容错能力较强	(1) 局部极小化问题 (2) 收敛速度慢 (3) 神经网络结构选择不一 (4) 应用实例与网络规模的矛盾问题 (5) 样本依赖性问题
灰色关联分析法	(1) 对样本量数量没有过多要求 (2) 不需要典型的分布规律 (3) 计算量比较小	(1) 主观性过强 (2) 部分指标最优值难以确定 (3) 不能较好解决实际问题
模糊综合评价法	(1) 处理模糊的评价对象 (2) 评价结果是一个矢量,包含信息较丰富	(1) 计算复杂,主观性较强 (2) 会出现超模糊现象
因子分析法 (FA)	(1) 通过对原始数据进行重新组合,简化数据 (2) 通过旋转使因子变量更具可解释性	计算因子得分时采用最小二乘法,可能会失效
数据包络分析法 (DEA)	(1) 可以用来处理具有多种投入和产出的问题 (2) 不受不同比例的影响 (3) DEA 效率评价结果为综合指标 (4) DEA 模型中的加权值是数学的乘积计算,从而摆脱了人类的主观性 (5) DEA 可以处理区间数据,也可以处理序数数据 (6) DEA 的评价结果可以提供更多的决策信息	(1) 它产生的有效边界可能相当大 (2) 样本量少时结果可能不可靠 (3) 投入与产出变量的关联度不考虑

5.3.1.2　评价方法的确定

从上述五个方法的介绍中发现,随着技术进步,效率评价方法逐渐多样化,虽然多方法综合进行评价,如 AHP① – DEA 评价方法等,度量方式更加科学准确,但是每个方法各有其优缺点及适用性,因此,需要根据"碳流—价值流"评价的实际情况挑选合适的评价方法进行综合评价。

首先,由于在"碳流—价值流"评价研究相对较少,其评价指标体系尚未成熟,没有形成统一指标,所以本书在对文献梳理归纳的基础上,对"碳流—价值流"的初始评价指标体系进行确定,然后利用因子分析法对初始指标进行降维,从中聚合出综合因子,回避了盲目确定指标体系的弊端,同时简化了原始数据,使变量更具解释力。

其次,为了全方位地对"碳流—价值流"进行综合评价,在确定投入产出指标时,要包含供应链整体的各个部分,各指标单位难以统一,在评价上容易出现误差。DEA 则回避了这一问题,只需要保证不同决策单元数据统一,这样极大增强了评价过程的便利性及评价结果的科学性。此外,供应链网络系统较为复杂,在此情况下难以设计出较为契合的生产函数模型,且容易出现人为偏差,而 DEA 方法依据线性规划的思想,无需预先设定生产函数,从而回避一定的主观性。

最后,采用 DEA 进行综合评价,可以对比各决策单元的综合效率水平,也可以明晰低效率决策单元效率低下的原因,从而提出优化建议,为管理者提供决策依据,以提升其效率水平。

综合以上分析,本书采用因子分析模型(FA)与数据包络分析法(DEA)相结合的方法对供应链"碳流—价值流"进行综合评价。

5.3.2　因子分析法(factor analysis,FA)

因子分析法是一种多元统计方法,其原理是通过降维的方式,以较少的综合因子代表事物原本众多的影响因子,主要是从各因素之间的关系出发,提取少数因子去描述诸多因子的关系,并通过分组的形式,将相关性较高的因子归于一组。在具体分析中,可以通过提取公因子的形式对影响因素进行系统评价,是一个较为科学合理且常用来分析影响因素的分析方法[179-180]。

---

① 层次分析法,Analytic Hierarchy Process,AHP。

（1）前提条件

因子分析之前要先分析原有变量是否存在相关关系，是否适合进行因子分析，通常都是采用 SPSS 软件进行巴特利特球度检验和抽样适合性检验（Kaiser – Meyer – Olkin，简称 KMO 检验）以判断观测数据是否适合作因子分析[181]。

①巴特利特球度检验。

球度检验是因子分析前的必备检验，能够用来判断相关矩阵是否为单位矩阵。如果相关矩阵是单位矩阵，则认为数据不适合采用因子模型进行分析。如果 p < 0.05 则表明数据可以进行因子分析。

②KMO 检验。

KMO 通常与巴特利特球度检验同时进行，KMO 值越高，则反映数据适合进行因子分析。如果 KMO > 0.9，这说明变量的公因子足够多，非常适合进行因子分析；当 0.7 < KMO < 0.9 时，则说明可以进行因子分析；当 0.5 < KMO < 0.7 时，通常认为勉强可以采用因子模型；而当 KMO < 0.5 时，则不太适合采用因子模型，需要通过扩大样本等途径进行调整。

（2）数学模型

设原有 P 个变量 X_1，X_2，X_3，$\cdots$，X_p，各变量平均值等于 0，标准差均等于 1。现将每个原有变量有 $K(K < P)$ 个因子 f_1，f_2，f_3，$\cdots$，f_k 的线性组合来表示，即有

$$\left.\begin{cases} X_1 = A_{11}f_1 + A_{12}f_2 + A_{13}f_3 + \cdots + A_{1k}f_k + e_1 \\ X_2 = A_{21}f_1 + A_{22}f_2 + A_{23}f_3 + \cdots + A_{2k}f_k + e_2 \\ X_3 = A_{31}f_1 + A_{32}f_2 + A_{33}f_3 + \cdots + A_{3k}f_k + e_3 \\ \qquad\qquad\qquad \cdots \\ X_p = A_{p1}f_1 + A_{p2}f_2 + A_{p3}f_3 + \cdots + A_{pk}f_k + e_p \end{cases}\right\} \qquad (5-17)$$

上述公式因子分析模型，其矩阵形式为：$X = AF + e$，F 为公共因子；A 为因子载荷矩阵；A_{ij} 为因子载荷；e 为特殊因子，代表不能为因子解释的内容。因子分析模型可以通过以下环节构建：

第一，构建指标体系及原始矩阵 Z，并标准化处理初始数据：

$$X'_{ik} = \frac{X_{ik} - \overline{X_k}}{S_k} \quad (i = 1,\ 2,\ \cdots,\ p) \qquad (5-18)$$

其中，$\overline{X_k} = \dfrac{1}{n} \sum\limits_{i=1}^{n} X_{ik}$; $S_k^2 = \dfrac{1}{n-1} \sum\limits_{i=1}^{n} (X_{ik} - \overline{X_k})^2$。

从而得到标准化矩阵 R'，计算变量的简单相关系数矩阵 R；

对方程 $|R - \lambda E| = 0$ 进行求解，得到相关矩阵特征值 λ_{ij}。若 $\lambda_1 \geq \lambda_2 \geq \cdots \geq \lambda_p \geq 0$，可以按照方差累计贡献率初步明确因子数目 P，前 K 个因子累计方差贡献率计算公式：

$$A_k = \sum_{i=1}^{k} S^2/p = \sum_{i=1}^{k} \lambda_i / \sum_{i=1}^{p} \lambda_i \qquad (5-19)$$

第二，运用方差极大法进行因子旋转，按照因子载荷矩阵系数，得到公因子。

第三，计算公因子得分以及综合得分。第 j 个因子在第 i 个样本上的值可表示为：

$$F_{ij} = \overline{w_{j1}} X_{1j} + \overline{w_{j2}} X_{2j} + \cdots + \overline{w_{jp}} X_{pj} \qquad (5-20)$$

其中，$\overline{w_{j1}}$，$\overline{w_{j2}}$，$\cdots$，$\overline{w_{jp}}$ 依次为第 j 个因子和第 1，2，$\cdots$，p 个原有变量间的因子值系数，因子得分为各变量加权（w_{j1}，w_{j2}，$\cdots$，w_{jp}）总和，权数反映变量对因子的重要性，这样得到公式（5-21）：

$$F_j = \overline{w_{j1}} X_1 + \overline{w_{j2}} X_2 + \cdots + \overline{w_{jp}} X_p \quad (j=1,2,3,\cdots,k) \qquad (5-21)$$

5.3.3 数据包络分析（DEA）

DEA 是查恩斯（Charnes）和库伯（Cooper）等学者在 1978 年创建的新的分析模型[182-183]。该模型是数学、运筹学、经济学等多门学科交叉的研究方法。DEA 是一种基于非参数线性规划的分析技术，用于测量同类决策单位（DMU）的相对效率。DEA 能够在确保同类 DMU 比值小于 1 的情况下，计算输入、输出加权和比值的最大值。而各决策单元计算出的比率的最大值为其效率值，如果效率值为 1 时，则说明投入产出达到了最优状态；而小于 1 时，则说明其没有达到效率最优，需要进一步改进。

DEA 模型所得到的结果是 DMU 间的相对比较值，理论上是不存在绝对最优状态，只是能够在各 DMU 比较中评判出表现相对较好的那一组，所以需要进行多 DMU 的对比分析。DEA 的最大优势在于能够处理多输入、输出的数据，从而测算效率值。正是由于这个特点，所以 DEA 经常用以解决生产效率测算等边际线性函数方面的问题。DEA 的另一个优势是在效率评价时，能够根据测度结果找出为何没有实现效率最优的原因，从而便于管理者科学决策，以提升效率[184-185]。因为 DEA 不用提前设置函数形式，因此，其回避了人为控制，测算结果较其他方法而言更加客观[186]。

（1）DEA 评价方法的 C^2R 模型

C^2R 模型是 DEA 的基本模型，也被称为 CSR 模型。C^2R 模型能够在固定规模情况下，比较 DMU 的总体效率。C^2R 模型假定存在 n 个 DMU，同时各 DMU 输入、输出变量各有 m 和 p 种，同时 x_{ij}、y_{rj} 用来表示第 j 个 DMU 的第 i 个输入和第 r 个输出的变量，而 v_i 和 u_r 分别表示第 i 个输入和第 r 个输出的权重变量。可以据此测算 DMU_{jo} 的效率：

$$\max h_{jo} = \frac{\sum_{r=1}^{p} u_r y_{rjo}}{\sum_{i=1}^{m} v_i x_{ijo}}$$

$$\begin{cases} \dfrac{\sum_{r=1}^{p} u_r y_{rj}}{\sum_{i=1}^{m} v_i x_{ij}} \leqslant 1 \\ v_i, \ u_r \geqslant 0 \end{cases} \tag{5-22}$$

其中，$j=1, 2, 3, \cdots, n$；$i=1, 2, 3, \cdots, m$；$r=1, 2, 3, \cdots, p$。可以将公式（5-22）通过 Charnes - Cooper 方法进行变换，进而能够把该公式转换为相同的线性规划公式，然后根据对偶性特征得到 DEA 效率模型：

$$\min H_j \begin{cases} \sum_{j=1}^{n} \lambda_j x_j \leqslant H_j x_j \\ y_{jo} \leqslant \sum_{j=1}^{n} \lambda_j y_j \\ \lambda_j \geqslant 0 \end{cases} \tag{5-23}$$

其中，$j=1, 2, 3, \cdots, n$。在公式（5-23）中，H_j 就是第 j 个 DMU 的综合技术效率值，其中，$0 \leqslant H \leqslant 1$。如果 $H>1$，反映 DMU 没有实现技术有效，当 $H=1$，则反映 DMU 实现了技术有效。

当 $\sum_{j=1}^{n} \lambda_j = 1$ 的时候，反映 DMU 恰巧是规模收益不变情况，而当

$\sum\limits_{j=1}^{n} \lambda_j$ 大于1或小于1的时候,反映该 DMU 正处在规模效益递增或递减的状态。

当 DMU 没有达到有效状态,则需要根据效率评价指数 θ、松弛变量 s^-、剩余变量 s^+ 以及阿基米德无穷小量 ε 来进行投入产出的调整。其中,松弛变量 $S^- = (S_1^-, S_2^-, \cdots, S_m^-)^T$;$S^+ = (S_1^+, S_2^+, \cdots, S_p^+)^T$。此时,能够将模型表示为:

$$\min\left[\theta - \varepsilon\left(\sum_{i=1}^{m} s_i^- + \sum_{r=1}^{p} s_r^+\right)\right]$$

$$\begin{cases} \sum\limits_{j=1}^{n} \lambda_j x_{ij} + s_i^- = \theta x_{i0} \\ \sum\limits_{j=1}^{n} \lambda_j y_{rj} - s_r^+ = y_{r0} \\ \lambda_j \geqslant 0; \quad s_i^- \geqslant 0 \quad s_r^+ \geqslant 0 \end{cases} \qquad (5-24)$$

其中,$j = 1, 2, \cdots, n$;$i = 1, 2, \cdots, m$;$r = 1, 2, \cdots, p$。

(2) DEA 评价准则

线性规划模型(D_ε)的最优解,λ、θ、S^+、S^- 有如下结论:

①当 $\theta = 1$,且 $S^- = 0$,$S^+ = 0$ 时,DMU_j DEA 有效,反映供应链资源利用效率水平较高,投入产出要素之间的组合较为合理,在现有投入下获得了最大产出,规模效率最优;

②当 $\theta = 1$,存在 $S_i^- > 0$,$(i = 1, 2, \cdots, m)$ 或者存在 $S_j^+ > 0$,$(j = 1, 2, \cdots, p)$,DMU_j 弱 DEA 有效,反映没有达到技术效率和规模效益共同最佳状态。当 $S_i^- > 0$ 时,则反映出尚未实现供应链第 i 种投入的有效利用;当 $S_j^+ > 0$ 时,则反映出在供应链第 j 种产出仍没达到前沿标准;

③当 $\theta < 0$ 时,DMU_j 没有达到 DEA 有效,技术效率和规模效益均未达到最优。此时,评价结果能够为管理者提供决策依据,需要管理者根据投影值进行改进,调整其投入产出,以达到 DEA 有效。

5.4 本章小结

本章从界定"碳流—价值流"评价对象和范围出发,基于 DPSIR 模型框架构建了供应链"碳流—价值流"综合评价体系。以"状态"（资源供需配比、经济效益、碳效率和协同效率）为评价目标，将影响供应链"碳流—价值流"综合评价的各种因素进行研究并按驱动力、状态、压力、影响、响应进行划分，制定评价指标体系。评价指标选择经过初步选取，并结合中国供应链企业碳排放实际情况以及供应链整体表现，通过对低碳经济与管理方面的专家、企业管理者的多轮咨询，对指标进行再次筛选通过，从而最终确定其评价指标体系。

此外，引入并对比了多种综合评价分析方法，考虑到供应链"碳流—价值流"综合评价指标尚未成熟，没有形成统一指标，故本章提出采用 FA 与 DEA 相结合的方法对供应链整体状态进行综合评价。由于本章只是对评价指标和评价方法进行框架设计，而具体评价过程和结果需要以实际数据为基础实施开展和分析，故拟在后续综合案例分析章节予以深入展开和具体应用。

第 6 章

供应链"碳流—价值流"决策优化与控制

通过上述两章可知,在供应链中单个企业往往受制于上下游企业,其内部碳效率的改善潜力相当有限。譬如导致碳排放内部损失和外部碳排放环境损害居高不下的原因,可能是来自从供应商所购材料的某种特性或者来自顾客对最终产品的某种属性需求,故其改善的根源在于关联企业之间的选择优化。在此情境下,须从企业间角度解决上游供应商的优选决策及企业间协同合作模式的选择问题。既要保证供应链的平衡和稳定,尤其是供应链成员企业的优选和相对稳定,供应链经营、财务与碳的三重平衡,以及供应链节点企业之间的利益分配平衡,又要确保供应链整体利益的最大化。因此,有必要开发设计供应链核心企业对低碳供应商的优选流程,核心企业与供应商、客户之间的协同管控模式以及供应链整体视角的"碳流—价值流"管理控制系统。

本章将基于"碳"元素视角,探索"碳排放内部损失成本—外部环境损害"二维分析框架,并结合供应链碳减排效率指数,来指导供应商优选。设计纳入生态控制的供应链"碳流—价值流"管理控制体系以及供应链企业间的利益共享模式,以实现供应链整体层面的优化和控制,确保供应链的优化升级及可持续发展。

6.1 决策优化与控制的逻辑与内涵

供应链"碳流—价值流"决策优化和控制,旨在通过供应链核心企业优选低碳供应商、核心企业与供应商之间的减排合作模式优选以及基于供应链整体的"碳流—价值流"管理控制系统等方式，来促成供应链整体优化，同时进行合理决策，实施有效控制，整体上达到供应链利润最大化的目标和供应链碳排放的减少。

（1）核心企业对供应商的评价选择与协同管理

CDP 于 2008 年设立供应链项目，邀请供应商参与 CDP 问卷调查，披露环境管理绩效。2018 年 CDP 供应链项目致力于帮助企业追踪管理其供应链温室气体排放，促进品牌企业与供应商沟通，并采取联合减排行动。

2018 年 CDP 发布的《层叠（层级）承诺（或者级联承诺）：通过供应链参与推动雄心勃勃的行动》2018/2019CDP 供应链报告中，115 家 CDP 供应链企业合作伙伴中，63% 的企业表明目前已采取或考虑将供应商的 CDP 回复，纳入是否与供应商签订合同的考虑中[192]。73% 的企业会将环境绩效差的供应商从采购名单中移除，同时超过 1/3 的供应商正在推动上游变革他们自己的供应链。该报告也表明，当前的行动水平仍不足以应对世界上一些最紧迫的可持续性挑战。组织需要通过自身的供应链将碳减排需求（承诺）顺流向上游，与供应商（或供应商的供应商）一起应对气候变化，以推动迫切需要的行动。这一趋势在 2019 年表现得非常明显。2019 年，共 125 家企业加入 CDP 供应链管理项目，全球超过一万家供应商收到客户要求参与回复CDP。越来越多的企业考虑采用类似的可持续供应链管理模式[193-196]。

当核心企业同时有多个供应商可供选择时①，核心企业将如何选择供应商？供应链核心企业已经深刻意识到，无法单单依赖既有的产品和服务来解决气候变化，必须通过和供应商的协同合作，才能创造新的产品及新的服务，并让企业及供应商位于产业前沿，实现供应链成本最优化和碳排放最小化。由此可见，如何更好地沟通和协助供应链主体企业与供应商之间建立搭档关系是供应链管理中的一个重要内容。

（2）供应链整体的"碳流—价值流"管理控制体系

由于 CO_2 排放属于空气污染，具有空间流动性，易漂移，很难界定空间范围，外部性问题严重。因此，供应链碳排放控制是一个协同合作项目，

---

①　实务中供应链上的各参与企业（供应商、制造企业、销售企业等）都可能在供应链中起主导作用，成为供应链的核心企业。本节重点分析当制造企业成为主导企业的情形，即将制造企业设定为供应链核心企业，在供应商的选择上具有主动权。暂不考虑制造企业与供应商之间的静态和动态博弈。

需要各节点企业间的合作以及企业创新。而供应链上企业之间的委托—代理关系比较复杂，既合作又竞争，是一个长期动态博弈的过程。以业务关联为切入点，链上企业通过资源之间整合和业务流程完善，进而提高运营效率，创造出较原有经营模式更多的价值。但这部分超额价值具有整体性、不确定性和风险性，因此，各节点企业难以对产生的收益和风险进行合理地分配和承担。如何对成本进行合理的分配以及对收益进行合理的分享，是共生资源价值链互惠共赢亟须解决的重要问题，也是构建供应链整体"碳流—价值流"控制体系的前提。

6.2　核心企业对供应商的优选决策与协同减排管理

传统意义上的供应商选择决策，只要能带来经济效益，则这个供应商就有入选的可能，且能带来的经济效益越大的供应商，越容易被选择。伴随生态环境的改变和经济社会的发展，企业若只关注经济效益已不能满足其发展需求。因此，在这种环境下，企业选择供应商时不仅会关注经济效益，还会关注社会、环境等其他效益。

低碳经济背景下，越来越多的企业意识到供应链的碳足迹大多来自供应商。从"碳"元素视角考虑供应商选择，先确认供应链运行过程中可能产生的碳排放环节，然后具体分析供应链运行过程中的碳排放有哪些受供应商影响。以福耀玻璃工业集团股份有限公司为例，它通过与华润电力集团进行战略合作，联合打造智慧能源平台，拥有电力数据在线监测，最大需量管理，能源优化管理等功能。每年可节省标煤 220000 吨，减少 CO_2 排放量 54000 吨，减少 SO_2 排放量 2000 吨。正是基于这一背景，本节试图从经济和环境角度探寻选择供应商的有效考量模式。

6.2.1　供应商选择的影响因素

供应商的评价选择是供应链合作关系运行的基础。在低碳经济日益发展的今天，供应商是否低碳环保对供应链的影响越来越大。制造企业（核心企业）迫于低碳减排的压力，需要寻求与上游供应商的合作。供应商的评价和选择包含了许多可见和不可见的多层次因素。考虑到与供应商以低碳协同合作为主要目的，在"碳流—价值流"分析视角下，将影响供应商评价选择的因素主要分为两类：一类是碳排放内部损失成本，另一类是碳排放外部环境损害（碳排放量）。

6.2.2 核心企业对供应商的优选流程

本节设计的供应商优选流程如图6-1所示，主要可分为以下几个步骤。

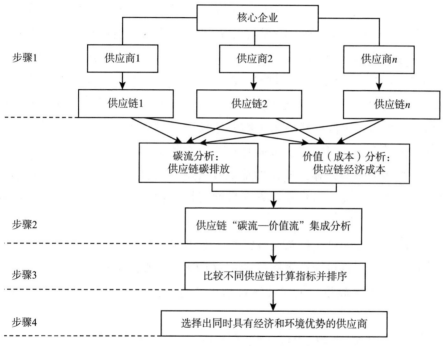

图6-1 基于"碳流—价值流"的供应链优选供应商的流程

第一步，核心企业与不同备选的供应商进行组合，模拟构建不同供应链，假设前提如下：

假定1：核心企业固定不变，它需要的原材料有多个供应商可以提供，且原材料性能相同，对核心企业产品生产没有影响。

假定2：统一按照核心企业单位产品所需上游企业原材料的消耗量进行核算。

第二步，基于"碳流—价值流"分析思路进行供应链碳流和价值流核算，编制供应链碳会计矩阵表。

"碳流—价值流"分析方法是一种有效的碳管理会计方法，它在分析企业经济成本的同时，还将企业生产经营过程中所引起的非期望产出碳排放也纳入成本计算。立足于全生命周期视角的供应链"碳流—价值流"核算，包括供应链碳排放和碳价值（成本）核算。供应链碳排放核算分碳排放范围1、范围2和范围3汇总计算。供应链碳价值（成本）核算以链上成员企业为物量中心（在成员企业内部，也可以根据车间、工艺等设置企业内的物量中心，在企业内部进行核算），计算各物量中心碳有效利用（正制品）成本与碳排放内部损失（负制品）成本，然后将各成员企业的核算信息汇总为一个大物量中心①，从而求得供应链层面的碳有效利用成本（正制品成本）和碳排放内部损失成本（负制品成本）以及外部环境损害（供应链碳排放）。假定系统中能量和材料流的数量平衡是已知的或已经计算出的。例如，可能已经使用了物料流模型，过程模拟等，通过对供应链内部各物量中心（可以将企业整体作为一个物量中心，也可以在企业内部设置二级物量中心）输入输出的能源和含碳材料计算碳元素含量，将输入端碳元素含量减去输出端碳元素含量即可得到物量中心的二氧化碳排放碳元素含量。

将前述计算的供应链总经济成本（即供应链总资源投入成本）除供应链碳排放，可求得供应链碳减排效率（CRE_i），即每单位（万元）资源投入所产生的碳排放量。上述计算过程可通过公式（6-1）～公式（6-3）完成。

$$C_i^j = MC_{ij} + SC_{ij} + EC_{ij} = C_{ij}^P + C_{ij}^N \ (i = 1, 2, \cdots, m; j = 1, 2, \cdots, n)$$
$$(6-1)$$

$$TC_i = \sum_{i=1, j=1}^{m, n} C_i^j \ (i = 1, 2, \cdots, m; j = 1, 2, \cdots, n) \quad (6-2)$$

$$E_i = E1_i + E2_i + E3_i = \sum_{i=1, j=1}^{m, n} E_{ij} \ (i = 1, 2, \cdots, m) \quad (6-3)$$

其中，上述相关公式参数说明如表6-1所示。

---

　　① 假定供应商愿意与核心企业进行信息共享。

表6-1 公式参数说明

指标	含义	指标	含义
C_i^j	供应链 i 上的企业 j 的经济成本	E_i	供应链 i 的总碳排放
MC_{ij}	供应链 i 上的企业 j 的材料成本	$E1_i$	供应链 i 的范围1碳排放
SC_{ij}	供应链 i 上的企业 j 的系统成本	$E2_i$	供应链 i 的范围2碳排放
EC_{ij}	供应链 i 上的企业 j 的能源成本	$E3_i$	供应链 i 的范围3碳排放
C_{ij}^P	供应链 i 上的企业 j 的正制品成本	E_{ij}	供应链 i 上的企业 j 的碳排放
C_{ij}^N	供应链 i 上的企业 j 的负制品成本	CRE_i	供应链 i 的碳减排效率
TC_i	供应链 i 的总经济成本		

注：MC_{ij}、EC_{ij} 表示供应链上成员企业的材料成本、能源成本，成员企业之间材料、能源的购买成本，可以用市场价表示，也可以用双方协议价格。

第三步，对不同供应链进行"碳排放内部损失成本—外部环境损害"二维分析比较，并结合计算不同供应链的碳减排效率指数。

核心企业与不同供应商的组合形成了不同的供应链。从供应链碳会计矩阵表中可以获取供应链碳排放内部损失成本以及供应链碳排放等信息，加以汇总如表6-2所示。

表6-2 供应链碳排放内部损失成本与外部环境损害信息汇总

方案		碳排放内部损失成本 （万元）	碳排放量 （tCO_2）
供应链1	原料供应企业 VC_{11}	1800.6	362.9
	产品生产企业 VC_{12}	3271.5	454.3
	供应链整体 $VC_{11}+VC_{12}$	5072.1	817.2
供应链2	原料供应企业 VC_{21}	2194.7	375.7
	产品生产企业 VC_{22}	2974.6	410.8
	供应链整体 $VC_{21}+VC_{22}$	5169.3	786.5
供应链3	原料供应企业 VC_{31}	2377.9	378.5
	产品生产企业 VC_{32}	2564.4	369.8
	供应链整体 $VC_{31}+VC_{32}$	4942.3	748.3

以内部碳排放损失成本与外部负担环境损耗（主要考虑碳排放）作为两个分析维度，绘制"内部损失成本—外部环境损害（碳排放）"二维诊断图，将供应链内部损失成本与之对应产生的碳排放量二者结合，实现实物流与价值流的融合，将二者与现场改善实践相互结合。不同方案下，各链上企业的合格产品耗用成本、内部环境损耗成本、CO_2 产生量的计算结果可视化如图 6-2 所示。

碳会计矩阵旨在削减供应链整体的损耗和 CO_2 排放量。因此，要以供应链整体成本及其 CO_2 排放总量作为评价对象。如图 6-2 所示，单从原材料供应企业来看，方案 1 中的原料供应企业在经济方面和环境方面均有优势，但是从供应链整体来分析，方案 3 中的供应链整体成本和 CO_2 排放总量均处于最低水平，因此，方案 3 应该是最优选择方案。

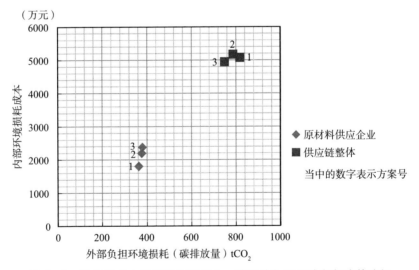

图 6-2　供应链"内部环境损耗成本—碳排放"现场诊断与决策分析

上述分析是绝对量之间的比较，其效果准确度可能还会受到企业规模的影响。因此，还可以通过计算供应链碳减排效率指标对不同供应链进行综合分析和排序。供应链碳减排效率表示每万元资源投入的供应链碳排放量，指标值越大，表明供应链碳减排效率越低；反之，指标值越小，碳减排效率越高。

$$CRE_i = E_i / TC_i \qquad (6-4)$$

从供应链层面分析，碳减排效率反映了两个指标的相对值，分子是供应链碳排放，这一指标体现了供应链的环境影响；分母是供应链经济成本，这一指标包含了供应链成员企业内的经济成本，也反映了成员企业之间的交易成本对供应链的经济影响，如制造企业选择向不同供应商购买同一原料（假定采购的原料质量相差不大、差异可忽略，且购买数量相同），由于不同供应商提供原料的单价不同，制造企业在产品销售单价一定的情况下（假定制造企业使用不同供应商的原料进行生产，工艺流程相同，生产的产品性能、售价均相同），选择不同的供应商就意味着生产单位产品带来的经济效益不同。分子与分母的比值，可以综合反映不同供应商的选择对供应链产生的经济和环境影响。

按照公式（6-1）~公式（6-4）可以得出各供应链及其链上企业的成本、损耗以及碳排放量，并测算不同供应链（因供应商选择而不同）的碳减排效率，将测算结果进行比较，按指标值由低到高排序。上述结果汇总如表 6-3 所示。

表 6-3　　　　　　　　　供应链碳减排效率指标的计算与排序

供应链名称及描述	E_i （碳排放，tCO_2）	TC_i （总经济成本，万元）	CRE_i （碳减排效率）	排序
供应链 1：$VC_{11} + VC_{12}$	817.2	7608.15	0.1074	3
供应链 2：$VC_{21} + VC_{22}$	786.5	7753.95	0.1014	2
供应链 3：$VC_{31} + VC_{32}$	748.3	7413.45	0.1009	1

第四步，优选供应商。

由于不同原料供应企业提供的原材料价格和运输距离可能不同，这些也将影响产品生产企业的产品构成、损耗以及 CO_2 发生量等。则认定影响供应链碳减排效率的主导因素是所选的供应商。因此，通过供应链碳减排效率指标值，优选供应链上的供应商，其优选分析过程如下：

供应链碳减排效率指标值越低→供应链每万元资源投入的碳排放越小→供应链减排效率越高→该供应链中所选供应商的经济和环境优势越明显。

由表6-3可知，供应链3的碳减排效率指标值最低，则判断该供应链的减排效率最高，属于最优供应链。

6.2.3 核心企业与供应商的协同管控

探讨核心企业与供应商之间的碳减排合作模式，能够使得供应链上企业之间展开生态设计与实施废弃物资源化，提升资源循环利用水平[177]。通过对产品生命周期中碳存量和流量的切实把握，对一直被忽略的废弃物也进行了经济评估，以实现整个供应链及各链上企业的资源损失"可视化"。这种方法将废弃物削减与资源保护和降低成本联系在一起，使供应链上各节点企业对废弃物削减变动监测，提供各企业实施循环经济改善的方向，从而可以改善整个供应链的资源生产率，实现经济和环境效益双赢。

供应链核心企业与供应商的协同管控可以通过以下三种模式来完成。

（1）核心企业主导，与各供应商分别合作实现

该方式下，核心企业（买家）处于中心位置，它连接供应商和客户。由于不同供应商存在技能上的差异性，受制于技术发展情况，核心企业需要针对不同供应商的差异来对交易的质量、成本、物流等进行优化，如图6-3所示。

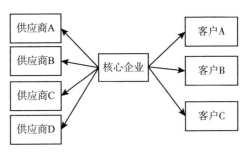

图6-3 核心企业和各供应商分别合作模式

图6-3中A、B、C、D四家供应商共同完成目标碳减排。仅靠一家企业难以完成总的减排目标，需要核心企业（买家）与四家供应商合作共同开发合理的方案。这种方案比较简单直接，然而可以实现整体上碳资源的节约利用和供应链整体成本的降低，达到完成环境和经济协同目标。

（2）核心企业与供应商多方努力合作实现

这个方案的前提条件是各供应商能够自愿并互相理解来参与供应链碳减排活动。在此基础上，供应链间各企业在处理交易时需要考虑到成本和技术的问题。

如图6-4所示，核心企业与A、B、C、D四个供应商互联互通，给各供应商营造互相了解、互相学习的机会，供应商之间的工厂管理办法、实际生产情况和处置方法都能够通过核心企业来实现分享。通过分享和学习，供应商能够提升企业整体运营水平包含员工的培训水平，达到成本、技术等方面的全面提高。但这个方案并不能保证面对同一技术问题，不同供应商采取相同的生产方法和技术方案来实现目标，因此，此方案无法通过供应链企业互相合作共同完成碳减排目标。

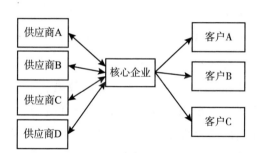

图6-4 核心企业与供应商多方努力合作模式

（3）核心企业和供应商协同合作实现

信息共享低容易延缓供应链上信息的传递速度，致使供需信息无法及时送达各节点企业，而且传达的信息质量也大打折扣，最终引起"牛鞭效应"，造成企业产品积压，资金占用，整个供应链运作效率低下。

该方案的基础是供应链上的企业特别是各个供应商间已经进行了足够的了解和沟通，满足了信息共享。因此，企业能够互通设备购置及生产经营情况，为企业间合作共赢及优化提升创造了机会。其模式如图6-5所示。

此方案有两个层面的合作：一方面存在于供应商主体之间，另一方面存在于核心企业与供应商之间。供应商层面下，包含在供应链上各供应商间协调库存和运输，能够显著减少运输里程，再结合低排放运输方案，就能够进一步减少碳排放。

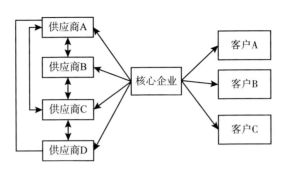

图 6 - 5　核心企业与供应商协同合作模式

　　若与核心企业合作的一家供应商提高了企业管理水平，则其竞争力也会相应提高，从而在核心企业中其议价能力也得到提高。无论是生产流程的优化、技术水平的提升还是管理能力的增强，都能提高供应商企业的竞争力，若各企业之间相互合作与学习，就能够在多个层面上得到提升从而减低交易过程中的碳资源损失。核心企业和供应商之间的沟通也十分重要，由于核心企业直接面对客户，满足客户需求，供应商需要按照客户需要来完成自身产品的设计和生产，达到互利共赢的效果。

　　具体模式的选择，主要取决于核心企业与供应商之间确定的信任度、合作的时长、供应商的重要程度（可替代性）以及核心企业在供应链中的领导力（如谈判能力）等因素。实际中，核心企业可以根据实际情况对供应商分类、分阶段实施不同的协同管控模式。

6.3　供应链整体的"碳流—价值流"管理控制

　　尽管低碳供应商的优选和供应链节点企业自身的减排优化，可以使供应链取得较好的减排效果，但供应链节点企业的局部优化，无法在整体上实现供应链的最优化，其供应链产生的系统空间早已突破企业的范畴。要实现整条供应链碳排放的减少，需要供应链上节点企业通力协作。

　　从供应链整体角度进行分析，各节点企业生产成本波动和交易变化都将引起供应链整体成本的波动，因此，需要通过供应链成员间活动和行为的协调即协同减排。低碳供应链含有多项低碳项目活动，依赖于节点企业协同合作来完成，实现碳排放的全生命周期控制，将供应链整体的碳排放控制在目标范围之内。

6.3.1 纳入生态控制理念的管理控制系统设计

供应链核心企业往往被设定为供应链的中心。核心企业需要优选链上合作伙伴（供应商、客户等），并通过与客户和供应商建立共享与合作机制，实现供应链可持续发展。但已经实践的供应链存在超过一半的失败率[197]，主要是因为在这链条上的企业利益比较独立，企业之间可能存在潜在的目标冲突[198]。因此，选择合适的供应链碳协同模式至关重要。核心企业通过适当的碳协同模式，建立共享合作机制，与供应链参与企业共同识别链上的碳热点（即高碳排放路径或过程），实现信息共享以减少高碳排放活动，创造出物质和能源的有效使用整合方案，达到供应链层面企业之间集成创新和最终降低碳排放的目标。

将生态控制融入供应链"碳流—价值流"管理实践中，借助供应链"碳流—价值流"管理控制系统对供应链整体进行优化和控制，如图6-6所示。

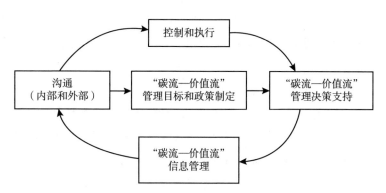

图6-6 纳入生态控制理念的供应链"碳流—价值流"管理控制系统

资料来源：根据 Ki - Hoon Lee（2012）[27]，笔者稍做修改。

正如史迪芬·肖特嘉等（Schaltegger et al.，2014）提出生态控制的5个关键过程：目标和政策制定、信息管理、决策支持、控制和实现与沟通[199-202]。本节以此理念为基础，制定了基于生态控制的供应链"碳流—

价值流"管理控制系统的 5 个关键要素:"碳流—价值流"管理目标和政策制定、"碳流—价值流"信息管理、"碳流—价值流"管理决策支持、控制与执行和内部与外部的沟通。具体如下:

(1)"碳流—价值流"管理目标设定和政策制定

由于以"碳流—价值流"管理为导向的生态控制管理包括与"碳流—价值流"管理计划相一致的规划、目标设定、监控、反馈和纠正措施等过程,因此,第一步应设定明确的"碳流—价值流"管理目标和政策,用以整体上指导上述过程。管理者必须清楚地了解"碳流—价值流"管理活动的目的,尤其是为了帮助确保实现已达成共识的"碳流—价值流"管理战略的承诺。这一目标和政策设定可以在一般和/或特定水平上得以实现。例如,"减少供应链整体碳排放量"将是一个总体目标,而将供应链每个运营地点(节点)的碳排放量降低 3% 可被视为一项具体的实施目标。

(2)"碳流—价值流"信息管理

"碳流—价值流"信息管理的前提是获取系统的、有效的"碳流—价值流"数据。然而,目前的主流管理系统不能从系统的角度获得"碳流—价值流"信息。管理者要在发展"碳流—价值流"管理战略中做出"正确"的决策是具有挑战的。融合生态控制的"碳流—价值流"管理需要更加完整地组织碳流和碳价值流数据的收集,例如,与生产有关的能源使用量、考虑纳入范围 3 的供应链碳排放量,以及以货币价值表现的单位产品碳排放成本等。

(3)"碳流—价值流"管理决策支持

主动的"碳流—价值流"管理策略能够产生更好的环境和经济绩效,而被动的策略不会或很少地引起绩效的改变。一个高效的"碳流—价值流"管理决策支持系统,需要完善的"碳流—价值流"信息作为数据支撑。供应链中的每个互相合作的企业都需要拥有一定的碳和能源的相关信息,制定供应链层面的碳和能源流动图,发展碳和能源流的映射并提高其透明度,以便管控整个供应链中的碳影响,由此结合实际情况的改变进而重新规划"碳流—价值流"管理策略。

(4)控制与执行

如何更好地控制和实施"碳流—价值流"为关键问题,现实中往往因为缺乏合适的评价工具而无法准确地评价出企业实施碳管理改善措施带来的影响。这种生态控制方法在操作上具有难度,故生产管理者采集有关碳流和碳价值流信息显得十分重要,再报告给上级管理者进行整合,直至报告给决策层管理人员。重要的是,碳管理绩效评价系统应与"碳流—价值流"战略管理目标保持一致,因为决策者需要准确可靠的"碳流—价值流"数据信息支持,以将战略层面与操作层面的绩效数据联系起来,确保两者的内在统一,分层级执行"碳流—价值流"管理策略。

(5)沟通(内部和外部)

将"碳流—价值流"管理延伸到整个供应链需要建立良好的内部和外部信息沟通。一方面供应链核心企业的竞争力在很大程度上受到关键供应商投入的影响,因此,对于一个供应链核心企业及其对应的供应商主体,最为主要的是如何实现共享关于碳管理的策略和目标,以共同实现碳风险的降低和财务竞争力的提升。另外,核心企业连接客户,需要与客户之间进行沟通,而客户如消费者、投资者、政府机构以及碳战略买家等也越来越注重企业发展碳战略和环境绩效等信息。供应链核心企业可考虑参照GRI 报告指南确定外部报告的信息类型。

6.3.2 供应链企业间的信息共享模式

前述分析已经表明,只有加强供应链企业间的协同合作,才能实现供应链上碳资源效率的综合提高,减少供应链碳排放。而信息共享机制和信息共享平台的构建是实现供应链企业间协同合作的基础。

本书吸收借鉴中野胜之(Katsuyuki Nakano)构建的供应链合作模式(SCCM)[203],并基于"碳流—价值流"分析视角对其合作模式进行了修改和补充,具体合作模式的形成和实施步骤如图 6 – 7 所示。

①供应链核心企业通过考虑业务重要性选择可能的供应商(上游企业),并向其说清参与协同减排的优势。

②核心企业和合作伙伴(上下游企业)建立项目,并组织召开第 1 次协同减排管理讨论会,向参与企业分享有关碳流分析、生命周期分析以及协同减排项目总体框架相关的信息,确定目标过程、生产、项目计划和职责划分。与相关成员(如设计师、工程师、存货管理者、管理经理,他们都需要提供必要的专业见识)加强对产品改进的思路和观点的交流。环境专家作为第三方下到生产车间解释方法、帮忙处理环境影响及评价等信息。

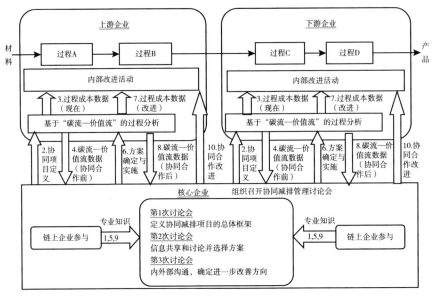

图 6 - 7 基于 LCA 的供应链企业间信息共享与合作减排模式

③每个企业都实施生产过程的"碳流—价值流"分析，基于（部分）生命周期分析开展"碳流—价值流"分析以量化其目标系统边界的环境影响和碳资源损失。分析结果展示了现在状况。过程成本数据可用于内部改进活动的依据。

④核心企业组织召开第 2 次协同减排管理讨论会，分享和解读每个企业的"碳流—价值流"分析和生命周期分析的数据，参与企业识别重要的过程或部分，追根溯源，讨论如何提高关键节点，探讨可选方案。

⑤每个企业采用产品过程分析法对在第 2 次协同减排管理讨论会提出的可选方案进行评价，其预示着未来（改进）状况。改进状况下估计的过程成本数据为内部改进活动提供依据。

⑥核心企业组织召开第 3 次协同减排管理讨论会，每个参与企业报告各备选方案的分析数据，讨论和决定可采纳的方案，作为最终方案。通过信息共享，确定进一步改善方向。

6.3.3 供应链企业间的利益共享模型

供应链是资源的整合和集成。供应链存在的目的是实现比单个企业更大的利益，也就是实现"$1 + 1 > 2$"效应。如果供应链的利润小于零，则表明供应链总产出小于总投入，供应链总投入无法得到成本补偿，更不用说产生供应链剩余利润，通常这样的供应链将会自动瓦解。因此，供应链的可持续发展和维系要保证实现供应链盈余。实践证明，供应链所能承受的极限是供应链整体年净利润为零，但从长期来看，供应链的存在必须要求其在运行中实现增值，产生供应链剩余利润。

如果说供应链剩余利润是供应链得以存在的前提，那么供应链剩余利润的合理分配就是供应链得以顺利发展的保障。合理的利润分配机制是供应链上成员相互合作、共同促进的关键点。一个公平合理的利益共享机制，能够保证供应链各节点企业能在供应链总收益中分得自己应得的那部分收益（或分担自己应承担的那部分共同成本），巩固和维持节点企业的合作伙伴间关系，激励合作伙伴更好地合作，以保障供应链协同的成功运作[204-206]。

（1）供应链成本效益分配原则

成本效益分配原则分为以下 5 点：

①互惠互利原则。从个体层面来说，各节点企业收益总和需要大于或者等于非合作时的总和。从整体层面来说，以各企业基本利益得到保障为前提，通过互惠互利实现整体效用最优化。

②投入与利益相对称原则。需要评估节点企业资源投入的价值，满足投入越高收益越好。面对环境保护、废弃物循环利用等外部性投入较大的情况，需要额外分配更多的收益来对企业进行成本补偿。尽管如此，共生利益进行绝对均衡的分配仍无法达到，而且在相当长的一段时期内，非均衡的状态会经常存在，各企业在发展中会由于竞争地位的改变而对利益分配产生改变。

③风险补偿原则。节点企业承担的风险与收益成正比。以风险调节系数为切入点，对企业进行价值分配方案时采取相应的风险补偿，降低企业规避、转嫁风险的动机。

④贡献与价值相匹配原则。节点企业产生的贡献和收获的价值呈正向匹配，保障共生资源价值链分配的合理性。依据价值链增值和环境绩效等指标，对节点企业价值贡献进行评估，进而分配利益。

⑤民主决策原则。企业成员群体决策产生最优利益分配方案，争取让

更多企业成员参与决策制定，满足员工的利益分配诉求，对员工产生更大程度上的激励作用。

（2）利益共享的 Shapley 模型

成本利益分配机制的合理性不仅体现在合理分配资源价值链的共生效益，还体现在信息不对称情况下有效激励了成员企业，鼓励他们自愿分享真实的信息，并且按照集体利益最大化的目标而行动。在供应链信息共享中，不同企业间获利程度不等，企业会关注自身利益而非供应链整体利益，所以需要对整个供应链利润进行合理分配以保证供应链稳定。

①基本 Shapley 模型。学者夏普利（Shapley）提出的解决 N 人合作博弈问题的方法称为 Shapley 值法，主要应用于合作各方利益分配的问题。若某项经济活动可由 N 人参与，部分人组合在一起能够产生一些效益。当彼此之间的利益活动不具有对抗性的时候，组合的人数增加不会减少效益值，这时 N 人的集体合作能达到最大效益。这类分配最大效益的方法为 Shapley 值法。表 6 - 4 是 Shapley 模型涉及的一些符号说明。

表 6 - 4　　　　　　　　　　　　符号说明

符号	说明
$N = \{1, 2, 3, \cdots, n\}$	供应链所有成员企业的大集合
G	任意成员企业组成子供应链
$\lvert G \rvert$	子供应链 G 中成员企业个数
$i(N)$	成员企业 i
$V(G)$	任意子供应链 G 的收益

G 为 N 中的任意一个子供应链，对应实值函数 $V(G)$ 满足：$V(\Phi) = 0$，则称 $[N, v]$ 为 N 人合作博弈，V 为博弈的特征函数。另设各成员企业获取的利润作为 Shapley 值，由特征函数 V 表示，则：

$$\Phi(V) = \{\Phi_1(V), \Phi_2(V), \Phi_3(V), \cdots, \Phi_n(V)\},$$
$$\text{其中 } i \in \{1, 2, 3, \cdots, n\} \tag{6-5}$$

$\Phi_i(V)$ 表示在 N 人合作下成员企业 i 所获取的利润分配，有

$$\Phi_i(V) = \sum_{G \in G(i)} W(|G|) \times \left[V(G) - V\left(\frac{G}{i}\right) \right],$$

$$其中 \ i = \{1, 2, 3, \cdots, n\} \tag{6-6}$$

$$W(|G|) = \frac{(n - |G|)! \ (|G| - 1)!}{n!} \tag{6-7}$$

G_i 是集合 N 中包含成员企业 i 的所有子供应链，$W(|G|)$ 为加权因子，$V\left(\dfrac{G}{i}\right)$ 是子供应链 G 中剔除成员企业 i 后将获得的收益。

②融合信息共享参数的利益共享 Shapley 模型。在供应链企业间信息共享下，每个企业信息共享情况主要决定权还掌握在企业自身手中。因此，相关企业存在"搭便车"的动机，有可能利用供应链上下游企业内部信息及财务资源进行对自身发展有利而损害其他企业的行为，这会加剧企业之间的不信任，对供应链的整体利益造成严重的损失。同时，处于供应链下游的企业存在对信息的需求度不高、获利较少，因此，收益的激励性和参与的积极性都不高，需要完善以 Shapley 模型为主要模型的利益分配制度，满足上下游企业的不同利益诉求，达成供应链企业协同合作。

设 i 企业依据主动信息共享产生的收益为 α_i，$\sum \alpha_i$ 为供应链上所有成员企业依据主动信息共享产生的总收益，$\alpha_i / \sum \alpha_i$ 为各成员企业的收益比重。设定一个信息共享激励指数 $\varphi(0 < \varphi \leqslant 1)$，则各成员企业收益调整为：

$$\varphi_i(V') = \varphi_i(V) + \varphi \times \sum \alpha_i \times \left(\frac{\alpha_i}{\sum \alpha_i} - \frac{1}{n} \right) \tag{6-8}$$

当 $\dfrac{\alpha_i}{\sum \alpha_i} > 1/n$ 时，企业 i 会因主动信息共享而受到奖励；当 $\dfrac{\alpha_i}{\sum \alpha_i} < 1/n$ 时，企业 i 会因信息共享消极而接受惩罚。奖惩都是协同减排管理讨论会作出的，因为该会议在讨论中了解成员企业的实际信息共享信息、核算共享利润，有权利按照契约要求调控和再分配成员企业的利润。因此，利益再分配工作应当在协同减排管理讨论会上进行决定。则改变后的各成员企业利益分配总额为：

$$\sum \varphi_i(V') = \sum \varphi_i(V) + \varphi \times \sum \alpha_i - \varphi \times \sum \alpha_i = \sum \varphi_i(V)$$

$$\tag{6-9}$$

改变后的总利益等于改变前的总利益。但是，在充分的信息共享下如财务资源的共享会使得企业承担较大的风险，一些成员可能会利用信息共享在伤害其他成员利益的基础上获利，或者供应链解体时，存在共享的机密信息被一些成员泄露和出卖的风险。则构建信息共享激励参数修正模型时，需要考虑信息共享过程中的风险因素。当信息共享时的范围越大、程度越深时，这种风险发生的可能性也就越大，两者具有正相关作用。假设风险因子为 $1 + \Delta r_i = 1 + (r_i - 1/n)$，$i = \{1, 2, 3, \cdots, n\}$，则将信息共享激励参数和风险因子结合起来，如下所示：

$$\Delta M_i = \varphi \times (\alpha_i / \sum \alpha_i - 1/n + r_i / \sum r_i - 1/n) \qquad (6-10)$$

每个成员企业最终收益为：

$$\varphi_i(V') = \varphi_i(V) \times (1 + \Delta M_i)，i = \{1, 2, 3, \cdots, n\} \qquad (6-11)$$

$$\varphi_i(V') = \varphi_i(V) \times [1 + \varphi \times (\alpha_i / \sum \alpha_i - 1/n + r_i / \sum r_i - 1/n)]，$$
$$i = \{1, 2, 3, \cdots, n\} \qquad (6-12)$$

6.4 本章小结

本章首先分析了供应链"碳流—价值流"决策优化和控制的内涵及其内在逻辑，然后详细论述了其实质内容和具体实施流程步骤，具体如下：

第一，在"碳流—价值流"分析视角下进行供应商选择决策优化。核心企业基于控制前端碳排放的目的而优先选择低碳供应商，设计了"碳排放内部损失成本—外部环境损害"二维评价方法，从供应链整体出发对供应商进行分类和评价筛选。

第二，构建供应链核心企业与供应商之间的碳减排合作模式：核心企业和各供应商分别合作模式、核心企业与供应商多方努力合作模式以及核心企业与供应商协同合作模式这三种。实际中，核心企业可以根据实际情况对供应商的分类，分阶段实施不同的合作减排模式。

第三，供应链上各参与企业在实现局部优化后，要同时服从供应链整体利益最优的目标，将生态控制嵌入到供应链"碳流—价值流"管理实践中，借助供应链"碳流—价值流"管理控制系统对供应链整体进行优化和控制。

　　第四，构建供应链企业间信息共享模式，并以此为基础，进一步构建了信息共享下的利益共享 Shapley 模型，通过模型对共享后的利润在供应链企业之间进行调控与再分配，从而激励供应链节点企业的参与合作和积极共享。

第7章

综合案例分析——以"煤—电—钢铁"供应链为例

钢铁供应链是一套钢铁企业内部物质流和能源流流动的生产系统，包含原材料采集、炼铁、炼钢、轧钢、钢材产品使用等，如图7-1所示。

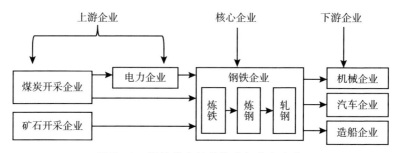

图7-1　钢铁供应链的构成与节点企业

图7-1中，钢铁供应链上包括了许多节点企业，即若干个上游和下游企业。为清晰展示并深入剖析钢铁供应链层面及内部的"碳流—价值流"流转规律及特征，本章构建了一条含有一个制造商（钢铁企业）、一个供应商（燃煤发电企业）以及供应商的供应商（煤炭生产企业）的典型供应链，即"煤—电—钢铁"供应链。其中，煤炭生产企业也为燃煤发电企业提供原料煤。本章以"煤—电—钢铁"供应链为分析对象，从供应链层面探讨"碳流—价值流"管理的实际应用，用实践证明该管理体系的可行性、有效性和科学性。

7.1 "煤—电—钢铁"供应链的选定 及其节点企业的基本情况

本案例中选定的"煤—电—钢铁"供应链,核心企业为 T 钢铁企业,其所需电力由上游企业 HD 燃煤发电企业供应,且这两个企业之间的供需关系稳定。T 钢铁企业和 HD 燃煤发电企业生产所需的煤炭由同一家煤炭生产企业——KL 煤炭企业提供,如图 7-2 所示。

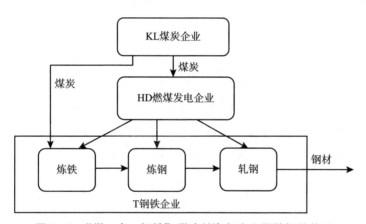

图 7-2 "煤—电—钢铁"供应链参与企业及其相关关系

如图 7-2 所示,本节选定的"煤—电—钢铁"供应链包含了 T 钢铁企业、KL 煤炭生产企业和 HD 燃煤发电企业。其中,T 钢铁企业是核心企业,其他两个企业为供应链参与企业。从供应链碳排放的"范围 1~范围 3"计量视角进行分析,以钢铁企业为边界计算的碳排放属于范围 1 排放,燃煤发电企业为钢铁企业提供的电力所形成的碳排放属于范围 2 电力间接排放,煤炭生产企业为钢铁企业提供生产原料,则煤炭生产企业提供这部分原料的碳排放属于范围 3 排放。那么,"煤—电—钢铁"供应链的碳排放就涵盖了范围 1、范围 2 和范围 3 排放。

7.1.1 供应链节点企业的基本工艺流程及物量中心设置

依据图 7 - 2 中"煤—电—钢铁"供应链构成企业的基本情况,物量中心设置如下:

(1) T 钢铁企业

T 钢铁企业是"煤—电—钢铁"供应链的核心企业,是一家主要从事钢铁冶炼和压延加工的企业。其产品生产工艺主要采用高炉转炉工艺,这个过程中铁矿石是重点原料,经过人工造块、高炉炼铁、转炉炼钢以及轧钢等工序生产钢材。实务中,钢铁生产工艺复杂。为了简化核算,依据 T 钢铁企业的工艺流程和主要生产环节,设置炼铁、炼钢和轧钢三个物量中心,如图 7 - 3 所示。

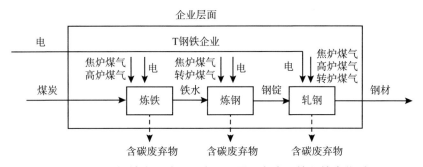

图 7 - 3　T 钢铁企业的物量中心设置及各中心输入输出物质

(2) HD 燃煤发电企业

HD 燃煤发电企业是"煤—电—钢铁"供应链的上游企业,为核心企业 T 钢铁企业提供生产所需的大量电力。

HD 燃煤发电厂是由中国华电集团公司投资建设,目前已有两台 600 万 kW 超临界燃煤火电机组,这两个发电机组满负荷运行,按年运行 5000 小时计算,该电厂年发电量为 10 亿 kW·h。

该企业的基本生产过程在一定程度上决定了排放物类型,其过程分为汽水系统、燃烧系统、电气系统以及脱硫系统。工艺流程如图 7 - 4 所示,以煤炭、燃料油、水等作为主要能源,首先,利用皮带传送,将处理过的煤粉运送向锅炉燃烧;然后,锅炉中的水在煤粉的加热下变为蒸汽,推动汽轮机运转；最后，汽轮机带动发电机发电。

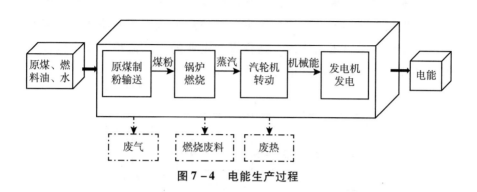

图 7 - 4　电能生产过程

本案例借鉴谢志明（2012）对燃煤发电企业物量中心的划分标准，设置燃料运输、锅炉燃烧、汽机发电和废弃物处理四个物量中心，如图 7 - 5 所示。

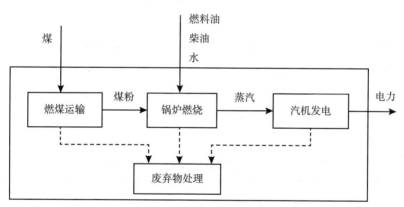

图 7 - 5　燃煤发电企业的物量中心设置

（3）KL 煤炭生产企业

KL 煤炭生产企业是"煤—电—钢铁"供应链的上游企业，KL 煤炭生产企业位于 H 省，该企业有 6 个矿井，年煤炭生产量为 1850 万吨。产品主要有动力煤和冶炼精煤两大类，能同时为核心企业 T 钢铁企业和 HD 燃煤发电企业提供生产所需的煤炭。该煤炭企业产品生产主要包括煤炭开采和洗选煤生产流程。煤炭开采为井工开采，一般在深度超过 400 米的煤矿进行地下开采。煤炭开采工艺流程一般包括：煤炭资源勘探、开采谋划、生产筹备、采矿执行、煤炭运送和提升，经过洗选加工、存储、装运成为煤炭产品。煤炭洗选加工一般由原煤准备、原煤分选、产品脱水、煤泥水处置、产品干燥等主要工艺构成。结合煤炭企业的工艺流程，本案例设置煤炭开采和洗选加工两个物量中心见图 7-6。

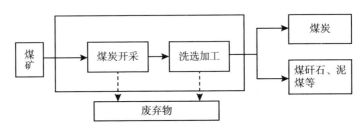

图 7-6　KL 燃煤发电企业物量中心的选择

7.1.2　供应链节点企业的物质能源消耗及废弃物排放现状

（1）T 钢铁企业的物质能源消耗

T 钢材企业主要包含三个生产工序：炼铁、炼钢和轧钢。每个工序投入产出的能源消耗品种如表 7-1 所示。以产出 100 万吨的钢材产量为基准，按照目前的生产工艺、物质能源消耗率，推算出 T 钢铁企业的各流程物质能源消耗，绘制企业物质能源流转图[207]。

表 7-1　　　　　　　　T 钢铁企业能源消耗的投入产出分析

物量中心	投入的含碳能源	能源输出	
		有效利用能源（正制品）	能源损失（负制品）
炼铁工序	洗精煤、无烟煤、高炉煤气、焦炉煤气、电、蒸汽	铁水	焦炉煤气、焦炭显热、烧结矿显热、高炉煤气、高炉煤气余压、废烟气、热损失
炼钢工序	铁水、焦炉煤气、电、蒸汽、转炉煤气、氧	钢锭	转炉煤气、废烟气、烟气显热、热损失
轧钢工序	钢锭、焦炉煤气、电、蒸汽、高炉煤气、转炉煤气	钢材	加热炉废烟气显热、废烟气、热损失

根据实地收集的生产数据，以 100 万吨钢材的产品产出为基准，按照生产工艺流程依次确定各生产环节的物质能源投入量。

①炼铁工艺流程能源消耗。T 钢铁企业的炼铁中心是一个包括焦化、烧结和炼铁工艺的综合工序。该工序主要消耗炼焦煤，以炼焦精煤为主，还包括高炉喷吹用的喷吹煤（无烟煤）。本工序中先将煤干馏生成焦炭，然后烧结生产烧结矿，最后送至高炉进行冶炼。高炉炼铁是将烧结矿、球团矿或块矿等作为原料，与焦炭和石灰石等按一定配比称量后送到高炉炉顶摆料，使用热风炉向高炉炉缸鼓入热风，以助焦炭燃烧（包括所喷入的煤粉）。在高温下，炉内原料和燃料反应变成渣、铁慢慢下沉；在炉料下沉、煤气上升过程中，前后发生传热、传质、还原、渗碳作用生成铁水；炉内熔剂与烧结矿等原料、燃料中的杂质结合生成渣液，当炉内铁水和渣液超过一定量时会从高炉排出，高炉渣进行处理，铁水由铁水罐车送往炼钢车间。炼铁中心的能源投入产出数量如表 7－2 所示。本工序投入能源按照相应的折标煤系数换算为标煤量，换算结果如表 7－3 所示。

表 7－2　　　　　　　　　T 钢铁企业炼铁工序的能源投入产出量

投入	单位	数量	产出	单位	数量
洗精煤	吨	681393.77	铁水（生铁液态）	吨	1057397.62
无烟煤	吨	127597.93	焦炉煤气	tce	144289.63
焦炉煤气	GJ	346651.52	焦炭显热	tce	25486.08
高炉煤气	GJ	3069086.52	烧结矿显热	tce	21019.15
电	万 kW·h	12994.15	高炉煤气	tce	198780.18
蒸汽	GJ	652876.35	高炉煤气余压	tce	16960.66
			废烟气	tce	70353.66
			热损失	tce	47027.97

注：参考《钢铁行业单位产品能耗限额国家标准应用指南》，每生产 1 吨铁水的高炉煤气和高炉煤气余压的理论产生量在修正基准温度下折合成标煤分别为 187.99kg 和 16.04kg，生产过程中炉体散热导致的热损失约占能源输入的 6.5%；排出的废烟气约占能源输入的 7.5%。

表7-3 炼铁工序能源投入折算标煤量计算结果

	洗精煤	无烟煤	焦炉煤气	高炉煤气	电	蒸汽
投入量	681393.77吨	127597.93吨	346651.52GJ	3069086.52GJ	12994.15万kW·h	652876.35GJ
折标系数	0.8967	0.6946	0.03412	0.03412	1.229	0.03412
折合数（tce）	611005.80	88629.52	11827.75	104717.23	15969.81	22276.14

②炼钢工艺流程能源消耗。转炉炼钢将铁水和少数废钢等作为原料，以石灰（活性石灰）、萤石等作为助熔剂。在炉内加入铁水和废钢后，摇直炉体进行吹氧。铁水自身的能量、氧气、煤气以及电和蒸汽是炼钢的主要能量来源。炼钢中心的能源投入产出量如表7-4所示。本工序投入能源按照相应的折标煤系数换算为标煤量，换算结果如表7-5所示。

表7-4 炼钢工序的能源投入产出量

投入	单位	数量	产出	单位	数量
铁水（生铁液态）	吨	1057397.62	钢锭	吨	1067087.84
焦炉煤气	GJ	169450.72	转炉煤气	tce	39322.19
转炉煤气	GJ	52784.07	废烟气	tce	44213.98
电	万kW·h	7452.82	烟气显热	tce	67660.49
蒸汽	GJ	220242.04	热损失	tce	25205.95
氧	万立方米	6249.22			

表7-5 炼钢工序能源投入折算标煤量计算结果

	焦炉煤气	转炉煤气	电	蒸汽	氧
投入量	169450.72GJ	52784.07GJ	7452.82万kW·h	220242.04GJ	6249.22万立方米
折标系数	0.03412	0.03412	1.229	0.03412	0.841
折合数（tce）	5781.66	1800.99	9159.52	7514.66	5255.59

③轧钢工艺流程能源消耗。轧钢中心的能源投入产出量如表7-6所示。本工序投入能源按照相应的折标煤系数换算为标煤量，结果如表7-7所示。

表7-6 轧钢工序的能源投入产出资料

投入	单位	数量	产出	单位	数量
钢锭	吨	1067087.84	钢材	吨	1000000
焦炉煤气	GJ	969306.55	加热炉废烟气	tce	20470.00
高炉煤气	GJ	245438.84	废烟气	tce	14654.89
转炉煤气	GJ	239326.42	热损失	tce	12212.41
电	万 kW·h	7209.54			
蒸汽	GJ	59575.89			

注：根据每生产1吨钢材的加热炉废气显热的理论产生量在修正基准温度下折合成标煤为20.47kg；生产过程中热损失约占能源输入的5%；排出的废烟气约占能源输入的6%。

表7-7 轧钢工序的能源投入折算标煤量计算结果

	焦炉煤气	高炉煤气	转炉煤气	电	蒸汽
投入量	969306.55GJ	245438.84GJ	239326.42GJ	7209.54 万 kW·h	59575.89GJ
折标系数	0.03412	0.03412	0.03412	1.229	0.03412
折合数（tce）	33072.74	8374.37	8165.82	8860.52	2032.73

综上计算结果，现将钢铁企业能源物质流转平衡图描述成如图7-7所示。

由于生产过程中消耗的能源种类多，且不同能源单位不同，不能简单相加，因此，以图7-7中各工序耗用能源数量为基础，统一折算为吨标准煤（tce），如表7-8所示。T钢铁企业各物量中心投入产出的吨标准煤量合计相等，符合能源平衡法则。

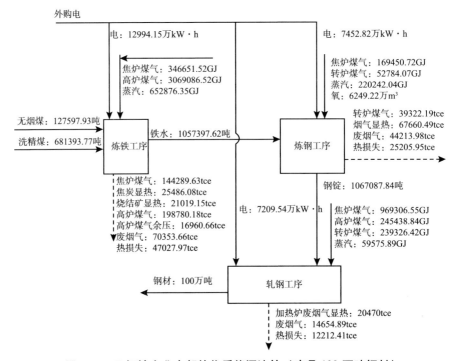

图 7 - 7　T 钢铁企业内部的物质能源流转（产品 100 万吨钢材）

表 7 - 8　T 钢铁企业输入输出能源折合的标煤量（产品 100 万吨钢材）　单位：tce

工序	输入物质	耗能	输出物质	耗能	
				正制品	负制品
炼铁	洗精煤	611005.80	铁水	330508.93	
	无烟煤	88629.52	焦炉煤气		144289.63
	焦炉煤气	11827.75	高炉煤气		198780.18
	高炉煤气	104717.23	高炉煤气余压		16960.66
	电	15969.81	焦炭显热		25486.08
	蒸汽	22276.14	烧结矿显热		21019.15
			热损失		47027.97
			废烟气		70353.66
	合计	854426.25		854426.25	

续表

工序	输入物质	耗能	输出物质	耗能	
				正制品	负制品
炼钢	铁水	330508.93	钢锭	183682.37	
	焦炉煤气	5824.94	转炉煤气		39322.19
	转炉煤气	1803.47	烟气显热		67660.49
	电	9159.48	废烟气		44213.98
	蒸汽	7532.80	热损失		25205.95
	氧	5255.37			
	合计	360084.98		360084.98	
轧钢	钢锭	183682.37	钢材	196910.82	
	焦炉煤气	33111.71	加热炉废烟气显热		20470
	高炉煤气	8383.18	废烟气		14654.89
	转炉煤气	8175.37	热损失		12212.41
	电	8860.53			
	蒸汽	2034.96			
	合计	244248.12		244248.12	

（2）HD 燃煤发电企业的物质能源消耗

HD 燃煤发电企业的生产用能主要是原煤和燃料油，为能源转换企业，原煤主要用于锅炉产汽，供汽轮机带动发电机发电。其主要物质输入、输出情况如表 7-9 所示。

表 7-9　　HD 燃煤发电企业主要经营指标与物料能源输入输出情况

类别	序号	名称	单位	数量	类别	序号	名称	单位	数量
输入	1	原煤	吨	551448.35	产品	1	生产电力	kW·h	10 亿
	2	柴油	吨	7.32		2	石膏	吨	7999.87
原料及能耗	3	燃料油	吨	27.00	废弃物	1	灰尘	吨	11330.06
	4	水	吨	233194.86		2	污水	吨	144.57
	5	电力	万 kW·h	4542.74		3	废气	吨	4923.86

按照 HD 燃煤电厂电力生产工艺流程，依次确认各生产环节的物质能源投入产出量，计算结果如图 7 - 8 所示。

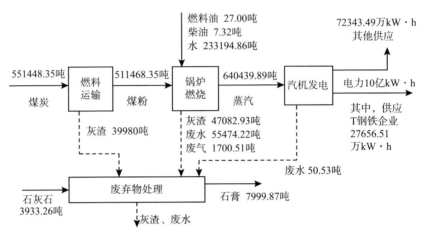

图 7 - 8　HD 燃煤发电企业内部的物质能源流转（产品 10 亿 kW·h 电力）

HD 燃煤电厂年产电能 10 亿 kW·h，其中供应给 T 钢铁企业的电力 27656.51 万 kW·h。

（3）KL 煤炭生产企业的物质能源消耗

KL 煤炭生产企业主要考虑煤炭开采和煤炭洗选加工中的物质能源消耗，勘探环节不在考虑范围之内。按企业历年平均水平，每吨煤生产需消耗原煤 17.2 吨。按照 KL 煤炭生产企业年煤炭产量 1850 万吨计算，可测算出该企业消耗原煤 31820 万吨，吨煤开采过程中电力消耗 33.7kW·h/t，洗选加工过程中电力消耗 3kW·h/t。如图 7 - 9 所示。

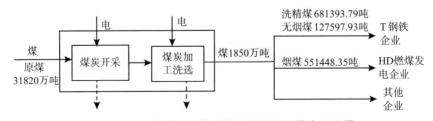

图 7 - 9　KL 煤炭企业物质能源消耗及物量中心设置

特别说明的是，案例中使用的数据是基于供应链各节点企业的现有数据直接或计算获得。由于构建的"煤—电—钢铁"供应链中，上游企业不仅给核心企业提供原料，同时也给供应链以外的企业提供原料。因此，在后续案例分析中要考虑上游企业向核心企业提供原料的比例，以此进行上游企业碳排放量及碳排放成本的分配。从供应链整体角度出发，进行"碳流—价值流"核算、评价和决策优化。本案例所探讨的供应链"碳流—价值流"决策优化，主要是对供应链上游企业的选择决策优化，择优确定，同时力争实现供应链整体的经济效益、协同效益和碳减排效益。

7.2 "煤—电—钢铁"供应链的 "碳流—价值流"核算模型应用

7.2.1 KL煤炭企业的"碳流—价值流"核算

KL煤炭企业是本书研究的"煤—电—钢铁"供应链的上游企业。KL煤炭企业年煤炭生产能力为1850万吨，每年为T钢铁企业提供约81万吨优质煤，同时也为HD燃煤发电企业提供约56万吨烟煤。煤炭运输主要通过铁路，不考虑其碳排放，运输成本计入煤炭单价中，不单独列示。

（1）碳流核算

KL煤炭开采企业年煤炭产量1850万吨，产品品种较为丰富，主要有动力煤和冶炼精煤两大类，其中冶炼精煤777万吨（42%）、贫煤407万吨（22%）、烟煤370万吨（20%）、无烟煤296万吨（16%）。按照历史平均水平，该企业煤炭开采中吨煤电力消耗33.7kW·h，洗选加工中吨煤电力消耗3kW·h，以此确定煤炭生产电耗量。本节将参照《中国煤炭生产企业温室气体排放核算方法与报告指南》（2018），采用排放因子计算法测算KL煤炭生产企业碳排放。

煤炭生产企业的碳排放主要包括燃料燃烧 CO_2 排放、火炬燃烧 CO_2 排放、CH_4 和 CO_2 逃逸排放以及净购入电力和热力隐含的 CO_2 排放。排放过程主要分为煤炭开采和洗煤加工过程。

煤炭开采过程的碳排放。煤炭开采过程的碳排放源来自煤层碳泄露和能源消费。碳排放清单分为两种，第一种是直接碳排放源，是在煤炭挖掘过程中因煤层破损导致的煤层气的泄出，从而使原来吸附在煤炭上的 CH_4 和 CO_2 等温室气体释放到空气中引起的碳排放（用 CE_{cl} 表示）。第二种是能源消费引起的碳排放（用 CE_{ec} 表示），可以分为直接碳排放和间接碳排放两小类。直接碳排放（用 DCE_{ec} 表示）是指燃烧主要以原煤、汽油、柴油等为主的化石燃料引起的碳排放，间接碳排放（用 ICE_{ec} 表示）是指开采过程中为机械提供动力的电力间接引起的碳排放。

洗煤加工过程的碳排放。煤炭在洗选过程中会发生一定量的自燃损失，煤炭自燃损失大致为开采量的 1%[208]。除此之外，洗选过程中带动洗选设备运行消耗的电力也会间接引起碳排放。中国吨煤洗选过程中的电能耗费量约为 $3kW \cdot h$（中国煤科院）[209]。同样地，碳排放也可以分类为直接碳排放（用 DCE_{ws} 表示）和间接碳排放（用 ICE_{ws} 表示）。参考罗广芳（2016）[209]对煤炭生产企业碳排放的分类与计算，具体计算公式归纳总结如表 7 - 10 所示。

表 7 - 10 　　　　　　　　　　　　煤炭开采企业的碳排放计算公式

物量中心	碳排放类别		计算公式
煤炭开采	煤层碳泄露引起的碳排放		$CE_{cl} = P_c \times EF_j \times TF_j \times GWP_j$
	能源消耗（CE_{ec}）	直接碳排放	$DCE_{ec} = C_{ffi} \times NHV_i \times cc_i \times or_i \times 44/12$
		间接碳排放	$ICE_{ec} = \sum C_{ec} \times P_c \times L_j$
煤炭洗选加工	直接碳排放		$DCE_{ws} = C_x \times NHV_i \times cc_i \times or_i \times 44/12$
	间接碳排放		$ICE_{ws} = \sum C_{ew} \times P_c \times L_j$
碳排放合计			$E = CE_{cl} + (DCE_{ec} + ICE_{ec}) + (DCE_{ws} + ICE_{ws})$

表 7 - 10 中计算公式的参数说明，如表 7 - 11 所示。

表 7 - 11 　　　　　　　　　　　　　公式参数说明

指标	含义	指标	含义
P_c	煤炭开采量	or_i	化石燃料 i 的氧化率
EF_j	温室气体 j 的排放因子	C_{ec}	吨煤开采中电力消耗量

续表

指标	含义	指标	含义
TF_j	温室气体 j 的转换因子	C_{ew}	吨煤洗选加工中电力消耗量
c_{ffi}	燃烧化石燃料 i 的数量	L_j	温室气体 j 排放系数
NHV_i	燃烧化石燃料的净热值	C_x	加工中原煤自燃的数量
cc_i	燃烧化石燃料 i 的碳含量	GWP_j	温室气体 j 排放的全球增温潜势

注：EF_j 是温室气体 j 的排放因子（见表 7 – 12）；TF_j 表示温室气体 j 的转换因子，在 20℃、1 个标准大气压的条件下，CH_4 的密度取值为 0.67 千克/立方米，CO_2 的密度取值为 0.8 千克/立方米；GWP_j 又称为温室气体 j 排放的全球增温潜势（见表 7 – 13），是每一单位重量的温室气体 j 排放的温室效应比例。

表 7 – 12　　　　　　　　　煤炭开采中碳排放影响因子

开采类型	开采深度（米）	排放因子（立方米/吨）
井下开采	< 200	10
	< 400	18
	> 400	25
露天开采	< 25	0. 3
	< 50	1. 2
	> 50	2

表 7 – 13　　　　　　　　　　温室气体的 GWP 值

GHG	GWP 缺失值（gCO_2 当量/gGHG）
CO_2	1
CH_4	23
N_2O	296

资料来源：数据取自《IPCC 第三次评估报告》。

KL 煤炭企业年开采 1850 万吨，开采方式为深度超过 400 米的地下开采，参照该企业年度平均值，原煤开采中吨煤消耗电力 33.7kW·h，吨煤消耗原煤 17.2 吨，洗选加工中平均电耗 3kW·h/t。L_j 参考值：1kW·h 电力引起的 CO_2 的排放系数是 840.1914gCO_2/kW·h，N_2O 的排放系数是 0.053352gCO_2/kW·h。KL 煤炭企业碳排放计算过程及结果如表 7 – 14 和表 7 – 15 所示。

表 7-14 KL 煤炭企业碳排放分类及计算

碳排放类别			计算过程
煤炭开采	煤层碳泄露引起的碳排放		
		CO_2 逃逸	$1.85 \times 10^7 \times 25 \times 0.8 = 3.7 \times 10^8$（$kgCO_2$）
		CH_4 逃逸	$1.85 \times 10^7 \times 25 \times 0.67 \times 23 = 71.27125 \times 10^8$（$kgCO_2$）
	能源消耗	直接碳排放（动力燃煤消耗） CO_2 排放	$17.2 \times 1.85 \times 10^7 \times 20908 \times 25.8 \times 10^{-6} \times 44/12 = 6.29367 \times 10^8$（$kgCO_2$）
		间接碳排放（电力消耗） CO_2 排放	$33.7 \times 1.85 \times 10^7 \times 840.1914 \times 10^{-3} = 5.23817 \times 10^8$（$kgCO_2$）
		N_2O 排放	$33.7 \times 1.85 \times 10^7 \times 0.053352 \times 10^{-3} \times 296 = 0.09846 \times 10^8$（$kgCO_2$）
	小计		86.60155×10^8（$kgCO_2$）
煤炭洗选加工	直接碳排放（煤炭自燃） CO_2 排放		$1.85 \times 10^7 \times 1\% \times 20908 \times 25.8 \times 10^{-6} \times 44/12 = 0.003659 \times 10^8$（$kgCO_2$）
	间接碳排放（电力消耗）	CO_2 排放	$3 \times 1.85 \times 10^7 \times 840.1914 \times 10^{-3} = 0.466306 \times 10^8$（$kgCO_2$）
		N_2O 排放	$3 \times 1.85 \times 10^7 \times 0.053352 \times 10^{-3} \times 296 = 0.008765 \times 10^8$（$kgCO_2$）
	小计		0.466338×10^8（$kgCO_2$）
碳排放合计			87.0679×10^8（$kgCO_2$）
单位吨煤碳排放量			470.63722（$kgCO_2/t$）

表 7-15 KL 煤炭企业的年碳排放量

	碳排放			单位吨煤碳排放量（$kgCO_2/t$）
	开采过程（$kgCO_2$）	洗选加工过程（$kgCO_2$）	合计（$kgCO_2$）	
KL 煤炭企业	86.60155×10^8	0.466338×10^8	87.0679×10^8	470.63722
	范围 1（$kgCO_2$）	范围 2（电力消耗）（$kgCO_2$）		合计（$kgCO_2$）
KL 煤炭企业	81.25619×10^8	5.811701×10^8		87.0679×10^8

由表 7-15 可知，KL 煤炭企业在煤炭开采环节产生的碳排放占企业总

排放的 99.46%。在煤炭生产环节主要的碳排放来源为煤层气。因此，KL
煤炭企业在煤炭生产环节减少碳排放的重点就是减少煤层气的直接排放量，
而煤层气排入大气中的量主要取决于煤的原始煤层气含量、煤炭的开采量
及煤炭企业对所排放煤层气的处理量[210-212]。

（2）价值流核算

根据前述成本项目的分类，归集 KL 煤炭企业成本，如表 7-16 所示。

表 7-16　　　　　　　KL 煤炭生产企业成本汇总（年数据）

成本项目	类别	金额（万元）	吨煤成本（元/吨）
材料成本	材料	87820.43	47.47
能源成本	电力	46336.95	25.05
系统成本	人工成本	366300	198
	设备折旧	85256.33	46.08
	安全生产费	138919.28	75.09
	维简费	17307.68	9.36
	其他	173809.35	93.95
合计		915750	495

由于煤炭企业的材料消耗主要为原煤，其实质也是一种能源。能源的
消耗与碳排放密切相关，因此，对于煤炭企业的各项目成本分类按照材料
（煤炭）正负制品比例进行分配。该企业吨煤生产消耗原煤 17.2 吨，煤炭
年产量 1850 万吨，消耗原煤 31820 万吨，大部分原煤形成石子煤、灰渣或
煤泥等，这部分视为废弃物。则正制品（煤炭）的重量比例为 5.814%，
废弃物所占比重高达 94.186%。KL 煤炭企业的碳排放内部损失成本的计
算如表 7-17 所示。

（3）"碳流—价值流"融合核算

结合前面的碳排放和价值流的核算结果，绘制 KL 煤炭企业的"碳
流—价值流"二维分析的矩阵，如表 7-18 所示。

表 7 - 17　　　　　　　　KL 煤炭生产企业内部资源流成本计算　　　　单位：万元

项目分类		成本项目	金额
		材料成本	87820. 43
		系统成本	781592. 63
		能源成本	46336. 95
		合计	915750. 00
正制品分配百分比			5. 814%
负制品分配百分比			94. 186%
正制品成本		材料成本	5105. 88
		系统成本	45441. 80
		能源成本	2694. 03
		小计	53241. 71
碳排放内部损失成本	负制品成本	材料成本	82714. 55
		系统成本	736150. 83
		能源成本	43642. 92
		小计	862508. 30
	碳排放处理成本		210. 00
	合计		862718. 30

表 7 - 18　　　　　　　　　　KL 企业层面碳会计矩阵　　　　　　　单位：万元

产品或损耗项目		金额
产品（合格品）	原材料成本	5105. 88
	系统成本	45441. 80
	能源成本	2694. 03
原材料损耗 （内部负担环境损耗）	原材料成本	82714. 55
	系统成本	736150. 83
	能源成本	43642. 92
	碳排放处理成本	210. 00
	成本合计	862718. 30

续表

产品或损耗项目		金额
CO_2 排放量 （外部负担环境损耗）	范围 1 排放（tCO_2）	8125619
	范围 2 排放（tCO_2）	581170.10
	范围 3 排放（tCO_2）	35703058
CO_2 排放量合计		44409847.10

范围 3 排放一般包括 15 个类别。每个类别的排放量按照该类别活动量（活动水平）与排放强度相乘而得，而 KL 煤炭企业范围 3 排放合计就是各类别排放量之和，若不存在某类别活动，就不需要进行该类别排放量的计算。排放强度水平（每活动的 CO_2 排放量）可以为实测值，也可以从现有数据库中选择并使用。目前，中国 CLCD 数据库已包含多种单元过程和产品类别的环境影响清单以及电力 GHG 排放因子等数据，可供选择使用。本书中范围 3 排放的计算均是参考选用日本环境省发布的"排放强度单位数据库"中的相关数据而实现的。

7.2.2　HD 燃煤发电企业的"碳流—价值流"核算

HD 燃煤发电企业（HD 发电企业）是本书研究的"煤—电—钢铁"供应链的上游企业。HD 发电企业年产电力 10 亿千瓦·小时，对该企业设置燃料运输、锅炉燃烧、汽机发电、废弃物处理四个物量中心。

HD 燃煤发电企业有 2 个已投产的以烟煤为原料设计的燃煤发电机组，烟煤需求量大约为 60 万吨。中国煤炭按照煤化程度从低到高依次可分为褐煤、烟煤和无烟煤。烟煤的煤化程度居中，具有粘结性，燃烧时火焰高而有烟。烟煤的种类很多，如贫煤、贫瘦煤、瘦煤、焦煤、长焰煤、肥煤、气煤等。按用途分，烟煤可分为动力用煤（如贫煤、长焰煤、不黏煤）和炼焦用煤（如瘦煤、焦煤、肥煤、1/3 焦煤、气煤、1/2 中黏煤等）。目前用于发电的动力煤主要为无烟煤、烟煤和褐煤。HD 燃煤发电企业的发电机组目前采用的是以贫煤为主的配煤掺烧方式，选用的是多个品种煤混合配置成接近锅炉设计煤质。HD 燃煤企业的煤炭混合掺混比例为：75% 贫煤，20% 烟煤和 5% 无烟煤。

（1）碳流核算

碳流核算方法通常分为两类，第一类是实测法，根据实测的原料、燃料、产品等含碳量，将生产现场的原料、燃料、产品的实际消耗数量乘以对应的含碳量，即可追踪计算出企业内部各节点的碳元素质量，了解碳元素的动态变化；第二类是计算法，有两种计算方式：排放因子法和物料平衡法。

排放因子法，各种能源、含碳原料碳含量可以为各种能源、含碳原料的低位发热量与相应的单位热值含碳量的乘积，也可以根据各种能源、含碳原料的碳排放因子乘以 12/44 进行换算而求得。

含碳原料、能源碳元素质量 = 实际消耗量 × （质量百分比）含碳量

$$(7-1)$$

物料平衡法是追踪至企业内部生产工艺流程的一种方法，它基于各环节输入输出的原料、能源含碳量平衡而计算，先测算出输入端原料、能源的碳元素质量以及输出端碳元素质量，再将两者相减，其差额就是该环节的二氧化碳的碳元素质量。

$$C_{CO_2} = C_{in} - C_{out}$$
$$C_{in} = \sum (M_{in} \times CC_{in})$$
$$C_{out} = \sum (M_{out} \times CC_{out}) \qquad (7-2)$$

公式（7-2）中，C_{in} 表示输入端碳元素质量；M_{in} 表示物料（含碳原料、能源）的输入量；CC_{in} 表示输入物料（含碳原料、能源）的含碳量；M_{out} 表示物料输出量；CC_{out} 表示输出物料的含碳量；C_{CO_2} 表示二氧化碳排放的碳元素质量。

企业中各物量中心的碳平衡是建立在物料平衡的基础之上的，但它又不完全相同于物料平衡，因为部分物料中不含有碳，或者碳含量几乎为零，去除掉这些不含碳物料，可以计算碳平衡。

本节将综合物料平衡法和排放因子法，计算 HD 燃煤发电企业的碳素流。为了保证供煤的稳定性和燃烧经济性，HD 燃煤发电企业选择的是多种原煤混合掺烧。该企业物质与能源流量如表 7-19 所示。

表 7 - 19　　　　　　　　　HD 燃煤发电企业物质与能源流量

		燃料中心	锅炉中心	汽机发电	废弃物处理
投入	煤炭	551448.35 吨			
	煤粉		511468.3 吨		
	燃料油		27.00 吨	231.06 吨	
	柴油		7.32 吨		
	水		233194.86 吨		
	蒸汽			640439.89 吨	
	石灰石				3933.26 吨
合格品	煤粉	511468.35 吨			
	蒸汽		640439.89 吨		
	电力			10 亿 kW·h	
	石膏				7999.87 吨
合格率		92.75%	86%	99.6%	76%
废弃物	灰、渣	39980 吨	47082.93 吨		33653.18 吨
	废水		55474.22 吨	50.53 吨	
	废气		1700.51 吨		
废弃率		7.25%	14%	0.4%	24%

从表 7 - 19 中可知，燃煤运输中心产生的废弃物主要为灰渣 39980 吨；锅炉燃烧中心的废弃物包括灰渣 47082.93 吨，废水 55474.22 吨，废气 1700.51 吨；汽机发电中心的废弃物为产生废水 50.53 吨，上述中心的废弃物全部转入废弃物处理中心进行处理，则：

转入废弃物量 = 39980 + 47082.93 + 55474.22 + 1700.51 + 50.53 = 144288.2 （吨）

废弃物处理中心投入石灰石 3933.26 吨，产生石膏 7999.87 吨。因此，可以推算出废弃物处理中心处理的废弃物总量 = 3933.26 + 144288.2 - 7999.87 = 140221.6 吨。经过现场调研，得出废弃物处理中心的综合废弃物处理率为 76%，也就是经过处理后还有 24% 的废弃物将最终被废弃，则废弃物处理中心的最终废弃物为 33653.18 吨。各物量中心自用电量如表 7 - 20 所示。

表7-20 HD 燃煤发电企业各物量中心自用电量 单位：万 kW·h

	燃料中心	锅炉中心	汽机发电	废弃物处理	合计
自用电量	681.355	1181.128	2044.264	635.991	4542.38

根据上述表7-19和表7-20中企业数据，对 HD 燃煤发电企业的输入输出能源物质进行碳元素含量的计算，结果如表7-21所示。

表7-21 HD 燃煤发电企业输入输出碳含量计算结果

含碳原料、能源名称			消耗量	低位发热量 GJ/t	单位热值含碳量 C/GJ	碳排放因子	换算系数	含碳量	折合的碳含量 tC
燃煤运输	输入	煤（吨）	551448.35						
		其中：							
		贫煤	413586.30	23.74	0.02618				257049.30
		烟煤	110289.70	24.71	0.02618				71347.25
		无烟煤	27572.42	26.12	0.02749				19798.07
		电（MW·h）	6813.55			0.5257	12/44		976.88
	输出	煤粉（吨）	511468.35	20.908	0.0273				291940.20
		煤矸石（吨）	39980.00	12.5448	0.02942				14755.34
		CO_2							42475.97
锅炉燃烧	输入	煤粉（吨）	511468.35						291940.20
		燃料油（吨）	27.00	41.816	0.0211				23.82
		柴油（吨）	7.32	42.652	0.0202				6.31
		水（吨）	233194.86			0.00021	12/44		13.36
		电（MW·h）	11811.28			0.5257	12/44		1693.42
	输出	蒸汽（吨）	640439.89			0.3160	12/44		55194.27
		灰渣（吨）	47082.93					0.16	7533.27
		废水（吨）	55474.22			0.00021	12/44		3.18
		CO_2							230946.40

续表

含碳原料、能源名称		消耗量	低位发热量 GJ/t	单位热值含碳量 C/GJ	碳排放因子	换算系数	含碳量	折合的碳含量 tC
汽机发电	输入 蒸汽（吨）	640439.89						55194.27
	电（MW·h）	20442.64			0.5257	12/44		2930.92
	燃料油（吨）	231.06	41.816	0.0211				203.87
	输出 电力（MW·h）	1000000			0.5257	12/44		143372.73
	废水	50.53			0.00021	12/44		0.0029
废弃物处理	输入 石灰石	3933.26			0.440	12/44		471.99
	灰渣	87062.93						22288.61
	电（MW·h）	6359.91			0.5257	12/44		911.84
	输出 石膏	7999.87						—
	灰渣	17412.59					0.16	2786.01
	CO_2							20886.43

注：锅炉灰渣的含碳量按16%计算。汽机发电中心自用电20442.64MW·h，产生电力1000000MW·h，本中心的电力净增加量为979557.36MW·h。则输出端电力产品的含碳量为143372.73−2930.92=140441.81（tC）。即汽机发电中心的净购入电量为零，因此可以不考虑这部分碳排放。

根据碳元素守恒原理，每个物量中心的碳元素流均处于平衡状态。如表7−22所示。

表7−22　　　　HD燃煤发电企业各物量中心的碳含量比例分析

		燃煤运输	锅炉燃烧	汽机发电	废弃物处理
输入	上步转入正制品的含碳量（tC）		291940.20	55194.27	22288.61
	本步投入含碳量（tC）	349171.50	1736.91	2930.92	1383.83
	合计（tC）	349171.50	293677.1	58125.19	23672.44

续表

		燃煤运输	锅炉燃烧	汽机发电	废弃物处理
输出	正制品含碳量（tC）	291940.20	55194.27	140441.81	2786.01
	废弃物含碳量（tC）	57231.31	238482.80	0	20886.43
	CO_2 含碳量（tC）	42475.97	230946.40	0	20886.43
	正制品碳有效利用率	83.61%	18.79%	100%	11.77%
	废弃物碳损失率	16.39%	81.21%	0	88.23%
	CO_2 排放碳损失率	12.16%	78.64%	0	88.23%

由表 7 - 22 所示，HD 燃煤发电企业的各物量中心碳损失率依次为：燃煤运输 16.39%，锅炉燃烧 81.21%，废弃物处理 88.23%，汽机发电环节没有碳损失。图 7 - 10 更直观地显示了各物量中心碳利用和碳损失情况。这些数据说明锅炉燃烧环节碳损失率很高，产生了大量的 CO_2，需要重点关注治理[213]。

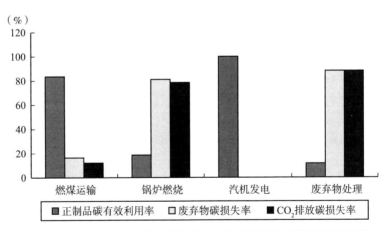

图 7 - 10　HD 燃煤发电企业各物量中心的碳利用和碳损失程度分析

（2）价值流核算

HD 燃煤发电企业的价值流核算按照成本项目进行归集和分配[214]，具体思路和方法可参照 T 钢铁企业的价值流核算。与前面的 T 钢铁企业分析相同，HD 燃煤发电企业的外购原料煤炭也被视为能源，与其他能源放在一起进行分配，不计入材料成本。因此，除了计入能源成本的外购煤炭以外，

HD 燃煤发电企业的材料投入数量比较少，主要包括石灰石、化学剂、金属和非金属材料。材料成本所占各物量中心的比重也相对较小。为了简化核算，不再单列材料成本项目，而是把这些材料成本并入到系统成本中。

①HD 燃煤发电企业能源成本和系统成本的归集与分配。HD 燃煤发电企业只核算能源成本和系统成本，相关成本项目归集如表 7 - 23 和表 7 - 24 所示。系统成本是根据该企业财务会计核算过程中记录在各物量中心的成本费用进行归集的结果。依照不同的成本项目，选择相应的分配标准。

表 7 - 23　　　　　HD 燃煤发电企业能源成本计算结果（年数据）

物量中心			单价	燃煤输送	锅炉燃烧	汽机发电	废弃物处理
能源成本	煤炭	使用量（吨）	525（元/吨）	551448.35			
		金额（万元）		28951.04			
	电	使用量（万度）	0.83（元/度）	681.36	1181.13	2044.26	635.99
		金额（万元）		565.52	980.34	1696.74	527.87
	燃料油	使用量（吨）	3580（元/吨）		27.00	231.06	
		金额（万元）			9.67	82.72	
	柴油	使用量（吨）	8269（元/吨）		7.32		
		金额（万元）			6.05		
	水	使用量（吨）	0.5（元/吨）		233194.86		
		金额（万元）			11.66		
	合计（万元）			29516.56	1007.72	1779.46	527.87

表 7 - 24　　　　　HD 燃煤发电企业系统成本计算结果（年数据）　　　　单位：万元

	物量中心	燃煤输送	锅炉燃烧	汽机发电	废弃物处理	小计
系统成本	薪酬费用	137.74	238.75	413.23	128.55	918.28
	折旧费用	1303.57	2259.50	3910.68	1216.35	8690.11
	维保费用	164.01	284.28	492.02	153.07	1093.38
	其他	624.78	1082.94	1874.32	508.12	4090.17
	合计	2230.11	3865.47	6690.26	2006.10	14791.94

　　HD 燃煤发电企业向上游 KL 煤炭生产企业购买的贫煤、烟煤和无烟煤，均应按照市场购买价格和购买数量进行计算煤炭成本。表中 7 – 23 给定的煤炭单价，是煤炭的实际加权平均单价，以此为计算单价，简化计算工作量。

　　HD 燃煤发电企业按照各物量中心的正制品碳有效利用率和废弃物碳损失率（见表 7 – 22）对能源成本进行分配，分配结果如表 7 – 25 所示。

表 7 – 25　　　　HD 燃煤发电企业各物量中心能源流成本分配计算结果　　　单位：万元

项目分类	燃煤输送	锅炉燃烧	汽机发电	废弃物处理
本物量中心投入	29516.56	1007.72	1779.46	527.87
上一物量中心转入	—	24678.80	4826.50	1907.45
合计	29516.56	25686.52	6605.96	2435.32
正制品碳有效利用	83.61%	18.79%	100%	11.77%
负制品碳损失	16.39%	81.21%	—	88.23%
正制品能源成本	24678.80	4826.50	6605.96	286.64
负制品能源成本	4837.76	20860.02	—	2148.68
其中灰渣	1248.55	658.90		
废气（CO_2）	3589.21	20199.77		
废水	—	1.35		

　　对于系统成本的分配，HD 燃煤发电企业按照各物量中心正负制品的物料消耗重量比例进行分配。分配结果如表 7 – 26 所示。

表 7 – 26　　　　　　HD 燃煤发电企业系统成本分配计算结果　　　　单位：万元

项目分类	成本项目	燃煤输送	锅炉燃烧	汽机发电	废弃物处理
本中心投入	系统成本	2230.11	3865.47	6690.26	2006.10
上一中心转入	系统成本	—	2068.43	5103.15	897.97
系统成本小计		2230.11	5933.90	11793.41	2904.07
正制品分配		92.75%	86%	99.6%	76%
负制品分配		7.25%	14%	0.4%	24%
正制品系统成本		2068.43	5103.15	11746.24	2207.10
负制品系统成本		161.68	830.75	47.17	696.98
其中灰渣		161.68	736.29	—	

结合能源成本和系统成本的分配结果,绘制出 HD 燃煤发电企业的(碳)价值流图,可直观地反映遵循碳流路线的(碳)价值的流转,如图 7-11 所示。

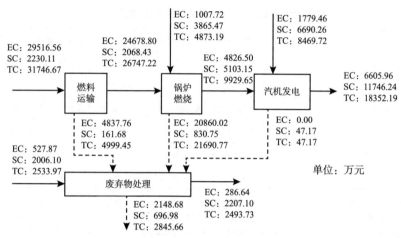

图 7-11　HD 燃煤发电企业内部的碳价值流转(产品 10 亿 kW·h 电力)

注:EC 表示能源成本;SC 表示系统成本;TC 表示总成本。

汇总计算 HD 燃煤发电企业各物量中心的碳排放内部损失成本,结果如表 7-27 所示。

表 7-27　　HD 燃煤发电企业各物量中心碳排放内部损失成本计算　　单位:万元

	项目分类	成本项目	燃煤输送	锅炉燃烧	汽机发电	废弃物处理	合计
碳排放内部损失成本	负制品成本	能源成本	4837.76	20860.02	—	2148.68	27846.47
		系统成本	161.68	830.75	47.17	696.98	1736.58
		小计	4999.45	21690.77	47.17	2845.66	29583.05
	碳排放处理成本		26.70	62.60	6.18	13.50	108.98
	合计		5026.15	21753.37	53.35	2859.16	29692.03

②计算 HD 燃煤发电企业各物量中心的外部环境损害。HD 燃煤发电企业生产过程中会产生大量的废弃物,如底灰、飞灰、污泥、SO_X、NO_X、TSP、CO_2 等。基于本书是以碳流分析为基础计算其价值流转,主要考虑企

业碳排放的外部环境损害。参照表 7 - 22 中各物量中心废弃物中 CO_2 排放含碳量，按照 C 和 CO_2 的分子量比进行折算，从而确定各物量中心的碳排放量，结果如表 7 - 28 所示。

表 7 - 28　　　　　HD 燃煤发电企业各物量中心的碳排放计算结果

	燃煤输送	锅炉燃烧	汽机发电	废弃物处理	合计
CO_2 排放含碳量（tC）	42475.97	230946.40	—	20886.43	42475.97
折算系数	44/12				
CO_2 排放（tCO_2）	155745.22	846803.47	10744.40	76583.58	155745.22
CO_2 净排放（tCO_2）	155745.22	846803.47	—	76583.58	155745.22
其中：范围 1 排放	152163.33	840594.26	—	73240.16	1055253.36
范围 2 排放	3581.89	6209.21	—	3343.41	23878.91

注：HD 燃煤发电企业的燃煤运输、锅炉燃烧、汽机发电和废弃物处理四个物量中心自耗电量分别为 681.355 万 kW·h、1181.128 万 kW·h、2044.264 万 kW·h、635.991 万 kW·h。依据外购耗电量乘以电力 CO_2 排放因子 0.5257tCO_2/MW·h 的乘积可得外购电力产生的碳排放，即范围 2 排放，电力 CO_2 排放因子参照国家主管部门公布的 2012 年华中区域电网平均 CO_2 排放因子参考值。但汽机发电中心，虽然有使用外购电力 2044.264 亿 kW·h，这部分外购电力产生的碳排放 10744.4tCO_2。但由于该中心，自己产生电力，这部分电力产品的碳含量可以用于全部抵减输入端碳排放，因此，汽机发电中心的电力净购入量为零，CO_2 净排放也为零。

由表 7 - 28 可以看出，锅炉燃烧物量中心的 CO_2 量损失最大，其次为燃煤输送物量中心，企业应该重点关注这两个物量中心的节能减排。

（3）绘制"碳流—价值流"二维分析矩阵

综合表 7 - 27 和表 7 - 28 的计算结果，表 7 - 29 绘制 HD 燃煤发电企业的碳会计矩阵来整体展示企业的"碳流—价值流"核算结果。

表 7 - 29　　　　　　　HD 燃煤发电企业碳会计矩阵　　　　　单位：万元

物量中心产品或损耗项目		燃煤运输	锅炉燃烧	汽机发电	废弃物处理	小计
产品 （合格品）	能源成本	24678.80	4826.50	6605.96	286.64	6605.96
	系统成本	2068.43	5103.15	11746.24	2207.10	11746.24
	成本小计	26747.23	9929.65	18352.20	2493.74	18352.20

续表

物量中心产品或损耗项目		燃煤运输	锅炉燃烧	汽机发电	废弃物处理	小计
原材料损耗（内部负担环境损耗）	能源成本	4837.76	20860.02	—	2148.68	27846.47
	系统成本	161.68	830.75	47.17	696.98	1736.58
	碳排放处理成本	26.70	62.60	6.18	13.50	108.98
	成本小计	5026.14	21753.37	53.35	2859.16	29692.03
CO_2 排放量（外部负担环境损耗）	范围 1 排放（tCO_2）	152163.33	840594.26	—	73240.16	1055253.36
	范围 2 排放（tCO_2）	3581.89	6209.21	—	3343.41	23878.91
	范围 3 排放（tCO_2）	7013177				7013177
CO_2 排放量合计		—				8092309.27

注：HD 煤电企业的范围 3 排放的计算同前述 KL 煤炭企业，具体计算方法及公式见附录 4。

7.2.3　T 钢铁企业的"碳流—价值流"核算

T 钢铁企业是本案例中"煤—电—钢铁"供应链的核心企业。根据图 7-7 可知年产量 100 万吨钢材时，T 钢铁企业的能源消耗品种和数量。以此为基础开展碳流和价值流核算。

（1）碳流核算

根据 T 钢铁企业的各物量中心的含碳原料、能源的投入产出消耗量，换算成含碳元素质量，并计算确定每个物量中心的碳有效利用率和废弃物碳损失率[215]。这两个分配率将作为各物量中心碳价值的分配标准。本书采用了两种计算方式来计算各项原料、能源的含碳量[216]。第一种方式：含碳量 = 能源实际消耗量×低位发热量×单位热值含碳量；第二种方式：含碳量 = 能源实际消耗量×碳排放因子×12/44。具体选择则根据数据取得而定，计算过程及结果如表 7-30 所示。

表 7 - 30　　　　T 钢铁企业炼铁物量中心输入输出碳含量计算结果

含碳原料、能源名称		消耗量单位	消耗量	低位发热量 GJ/t 或 GJ/万 Nm³	单位热值含碳量 tC/GJ	碳排放因子	换算系数	折合的碳含量 tC
输入	洗精煤	吨	681393.77	26.33	0.0254	—	12/44	455952.56
	无烟煤	吨	127597.93	26.12	0.0275	—	—	91620.27
	焦炉煤气	万 Nm³	2073.27	179.81	0.0136	—	—	5062.56
	高炉煤气	万 Nm³	8142.86	33.00	0.0708	—	—	19024.99
	电	MW·h	12994.15	—	—	0.5257	12/44	18630.07
	蒸汽	MW·h	181254.19	—	—	0.361 *①	12/44	17845.30
输入量合计								608135.74
输出	铁水（生铁液态）	吨	1057397.62	—	—	0.172	12/44	49601.56
	焦炉煤气	万 Nm³	2525.19	179.81	0.0136	—	—	6166.07
	高炉煤气	万 Nm³	15457.25	33.00	0.0708	—	—	36114.31
	CO₂							516253.80
输出量合计								608135.74

根据碳元素守恒原理，每个物量中心的碳元素流均处于平衡状态。如表 7 - 30 所示，炼铁物量中心的输入端含碳原料、能源折算的含碳元素合计等于输出端中间产品铁水和含碳废弃物折算的含碳元素合计。以炼铁物量中心为例，T 钢铁企业投入并消耗 681393.77 吨洗精煤，参考国家标准《温室气体核算和报告指南第 5 部分钢铁生产企业》给定的低位发热量、单位热值含碳量等参照值，计算求得洗精煤的含碳量 = 681393.77 × 26.334 × 0.02541 = 455952.6tC；同样，无烟煤的含碳量 = 127597.93 × 26.12 × 0.02749 = 91620.27tC；焦炉煤气换算单位 0.01672GJ/m³，投入的

① 蒸汽、氧气、压缩空气、水等称为动力介质，都以电力作为计算标准，统一折算为电力消耗，再乘以排放因子 0.361tCO₂/WM·h，就可以得到碳排放量。再通过乘以 12/44 折算成碳含量。

346651.52GJ 焦炉煤气换算成 2073.27 × 10⁴Nm³；同理，高炉煤气换算单位 0.001286tce/m³，投入的 104717.23 吨高炉煤气换算成 8142.86 × 10⁴Nm³，参考国家给定的低位发热量、单位热值含碳量等数值。

计算焦炉煤气含碳量 = 2073.27 × 10⁴Nm³ × 179.81 × 0.01358 = 5062.56（tC）；

高炉煤气含碳量 = 8142.86 × 10⁴Nm³ × 33 × 0.0708 = 19024.99（tC）；

投入的电力，参照国家主管部门公布的 2012 年华中区域电网平均 CO_2 排放因子为 0.5257tCO_2/MW·h，又由于 C 和 CO_2 的转换比率是其分子量之比，因此，计算投入电力的含碳量 = 12994.149 × 0.5257 × 12/44 = 18630.07tC；炼铁中心还投入了蒸汽，蒸汽属于动力介质，以其消耗的电力作为计算依据。该中心投入蒸汽 22276.14tce，按照电力折标煤系数 0.1229kgce/kW·h。

将其折算为电力 = 22276.14/0.1229 = 181254.19（MW·h）；

然后折算为含碳量 = 181254.19 × 0.361 × 12/44 = 17845.3（tC）；

综上计算，可以得到输入端含碳量合计为 608135.74tC；输出端的铁水（液态生铁）采用生铁含碳原料的碳排放因子进行含碳量核算，产出的 1057397.62 吨铁水（液态生铁）的含碳量 = 1057397.62 × 0.172 × 12/44 = 49601.56tC；排放的焦炉煤气、高炉煤气计算的含碳量分别为 6166.07tC 和 36114.31tC。因为主要考虑碳排放这一外部环境影响，所以本物量中心产生其他含碳废弃物排放统一进行计算，视为 CO_2 排放，则本物量中心产生的 CO_2 的含碳量 = 608135.74 − 49601.56 − 6166.07 − 36114.31 = 516253.8（tC）。

同理，按照上述碳元素含量方法可以计算出炼钢、轧钢中心的输入端能源物质碳含量以及输出端产品或废弃物的碳含量，如表 7 - 31 和表 7 - 32 所示。

根据碳元素守恒原理，每个物量中心的碳元素流图如图 7 - 12 所示。

依据表 7 - 30、表 7 - 31 和表 7 - 32 中相关数据，确定各物量中心的碳有效利用率和碳损失率，如表 7 - 33 所示。

表 7 – 31　　　　T 钢铁企业炼钢物量中心输入输出碳含量计算结果

含碳原料、能源名称		消耗量单位	消耗量	低位发热量 GJ/t 或 GJ/万 Nm³	单位热值含碳量 tC/GJ	碳排放因子	换算系数	折合的碳含量 tC
输入	铁水（液态生铁）	吨	1057397.62	—	—	0.172	12/44	49601.56
	焦炉煤气	万 Nm³	1013.46	179.81	0.0136	—	—	2474.69
	转炉煤气	万 Nm³	900.75	84.00	0.0496	—	—	3752.89
	电	MW·h	74528.22	—	—	0.526	12/44	10685.31
	蒸汽	MW·h	61292.11	—	—	0.361	12/44	6034.49
	氧	MW·h	42761.35	—	—	0.361	12/44	4210.05
输入量合计								76758.99
输出	钢锭	吨	1067087.84	—	—	0.015	12/44	4481.77
	转炉煤气	万 Nm³	19.67	84.00	0.0496			81.92
	CO₂							72195.31
输出量合计								76758.99

表 7 – 32　　　　T 钢铁企业轧钢物量中心输入输出碳含量计算结果

含碳原料、能源名称		消耗量单位	消耗量	低位发热量 GJ/t 或 GJ/万 Nm³	单位热值含碳量 tC/GJ	碳排放因子	换算系数	折合的碳含量 tC
输入	钢锭	吨	1067087.84	—	—	0.015	12/44	4481.77
	转炉煤气	万 Nm³	4084.07	84.00	0.0496	—	—	17015.86
	焦炉煤气	万 Nm³	5797.29	179.81	0.0136	—	—	14155.93
	高炉煤气	万 Nm³	651.88	33.00	0.0708	—	—	1523.05
	电	MW·h	72095.41	—	—	0.526	12/44	10336.52
	蒸汽	MW·h	16557.85	—	—	0.361	12/44	1630.20
输入量合计								49143.33
输出	钢材	吨	1000000	—	—	0.015	12/44	4200.00
	CO₂							44943.33
输出量合计								49143.33

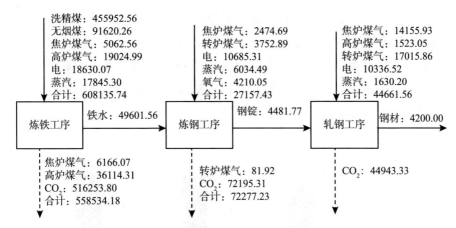

图 7 – 12　T 钢铁企业内部的碳素流 (产品 100 万吨钢材) 单位：tC

表 7 – 33　　　　　　　T 钢铁企业各物量中心的碳含量比例分析

		炼铁	炼钢	轧钢	企业整体
输入	上步转入正制品的含碳量 (tC)		49601.56	4481.77	—
	本步投入含碳量 (tC)	608135.74	27157.43	44661.56	679954.73
	合计 (tC)	608135.74	76758.99	49143.33	—
输出	正制品含碳量 (tC)	49601.56	4481.77	4200.00	
	废弃物含碳量 (tC)	558534.18	72277.23	44943.33	675754.74
	其中：CO_2 含碳量 (tC)	516253.80	72195.31	44943.33	633392.44
	正制品碳有效利用率	8.16%	5.84%	8.55%	—
	碳损失率	91.84%	94.16%	91.45%	—
	CO_2 含碳损失率	84.89%	94.05%	91.45%	—

由表 7 – 33 所示，T 钢铁企业的各物量中心碳有效利用率依次为：轧钢工序 8.55%，炼铁工序 8.16%，炼钢工序 5.84%。这些数据说明 T 钢铁企业的碳有效利用率较低，尤其是炼钢和炼铁环节，产生了大量的 CO_2，占碳总排放量的比重高达 94.16%。因此，T 钢铁企业的炼铁和炼钢工序将是企业重点节能减排的关键环节。

根据表 7 – 33 的计算结果绘制图 7 – 13，图 7 – 13 显示了各物量中心碳元素的有效利用和损失程度。总体上，T 钢铁企业的各物量中心的碳有效利用率很低,其中,炼钢车间的碳有效利用率最低。从图中可以发现,各物量中心的废弃物碳损失率中,CO_2 排放的碳损失率占了绝对比重。也正好说明企业中的碳损失绝大部分最终表现为 CO_2 排放。因此,有效地针对各个工序的碳排放点采取节能减排措施,提高 T 钢铁企业各环节的碳利用率,可以大大减少企业的 CO_2 排放[217 - 219]。

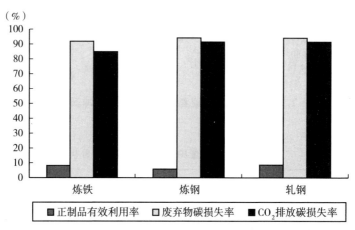

图 7 – 13　T 钢铁企业各物量中心的碳利用和碳损失

(2) 价值流核算

T 钢铁企业针对不同的投入,将企业内部投入区分为材料成本、能源成本、系统成本,分别进行汇总和分配,对不同的投入成本采用不同的分配原则。第一,能源成本的产生与能源消耗、碳排放密切相关,能源成本依据碳流路线及各物量中心正负制品的含碳量比例进行分配;第二,对材料成本,根据正负制品所耗材料的重量比例进行分配,系统成本的分配原则同材料成本,辅料成本全部计入负制品成本,不需要在正负产品之间进行分配。

①能源流成本。将生产过程中的能源物质流作为根据,把投入的能源物质(如原料外购煤,将外购煤和能源放在一起作为能源来核算)消耗量与相应的能源物质市场单价相乘,得到各物量中心新投入能源成本。其中,T 钢铁企业向 KL 煤炭企业购买的燃煤以及向 HD 燃煤发电企业购入的电,均按照实际购买单价和数量计算成本。由此可见,上游供应企业提供的煤、电单价的变化,将直接影响到下游 T 钢铁企业的能源成本。将新投入各种

能源及外购煤的成本进行汇总，可以得到 T 钢铁企业物量中心的投入端能源成本，然后根据物量中心输出端正制品碳有效利用率和废弃物碳损失率（表 7 - 33）计算出输出端正制品碳有效利用能源成本和废弃物碳排放内部损失能源成本；上一物量中心的正制品碳有效利用成本转入下一物量中心，依次结转，最后汇总进入产成品。动态地显示能源在生产过程中的价值变化。T 钢铁企业能源成本汇总如表 7 - 34 所示，能源成本分配过程及结果如表 7 - 35 所示。

表 7 - 34　　　T 钢铁企业各物量中心能源流成本汇总（年数据）　　单位：万元

成本项目	明细类别	炼铁	炼钢	轧钢	合计
能源成本	煤	55830.90	—	—	55830.90
	焦炉煤气	943.60	464.83	2642.31	4050.74
	高炉煤气	8356.44	143.92	668.98	9169.34
	转炉煤气	1274.39	730.93	652.39	2657.71
	电	1777.64	419.38	707.07	2904.09
	蒸汽	55830.90	601.12	162.39	56594.41
	氧	943.60	464.83	2642.31	4050.74
合计		124957.47	2825.01	7475.45	135257.90

注：T 钢铁企业从 KL 煤炭企业购入的煤炭按实际购买数量和购买价格计算成本，为了简化工作量，对多品种的煤炭成本采用实际加权平均单价 690 元/吨进行核算。

表 7 - 35　　　T 钢铁企业各物量中心能源流成本分配计算结果　　单位：万元

项目分类	炼铁	炼钢	轧钢
本物量中心投入	124957.47	2825.01	7475.45
上一物量中心转入	—	10191.94	760.19
合计	124957.47	13016.95	8235.64
正制品碳有效利用百分比	8.16	5.84	8.55
负制品碳损失百分比	91.84	94.16	91.45
正制品能源成本	10191.94	760.19	704.15
负制品能源成本	114765.53	12256.76	7531.49

②材料成本和系统成本。T钢铁企业投入材料成本主要有外购矿（如石英石）、溶剂、硅石、稀有金属、其他辅料等，该企业把原料（外购煤）和能源放在一起作为能源来分配。原材料分为外购、自产和回收三类。自产材料（如自产铁原料）按照成本结转，外购材料按照市场价格计算成本，回收杂料计算平均成本。

归集T钢铁企业的系统成本，主要是人工薪酬费用、设备折旧费用和间接材料费用。材料成本和系统成本汇总结果如表7-36所示。

表7-36　　　　T钢铁企业材料成本、系统成本汇总（年数据）

物量中心				1	2	3	合计
				炼铁	炼钢	轧钢	
材料成本	原料	外购矿	用量（吨）	1554996.50	—	—	—
			金额（万元）	182867.59	—	—	182867.59
		废钢	用量（吨）	—	128255.80	—	—
			金额（万元）	—	38271.53	—	38271.53
		自产铁原料	用量（吨）	—	76953.45	—	—
			金额（万元）	—	35298.55	—	35298.55
	辅料	溶剂类	用量（吨）	230000	—	—	—
			金额（万元）	6095	—	—	6095
		硅石	用量（吨）	1000	—	—	—
			金额（万元）	29	—	—	29
		稀有金属	用量（吨）	—	4000	—	—
			金额（万元）	—	11920	—	11920
		其他辅料	用量（吨）	—	—	—	—
			金额（万元）	35.84	489.47	264.91	790.22
	合计		万元	189027.43	85979.55	264.91	275271.89
系统成本	薪酬费用		万元	775.07	2768.73	1140.61	4684.41
	折旧费用		万元	2260.62	5537.46	3326.77	11124.85
	其他		万元	193.77	922.91	285.15	1401.83
	合计		万元	3229.46	9229.09	4752.53	17211.08

注：材料成本中不包括从KL煤炭企业购买的煤成本。煤作为能源，与其他能源放在一起进行分配。

与前述能源流分配的思路相似，但分配标准选择不同，T 钢铁企业的材料成本与系统成本的分配依据材料流的流向和流量，即正负制品耗用材料的重量比例，在正负制品之间进行分配。企业消耗的辅料一般都直接计入负制品成本。T 钢铁企业材料成本和系统成本的分配过程及结果如表 7 - 37 所示。

表 7 - 37　　　　T 钢铁企业材料成本和系统成本分配计算结果　　　单位：万元

项目分类	成本项目	炼铁	炼钢	轧钢	合计
本物量中心投入	材料	189027.43	84066.58	259.24	—
	系统	3229.46	9023.75	4650.83	—
上一物量中心转入	材料	—	154397.60	219387.05	—
	系统	—	2637.82	10728.65	—
物量中心投入合计	材料	189027.43	238464.18	219646.29	—
	系统	3229.46	11661.57	15379.48	—
正制品分配率		0.8168	0.9200	0.9712	—
负制品分配率		0.1832	0.0800	0.0288	—
正制品成本	材料	154397.60	219387.05	213320.48	213320.48
	系统	2637.82	10728.65	14936.55	14936.55
	小计	157035.43	230115.70	228257.03	228257.03
负制品成本	材料	34629.83	19077.13	6325.81	60032.77
	系统	591.64	932.93	442.93	1967.49
	小计	35221.46	20010.06	6768.74	62000.26

③计算钢铁企业各物量中心的外部环境损害。钢铁企业生产过程中会产生大量的废弃物，如 SO_2、CO_2、粉尘、NO_x 等。基于本书是以碳流分析为基础，因此，主要考虑企业碳排放的外部环境损害。参照表 7 - 33 中各物量中心废弃物中 CO_2 排放含碳量，按照 C 和 CO_2 的分子量比进行折算，从而确定各物量中心的碳排放量，如表 7 - 38 所示。

表7-38　　　　　　　T钢铁企业各物量中心的碳排放计算结果

	炼铁	炼钢	轧钢	合计
二氧化碳排放含碳量	516253.80	72195.31	44943.33	633392.44
二氧化碳排放（tCO$_2$）	1892930.60	264716.14	164792.21	2322438.95
其中：范围1排放	1886099.58	225536.65	126891.65	2238527.88
范围2排放	6831.02	39179.49	37900.56	83911.07

表7-38中，范围2排放为各物量中心外购用电量与华中区域电网平均 CO_2 排放因子 $0.5257tCO_2/MW \cdot h$ 相乘的结果。范围1排放采用倒推的方式计算获得。由表7-33中的计算结果可得，炼铁物量中心的 CO_2 量损失最大，其次为炼钢物量中心，企业应该重点关注这两个物量中心的节能减排。

（3）绘制"碳流—价值流"二维分析矩阵

综合表7-35、表7-37和表7-38的计算结果，绘制T钢铁企业的碳会计矩阵来整体展示企业的"碳流—价值流"核算结果如表7-39所示。

表7-39　　　　　　　　T钢铁企业碳会计矩阵　　　　　　单位：万元

物量中心产品或损耗项目		炼铁	炼钢	轧钢	小计
产品 （合格品）	原材料成本	154397.60	219387.05	213320.48	213320.48
	系统成本	2637.82	10728.65	14936.55	14936.55
	能源成本	10191.94	760.19	704.15	704.15
产品成本小计		167227.36	230875.89	228961.18	228961.18
原材料损耗 （内部负担 环境损耗）	原材料成本	34629.83	19077.13	6325.81	60032.77
	系统成本	591.64	932.93	442.93	1967.49
	能源成本	114765.53	12256.76	7531.49	134553.78
碳排放处理成本		20.18	10.24	8.59	39.01
碳排放内部损失成本合计		150007.18	32277.06	14308.82	196593.06

续表

物量中心产品或损耗项目		炼铁	炼钢	轧钢	小计
CO₂ 排放量（外部负担环境损耗）	范围 1（tCO₂）	1886099.58	225536.65	126891.65	2238527.88
	范围 2（tCO₂）	6831.02	39179.49	37900.56	83911.07
	范围 3（tCO₂）	9991765			9991765
CO₂ 排放量合计（tCO₂）		12314203.95			

T 钢铁企业目前尚未发布范围 3 排放信息。表 7-39 中"范围 3 排放"的计算结果是根据该企业范围 3 各分类项目活动量与排放强度计算而得，排放强度是依据日本环境省发布的"排放强度单位数据库"中对应活动的"单位排放强度水平"而确定。计算方法及公式见附录 3。T 钢铁企业范围 3 排放量如表 7-40 所示。

表 7-40 范围 3 碳排放量 单位：tCO₂

分类	排放量
购买商品和劳务	6617539
资本产品	—
能源能量有关活动（不包含在范围 1 和范围 2 之内）	36177
上游运输与分配	2943295
运营中产生的废弃物	150288
商务旅行	21824
员工通勤	222642
上游租赁资产	—
下游运输与分配	—
销售产品的加工	—
销售产品的使用	—
销售产品的报废处理	—
下游租赁资产	—

分类	排放量
特许经营	—
投资	—
合计	9991765

7.2.4 "煤—电—钢铁"供应链的"碳流—价值流"综合核算

综合前面小节对供应链各节点企业的"碳流—价值流"核算结果,剖析供应链内部碳元素的内部生成过程以及流向(见图7-14)。

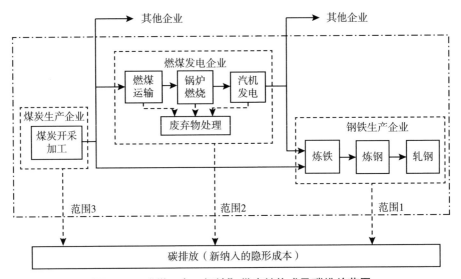

图7-14 "煤—电—钢铁"供应链构成及碳排放范围

由图7-14中可以发现,上游供应商的产品并不只是提供给一家企业,除了给供应链下游企业提供产品外,也同时向其他客户企业提供产品。因此,同一供应链上的下游企业应分担的成本,应根据分配给下游企业的产品数量占上游供应商总产量的比例进行分配,按此比例计算应进入供应链的那部分供应商成本。计算公式(7-3)~公式(7-4)如下:

应计入供应链的供应商成本

= 供应商成本（分成本项目）×（该下游企业所购买产品／供应商总产量）

$$(7-3)$$

应计入供应链的供应商排放

= 供应商范围 1 和范围 2 排放 ×（该下游企业所购买产品／供应商总产量）

$$(7-4)$$

其中，下游企业所购买产品和供应商总产量的衡量单位相同（如产品支出／花费、产品数量，产品质量等）。

根据世界资源研究所（WRI）和世界可持续发展工商理事会（WBCSD）对碳排放"三个范围"的规定，结合案例实际情况，界定"煤—电—钢铁"供应链的碳排放核算范围，如图 7-15 所示。

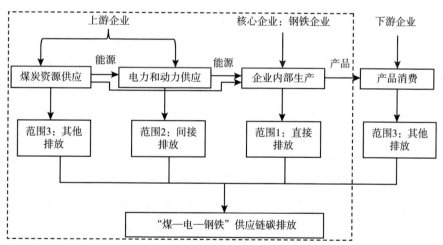

图 7-15　"煤—电—钢铁"供应链碳投入与碳排放范围界定

注：本书主要考虑图中虚线框内的供应链，暂不考虑下游企业。

案例中，根据前述供应链节点企业（特别是上游企业）能源消耗的具体情况进行成本与碳排放量的折算，具体说明如下：

（1）KL 煤炭生产企业纳入案例供应链的核算比例

KL 煤炭生产企业为 T 钢铁企业提供煤炭总量 808991.7 吨，占全年产量（折合标煤）的 4.37%，将这 4.37% 作为分配比例计算供应链上 T 钢铁企业耗用原料煤的成本以及该部分原料煤耗用所产生的碳排放；

同时，KL 煤炭生产企业为 HD 煤电企业提供动力煤 551448.35 吨，占年产煤量（折合标煤）的 2.98%，以这 2.98% 的比例计算 HD 煤电企业耗用煤成本及碳排放，但由于供应链上 HD 煤电企业生产的电力不是全部提供给 T 钢铁企业，只是提供了 27656.51 万 kW·h（占全年总发电量的27.66%），因此，HD 煤电企业为了给 T 钢铁企业提供电力而耗用的那部分煤，比重占 KL 煤炭企业年产量（折合标煤）的 0.82%（2.98% ×27.66%），按此比例折算应纳入供应链碳成本及碳排放的核算。

根据表 7－18 中计算出的 KL 煤炭生产企业合格产品及损耗成本项目金额，依次分别乘以 4.37%（直接消耗）和 0.82%（间接消耗）的分配比例，计算 KL 企业耗用且应计入"KL 煤—HD 电—T 钢铁"供应链的部分成本，同理可计算出 KL 企业产生且应计入"KL 煤—HD 电—T 钢铁"供应链部分的碳排放。

（2）HD 煤电企业纳入案例供应链的核算比例

HD 煤电企业为 T 钢铁企业提供电力 27656.51 万 kW·h，占比27.66%。因此，按照 27.66% 的比率计算供应链上 T 钢铁企业耗用（HD煤电企业提供的）电力的成本以及耗用这部分电力所产生的碳排放。根据表 7－29 中计算出的 HD 燃煤发电企业各物量中心的合格产品及损耗成本项目金额，分别乘以 27.66%（耗用比率），计算应计入"KL 煤—HD 电—T 钢铁"供应链的 HD 煤电企业那部分成本，同理可计算出 HD 煤炭企业产生且应计入"KL 煤—HD 电—T 钢铁"供应链部分的碳排放。

还有一种计算方法是：先分别测算出 KL 煤炭企业生产每吨煤、HD 煤电企业生产每 kW·h 电力的资源投入成本、合格品资源能源消耗成本、碳内部损失成本、单位产品碳排放等数据；然后根据供应链 T 钢铁企业逆生产过程推算出消耗上游 KL 煤炭企业的煤炭量和 HD 煤电企业的电量，再根据应纳入供应链的耗用量计算出应纳入供应链的相关成本及碳排放量。两种计算思路，计算结果差异不大。"KL 煤—HD 电—T 钢铁"供应链的综合核算结果如表 7－41 所示。

表 7 – 41　"KL 煤—HD 电—T 钢铁"供应链的碳会计矩阵

| 项目 | KL 煤炭生产企业 | | | HD 燃煤发电企业（提供给 T 钢铁的电力） | | | | | T 钢铁企业 | | | | $VC_1 + VC_2 + VC_3$ |
	提供给 HD 电	提供给 T 钢	小计	燃煤运输	钢炉燃烧	汽机发电	废弃物处理	小计	炼铁	炼钢	轧钢	小计	总计
产品（合格产品耗用）（万元）													
材料成本	42	223	265	—	—	—	—	—	154398	219387	213320	587105	587370
系统成本	375	1987	2362	572	1411	3249	610	5842	2638	10729	14937	28304	36508
能源成本	22	118	140	6825	1335	1827	79	10066	10192	760	704	11656	21862
原材料损耗（碳排放内部成本）（万元）													
材料成本	360	3617	3977	—	—	—	—	—	34630	19077	6326	60033	64010
系统成本	6069	32191	38260	45	230	13	193	480	592	933	443	1968	40708
能源成本	360	1908	2268	1338	5769	0	594	7701	114766	12257	7531	134554	144523
碳排放处理成本（万元）	2	9	11	7	17	2	4	30	20	10	9	39	80
合计成本（万元）	7229	40054	47283	8787	8762	5091	1480	24120	317235	263153	243271	823659	895062
CO_2 排放量（万 tCO_2）													
范围 1 排放	6.70	35.53	42.23	4.21	22.94	0.00	2.03	29.18	188.61	22.55	12.69	223.85	295.26
范围 2 排放	0.48	2.54	3.02	0.40	0.17	0.00	0.09	0.66	0.68	3.92	3.79	8.39	12.07
范围 3 排放	29.43	156.13	185.56					193.96		999.18			1378.70
合计	36.61	194.20	230.81					223.80				1231.42	1686.03

注：此表中的成本数据以万元为计算单位，计算结果四舍五入，取整数处理。此外，表 7 – 50、表 7 – 51 中的成本数据也做同样的处理。

7.3 "煤—电—钢铁"供应链的"碳流—价值流"综合评价模型应用

本章选择因子分析模型及数据包络分析（DEA）效率模型，在供应链"碳流—价值流"管理实施过程中对供应链整体状况进行综合有效性评价。

在运用 DEA 对供应链整体状况进行评价时，由于涉及指标较多，受篇幅限制，本书先运用因子分析模型对所建立的供应链"碳流—价值流"综合评价指标赋权重，然后选取权重系数较高的指标进行后续分析，筛选出供应链"碳流—价值流"评价贡献较大的关键指标进行数据包络分析效率分析。利用 Matlab 软件计算，准确判断观察年份案例供应链的数据包络分析有效性。

7.3.1 因子分析模型确定指标权重

（1）因子分析的概念和求权重的合理性

因子分析来源于心理学，直至 1960 年左右才发展成型。因子分析是从所有原始变量中将相关信息集合起来，通过研究相关矩阵的内部依赖结构，由少数因子代替多变量，以再现原始信息之间的联系，并更深一层探究形成这些相关联系的内在原因的一种多元统计分析方法。公共因子和独特因子为因子分析的两部分，它们客观存在，但又不能被直接测量到。

从其根本思想看加权的原始信息应该直接来源于客观环境，处理这些信息的过程是深入研究各因子之间相互关系的过程。因子分析是依据现象研究其内在相互之间的关系，对于供应链整体评价来说，这种现象正好是无量纲化的综合指数，而其内在关系，也就是各要素间的相互影响及其对供应链绩效的相对重要性，就是所需的权重。

（2）用因子分析法求权重

借助数据包络分析模型进行供应链"碳流—价值流"评价，就要先确定输入及输出指标，在这两种指标的选取上要根据研究目标及方向进行合理选择，从而增强绩效评价的科学性。由于供应链"碳流—价值流"是环境会计学的新兴研究点，因而在其投入产出指标的选择上尚未形成定论。根据前文文献梳理可以发现，学者们在供应链管理、碳绩效评价上进行了大量研究[23-24,41,77-78,86]，因此本章节借鉴萧（Hsiao，2016）[79]、贾瓦瑞亚（2018）[77]、周志方（2019）[2]等学者的做法，根据供应链"碳流—价值流"的投入与产出评价指标，结合5.2.2指标体系的确定及介绍，将初始18个评价指标划分为输入指标和输出指标，分别为7个和11个。

输入指标：供应链碳减排成本 P_1、供应链单位产出碳排放内部损失成本 P_2、供应链单位产出碳排放外部环境损害成本 P_3、单位产值能耗 P_4、供应链环保处罚 P_5、低碳研发费用率 R_1、低碳投资率 R_2。

输出指标：供应链产销率 S_1、供应链整体利润增长率 S_2、供应链碳效率指数 S_3、信息共享率 S_4、低碳投资收益率 D_1、供应链 CO_2 减排量 D_3、可再生能源利用率 R_3、低碳产品销售率 I_1、市场占有率 I_2、单位产品碳排放率 I_3、碳排放交易收入或成本 D_2。

本书采用杨红娟和郭彬彬（2010）[220]的方法，利用 SPSS 软件对样本指标进行因子分析，得到各指标的权重系数，选取权重系数较高的指标进行效率分析，从而避免使用大量指标。本书以输出指标为例，介绍因子分析的过程。

①原始变量检验。因子分析之前首先需要进行适应性检验，以测试因子分析模型是否切实可行以及统计结果是否准确可靠。本书具体运用 SPSS 22.0 对输出指标 2012～2017 年的数据进行适用性分析，在检验之前，对数据进行了归一化处理。本书主要是进行巴特利特球形度检验及 KMO 检验，从表 7-42 中可以看出，KMO 值为 0.799 > 0.7，可以进行主成分分析。巴特利特球形度检验值为 135.834，显著性水平 $P = 0.00 < 0.05$，检验结果显著。

表 7-42　　　　　Bartlett 球形度检验及 KMO 检验值

KMO 检验		0.799
巴特利特球形度检验	卡方检验	135.834
	自由度	36
	显著性指标	0.000

②提取公因子。本书采用 SPSS 软件提取公因子，在抽取因子的方式上选择主成分分析法，以特征值大于 1 为纳入标准。由表 7 - 43 可知，所提取的两个公因子的累计方差贡献率达到了 91.698%，说明这两个公共因子概括了原来变量的大部分，即只用这两项进行分析便可以得到超过 91%的原始数据中的信息，这极大地减轻了工作量。因此，选这两个因子作为主因子。

表 7 - 43　　　　　　　　　　　总方差解释

成分	原始特征			被提取的载荷平方和			旋转平方和		
	值	方差贡献率/%	累计方差贡献率/%	合计	方差贡献率/%	累计方差贡献率/%	合计	方差贡献率/%	累计方差贡献率/%
1	8.151	74.098	74.098	8.151	74.098	74.098	6.659	60.534	60.534
2	1.936	17.601	91.698	1.936	17.601	91.698	3.428	31.165	91.698
3	0.646	5.872	97.571						
4	0.208	1.892	99.463						
5	0.0059	0.537	100						
6	0.000	0.000	100						
7	0.000	0.000	100						
8	0.000	0.000	100						
9	0.000	0.000	100						
10	0.000	0.000	100						
11	0.000	0.000	100						

注：提取方法为主成分分析。

（3）计算指标权重

因子载荷的统计学意义在于反映变量在公因子上的相关性，或者称为权重。若因子载荷数值较大，则说明该变量与该公因子之间存在着较高的相关性，即该公因子可以很好地反映该变量的性质；反之亦然。根据总方差解释表，公因子 1 和公因子 2 的旋转后的方差贡献率分别为 60.534% 和 31.165%，旋转后累积方差解释率为 91.698%，得出两个主要因子的权重分别为 0.66 和 0.34，表 7 – 44 为旋转后的因子载荷矩阵。

表 7 – 44   因子载荷矩阵

成分	公因子 1	公因子 2
供应链产销率 S_1	0.478	0.840
供应链整体利润增长率 S_2	0.073	0.977
供应链碳效率指数 S_3	0.779	0.497
信息共享率 S_4	0.864	0.444
低碳投资收益率 D_1	0.239	0.951
供应链二氧化碳减排量 D_3	0.946	0.272
可再生能源利用率 R_3	0.939	0.314
低碳产品销售率 I_1	0.980	0.175
市场占有率 I_2	0.938	0.331
单位产品碳排放率 I_3	0.674	0.319
碳排放交易收入或成本 D_2	0.971	– 0.068

由于在因子分析过程中可以获得因子得分系数矩阵 $[a_{ij}]$，因子得分系数可以将二级指标表示为所包含三级指标的线性组合，相对应系数变量 a_{ij}。因此，通过对因子得分系数矩阵 $[a_{ij}]$ 进行归一化处理可以得到三级指标在二级指标上的权重值 A_{ij}，三级指标在一级指标上的权重值是二级指标在一级指标上的权重值 A_i 与三级指标在二级指标上的权重值 A_{ij} 的乘积 ω_j，得到各指标的权重系数如表 7 – 45 所示。筛选出供应链产销率 S_1、供应链碳效率指数 S_3、信息共享率 S_4、可再生能源利用率 R_3、市场占有率 I_2 这五个供应链绩效评价贡献较大的关键指标进行后续的 DEA 效率分析。

表 7 – 45   输出指标权重系数

指标体系	供应链产销率 S_1	供应链整体利润增长率 S_2	供应链碳效率指数 S_3	信息共享率 S_4	低碳投资收益率 D_1	供应链二氧化碳减排量 D_3	可再生能源利用率 R_3	低碳产品销售率 I_1	市场占有率 I_2	单位产品碳排放率 I_3	碳排放交易收入或成本 D_2
权重系数	0.103297	0.083606	0.098656	0.100851	0.094086	0.093308	0.096136	0.088128	0.097419	0.076486	0.068027

同理，用 SPSS 软件对输入指标进行运算，得到一个公共因子可以表示现有的 7 个输入指标，通过上述计算，输入指标的最后权重如表 7 – 46 所示。筛选出低碳研发费用率 R_1、供应链单位产出碳排放外部环境损害成本 P_3、单位产值能耗 P_4、供应链碳减排成本 P_1 四个供应链绩效评价贡献较大的关键指标进行后续的 DEA 效率分析。

表 7 – 46   输入指标权重系数

指标体系	低碳投资率 R_2	低碳研发费用率 R_1	供应链环保处罚 P_5	供应链单位产出碳排放内部损失成本 P_2	供应链单位产出碳排放外部环境损害成本 P_3	单位产值能耗 P_4	供应链碳减排成本 P_1
权重系数	0.096	0.171	0.063	0.093	0.181	0.173	0.223

7.3.2 DEA 效率分析

根据 DEA 模型对"KL 煤—HD 电—T 钢铁"供应链进行 2012～2017 年度 DEA 效率分析，六年可以作为六个 DMU，通过考察获得原始数据如表 7 – 47 所示。通过因子分析，每个 DMU 分别有 4 个输入、5 个输出指标，利用 Matlab 软件，可以方便地计算出各 DMU 的有效性，其结果如表 7 – 48 所示。

表 7 - 47　　　　　　　2012 ~ 2017 年供应链投入与产出数据

DMU	2012 年	2013 年	2014 年	2015 年	2016 年	2017 年
低碳研发费用率 R_1	0.58	0.64	0.68	0.73	0.81	0.82
单位产值能耗 P_4	4.83	4.67	4.58	4.79	4.01	3.98
供应链单位产出碳排放外部环境损害成本 P_3	293.51	289.20	287.18	267.32	246.51	217.89
供应链碳减排成本 P_1	452.12	484.27	496.42	679.24	656.41	795.53
供应链产销率 S_1	95.60	96.70	96.50	94.50	98.20	98.90
供应链碳效率指数 S_3	1.97	1.98	1.98	1.98	1.99	2.02
信息共享率 S_4	0.84	0.86	0.87	0.77	0.90	0.90
可再生能源利用率 R_3	0.69	0.70	0.73	0.77	0.88	0.91
市场占有率 I_2	0.62	0.64	0.70	0.72	0.82	0.86

表 7 - 48　　　　　　　　　低碳供应链评价结果

DMU	λ_1	λ_2	λ_3	λ_4	λ_5	λ_6	θ
2012	1.000	0.000	0.000	0.000	0.000	0.000	1.000
2013	0.000	1.000	0.000	0.000	0.000	0.000	1.000
2014	0.000	0.000	1.000	0.000	0.000	0.000	1.000
2015	0.519	0.000	0.000	0.000	0.000	0.476	0.957
2016	0.000	0.000	0.000	0.000	1.000	0.000	1.000
2017	0.000	0.000	0.000	0.000	0.000	1.000	1.000

DMU	S_1^{0-}	S_2^{0-}	S_3^{0-}	S_4^{0-}	S_1^{0+}	S_2^{0+}	S_3^{0+}	S_4^{0+}	S_5^{0+}
2012	0.00	0.00	0.00	0.00	0.00	0.00	0.00	0.00	0.00
2013	0.00	0.00	0.00	0.00	0.00	0.00	0.00	0.00	0.00
2014	0.00	0.00	0.00	0.00	0.00	0.00	0.00	0.00	0.00
2015	0.03	11.41	0.39	66.17	2.15	0.00	0.09	0.02	0.01
2016	0.00	0.00	0.00	0.00	0.00	0.00	0.00	0.00	0.00
2017	0.00	0.00	0.00	0.00	0.00	0.00	0.00	0.00	0.00

从表 7 – 48 可以得到如下结论:

(1) DMU2012、DMU2013、DMU2014、DMU2016 和 DMU2017 均为 DEA =1,且 $S_0^- = 0$,$S_0^+ = 0$。表明这五年的低碳供应链都是 DEA 有效的,低碳研发费用率 R_1、供应链单位产出碳排放外部环境损害成本 P_3、单位产值能耗 P_4、供应链碳减排成本 P_1 等投入要素达到最佳组合,资源得到充分利用,取得了最大的产出效果。

(2) DMU2015 的 DEA 小于 1,表明该年的低碳供应链是非 DEA 有效的。其在投入产出上存在一些不合理之处。

7.3.3 综合评价及其分析

依据上述综合评价数据可知,案例中"KL 煤—HD 电—T 钢铁"供应链在 2012 ~ 2014 年、2016 ~ 2017 年是 DEA 有效的,且规模效率递增,说明该供应链在这些年度发展良好。而在 2015 年"KL 煤—HD 电—T 钢铁"供应链效率最低,表明该供应链资源未能有效利用。

经过与供应链核心企业高层管理人员进行座谈后,了解到 2015 年影响供应链整体效率的影响因素有很多,其中,比较显著的影响因素有上游供应商,如上游供应商 KL 煤炭企业存在供货不稳定、煤炭品种较差等现象,由此可见,供应链中供应商的优选至关重要,它不仅影响到供应链整体的经济效益,也会在很大程度上影响供应链的环境效益(碳排放)。

从表 7 – 48 可知,在投入指标中,低碳研发费用率、单位产出碳排放内部损失成本、单位产出碳排放外部环境损害成本、供应链碳减排成本、供应链产销率的投入冗余量分别为 0.03、11.41、0.39、66.17、2.15,反映出"KL 煤—HD 电—T 钢铁"供应链在 2015 年这些投入都存在冗余情况。

在产出指标中,2015 年信息共享率、可再生能源利用率、市场占有率对应的松弛变量分别为 0.09、0.02、0.01,说明"KL 煤—HD 电—T 钢铁"供应链产出存在严重不足。虽然该供应链 2015 年碳效率指数有所提升,但是其在信息共享、可再生能源利用及市场拓展上均有所不足,这样会降低供应链效率。考虑到该年份"KL 煤—HD 电—T 钢铁"供应链在一些投入指标中的冗余,因此,该供应链可以将其冗余转入到信息共享及可再生能源利用角度上,补足短板,从而实现资源优化配置和投入产出最大化。

7.4 "煤—电—钢铁"供应链的"碳流—价值流"决策优化与控制实施

供应链的"碳流—价值流"决策优化主要包括两类决策，一类是"碳流—价值流"分析视角下的供应商筛选决策；另一类是供应链节点企业的协同减排优化决策。在本案例中，由于煤炭消耗是钢铁企业和燃煤发电企业的主要能源消耗，燃煤成本占发电企业生产总成本的比重约高达 50%，在钢铁企业内燃煤消耗占能源消耗总量的比例也高达 45%，因此，煤炭生产企业作为钢铁企业的上游供应商，其单位煤炭产品碳排放的多少会间接影响到钢铁企业的范围 3 排放量。也就是说，上游煤炭生产企业选择的不同将间接影响到以 T 钢铁企业为核心企业的供应链碳排放[221-227]。因此，本案例主要考虑"煤—电—钢铁"供应链中对上游供应商煤炭生产企业的优选决策。

7.4.1 "碳流—价值流"决策优化

7.4.1.1 上游煤炭供应商选择的决策优化方案设计

T 钢铁企业考察了另外两家煤炭供应商：HY 煤炭工业企业和 SH 煤炭企业，通过对其他煤炭供应商的比较，对现在和潜在的供应商进行评估，了解现有供应商 KL 煤炭企业的优劣势，以此促进上游供应商的改进或者作为替换供应商的评价基础。由于不同煤炭企业生产的煤品种不同，单位煤炭产品的价格、质量、碳排放等也有所差异。为了减少供应链整体碳排放，钢铁企业将基于"碳流—价值流"分析视角对上游煤炭生产企业进行优选。

供应链中，T 钢铁企业备选的煤炭生产企业有两家，分别为 HY 煤炭工业企业和 SH 煤炭企业，这两家煤炭生产企业备选方案基本情况如表 7-49所示。

表 7 - 49　　　　　　　　　不同方案煤炭供应商的基本情况

	原材料供应制造商				产品制造商			
	企业类型	所在地	生产成本	特征	企业类型	所在地	生产成本	特征
方案1（现有方案）	KL煤炭企业	H省	小	煤质较差，杂质含量高	T钢铁企业		大	产品煤耗大、清除杂质需要更多成本
方案2	HY煤炭工业企业	S省	中	煤质中等，含有一定程度的杂质	T钢铁企业	H省	中	产品煤耗中等，清除杂质需要一定成本
方案3	SH煤炭企业	S省	大	采煤前先采气，煤质较好，不含杂质	T钢铁企业		小	产品煤耗小，不含杂质，不需要清除杂质成本

按 T 钢铁企业生产 100 万吨钢材产出所需煤炭计算，备选方案（方案 2 和方案 3）采用实践数据进行模拟。

方案 1：选用 KL 煤炭企业为原料供应商

KL 煤炭企业是现有供应链中 T 钢铁企业的煤炭原料供应商。该企业的煤炭开采和洗选过程粗糙，供应的煤炭品质较差，杂质较高，煤炭单位成本较低。T 钢铁企业购买 KL 煤炭企业的煤炭价格相对较低，但由于煤炭含有较多杂质，T 钢铁企业在生产中要增加脱除灰分，延长结焦时间等，在加工中需要更多成本。

方案 2：选用 HY 煤炭工业企业为原料供应商

HY 煤炭工业企业成立于 1992 年，它坐落在素有煤炭之都的 S 省，占地面积 6000 平方米，固定资产原值 2000 万元，现有职工 830 人，是一家初具规模的煤矿生产企业。企业年煤炭产量为 2067 万吨。开采方式为地下开采，煤矿深度 200 米以下但不超过 400 米。煤炭开采中设备平均电耗 1.2kW·h/m³ 煤，换算后即 1.6kW·h/t 煤，煤密度 750 千克/立方米。洗选加工中平均电耗 3kW·h/t 煤。生产吨煤消耗原煤 8.5 吨。

HY 煤炭工业企业生产的煤炭品质中等，含有中等程度的杂质，价格处于中等水平。由于 HY 煤炭工业企业的煤炭含有一定的杂质，T 钢铁企业使用该煤炭进行生产加工需要增加清理杂质、脱除灰分的流程，在生产加工中需要一定成本。

方案3：选用 SH 煤炭企业为原料供应商

SH 煤炭企业是 1996 年 12 月正式开工建设、2002 年 7 月竣工投产的现代化高煤层气矿井，属于 JM 集团的子公司。煤炭品种丰富。SH 煤炭企业的年煤炭产量为 2600 万吨。开采方式为地下开采，矿井深度超过 400 米。由于该企业采用采矿前先采气的措施，使得煤层气逸出大幅度减少，与同等条件下相比减少 45%，煤炭开采中设备平均电耗 1.5kW · h/t 煤，洗选加工中平均电耗 2.8kW · h/t 煤。生产吨煤消耗原煤 1.8 吨。

SH 煤炭企业生产的煤炭品质较好，基本不含杂质，煤炭价格相对较高。T 钢铁企业购买该企业不含杂质的原材料，在生产加工中不需要新增处理杂质成本。

7.4.1.2　备选方案决策模拟分析过程

参照前述 6.2 设计的优选策略和流程，T 钢铁企业分别与现有供应链成员 KL 煤炭企业和两个备选煤炭供应商形成了不同的供应链，并对供应链整体进行评价，择优，从中选出更适应低碳供应链管理的供应商。分析过程中均不考虑勘探环节的测算。

决策模拟分析步骤主要包括两大步骤：第一步，基于"碳流—价值流"分析思路对不同供应链进行碳流和价值流核算，编制供应链碳会计矩阵表；第二步，采用供应链"碳内部损失成本—碳外部环境损害"二维评价方法，对不同供应链进行评价，从中选择出同时具有经济和环境优势的供应链，由此确定核心企业 T 钢铁企业的最优上游供应商方案。

（1）供应链1："KL 煤—HD 电—T 钢铁"供应链

供应链1即为现有案例的供应链。该供应链的"碳流—价值流"核算过程见 7.2，综合核算结果如表 7 - 41 所示。

（2）供应链2："HY 煤—HD 电—T 钢铁"供应链

按照现有供应链"碳流—价值流"核算的基本原理，对"HY 煤—HD 电—T 钢铁"供应链进行碳流和价值流核算。

由于同一制造企业 T 钢铁企业使用不同品质的煤炭，其能源利用率不同，将形成不同的供应链碳实物流和碳内部损失成本（价值）。以 T 钢铁企业生产 100 万吨的钢材产品，分析需要消耗 HY 煤炭企业的煤炭数量以及相应碳流分析。

"HY 煤—HD 电—T 钢铁"供应链（供应链 2）的"碳流—价值流"核算方法和流程与前述的"KL 煤—HD 电—T 钢铁"（供应链 1）一样。具体计算过程不再赘述。

比较这两条供应链，供应链 2 核心企业 T 钢铁企业耗用的 HY 煤炭，其煤质相对 KL 煤较好，但煤炭单价相对较高，纳入供应链的 T 钢铁企业产品生产耗用的原材料成本于是相对较多；由于煤炭品质较好，含有中等程度的杂质，除杂工作量比 KL 煤有所减少，因此，T 钢铁企业产品生产耗用的系统成本和能源成本较供应链 1 中稍有所下降。根据供应链 2 "碳流—价值流"核算结果编制的碳会计矩阵如表 7 - 50 所示。

（3）供应链 3："SH 煤—HD 电—T 钢铁"供应链

按照上述同样的原理和方法对"SH 煤—HD 电—T 钢铁"供应链（供应链 3）进行"碳流—价值流"核算。仍然以 T 钢铁企业生产 100 万吨产品为假设前提，按照钢铁产品的逆生产顺序进行推算需耗用 SH 煤的数量以及将产生的碳排放量。

供应链 3 情形中核心企业（T 钢铁企业）耗用 SH 煤炭，其煤质好，煤炭单价高，计入供应链的上游 SH 煤炭企业能源成本（煤炭视为能源，与其他能源一起分配能源成本）也最高，但由于煤炭品质好，基本不含杂质，T 钢铁企业无需增加除杂工作等，由此减少带来的人工成本、设备折旧、设备耗电等成本，同时计入供应链的核心企业的系统成本和能源成本相对减少。根据供应链 3 "碳流—价值流"核算结果编制的碳会计矩阵如表 7 - 51 所示。不同供应链对应不同的碳实物流（碳排放），形成不同的供应链内部碳损失成本（价值）。

7.4.1.3　方案比较及优选结果

（1）从单个供应商企业角度进行比较

依据表 7 - 41、表 7 - 50、表 7 - 51 中数据，对备选供应商的碳排放内部损失成本和碳排放外部环境损害的指标值，进行单独归集（见表 7 - 52）。

表7-50 **"HY煤—HD电—T钢铁"供应链的碳会计矩阵**

项目	HY煤炭企业 提供给HD电	HY煤炭企业 提供给T钢	HY煤炭企业 小计	HD燃煤发电企业 燃煤运输	HD燃煤发电企业 锅炉燃烧	HD燃煤发电企业 汽机发电	HD燃煤发电企业 废弃物处理	HD燃煤发电企业 小计	T钢铁企业 炼铁	T钢铁企业 炼钢	T钢铁企业 轧钢	T钢铁企业 小计	$VC_1+VC_2+VC_3$ 总计
产品（合格产品耗用）（万元）													
材料成本	113	429	542	—	—	—	—	—	131238	186479	181360	499077	499619
系统成本	524	3051	3575	559	1380	3176	651	5767	1583	8098	11026	20706	30048
能源成本	44	253	297	6752	1307	1786	97	9943	10624	758	478	11860	22100
原材料损耗（碳排放内部化）成本（万元）													
材料成本	730	4444	5174	—	—	—	—	—	29435	16216	5378	51029	56203
系统成本	5465	31543	37008	44	225	13	134	415	355	704	327	1386	38809
能源成本	403	2329	2732	1228	5638	—	561	7428	119632	12226	5113	136971	147131
碳排放处理成本	1	6	7	6	15	2	3	26	12	8	7	27	60
合计成本（万元）	7280	42055	49335	8590	8565	4977	1447	23578	292879	224489	203690	721057	793970
CO_2排放量（万tCO$_2$）													
范围1排放	7.89	38.91	46.79	4.39	22.33	0.00	1.55	28.27	171.87	21.46	1.04	194.36	269.43
范围2排放	1.28	6.28	7.55	6.59	4.87	0.00	2.08	13.54	0.89	4.59	4.33	9.81	30.90
范围3排放	30.57	150.77	181.34			112.71		112.71		569.72		569.72	863.77
合计	39.74	195.96	235.68			154.52		154.52		569.72	—	773.90	1164.10

表7-51　"SH煤—HD电—T钢铁"供应链的碳会计矩阵

项目		SH煤炭企业			HD燃煤发电企业（提供给T钢铁的电力）					T钢铁企业				$VC_1+VC_2+VC_3$ 总计
		提供给HD电	提供给T钢	小计	燃煤运输	锅炉燃烧	汽机发电	废弃物处理	小计	炼铁	炼钢	轧钢	小计	总计
产品（合格产品耗用）（万元）	材料成本	146	642	788	—	—	—	—	—	108078	153571	149362	411011	411799
	系统成本	672	4821	5493	540	1332	3067	634	5573	1583	7433	10381	19397	30463
	能源成本	64	334	398	6770	1316	1770	110	9967	39012	10277	1594	50883	61248
原材料损耗（碳排放内部成本）（万元）	材料成本	744	4793	5537	—	—	—	—	—	24241	13354	4429	42024	47561
	系统成本	5047	30089	35136	42	217	12	124	396	355	646	308	1309	36841
	能源成本	399	2489	2888	1138	5567	—	542	7247	90354	31095	13516	134965	145100
	碳排放处理成本	0.6	3	3.6	6	14	2	3	25	7	6	5	19	47.6
合计成本（万元）		7072.6	43171	50243.6	8497	8447	4851	1413	23207	263630	216383	179595	659608	733058.6
CO₂排放量（万tCO₂）	范围1排放	8.10	39.91	48.01	3.39	17.23	0.00	1.20	21.82	92.36	24.35	18.27	134.98	204.81
	范围2排放	1.31	6.44	7.75	5.09	3.76	0.00	1.61	10.45	0.62	3.19	3.01	6.82	25.02
	范围3排放	31.36	154.68	186.03			86.99		86.99		395.65		395.65	668.67
	合计	40.76	201.03	241.79			119.26		119.26		—		537.45	898.5

表 7 - 52　　　　　　不同供应商企业的 "内部损失—外部损害" 指标值

供应商名称	碳排放内部损失成本 （万元）	碳排放外部环境损害 （万 tCO₂）
KL 煤炭企业	47283	230.81
HY 煤炭企业	49335	235.68
SH 煤炭企业	50243.6	241.79

采用 "碳排放内部损失成本—外部环境损害" 二维评价方法对供应商进行评价筛选。从图 7 - 16 中可知，KL 煤炭企业的碳排放损失成本和碳排放外部环境损害指标值最小，表明其具有明显的经济和环境优势；SH 煤炭企业则具有最大指标值，显然，在三个备选供应商中并不具有经济和环境优势；HY 煤炭企业则处于两者之间，具有一定的经济和环境优势。因此，从单个企业角度评价，供应商选择的优先顺序为：

KL 煤炭企业 > HY 煤炭企业 > SH 煤炭企业

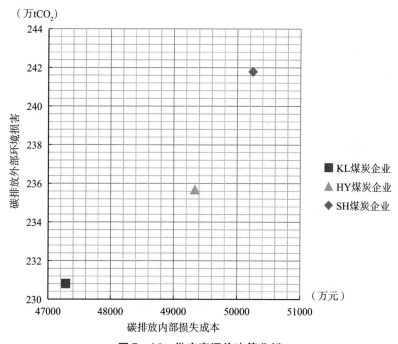

图 7 - 16　供应商评价决策分析

（2）从供应链整体视角分析

按照上述三个供应链编制的碳会计矩阵，计算出每个供应链的碳排放内部损失成本和碳排放外部环境损害指标值（如表 7 – 53）。

表 7 – 53　　　　　　　　不同供应链的"内部损失—外部损害"指标值

供应链名称	碳排放内部损失成本（万元）	碳排放外部环境损害（万 tCO$_2$）
"KL 煤—HD 电—T 钢铁"	249321	1686.03
"HY 煤—HD 电—T 钢铁"	242203	1164.1
"SH 煤—HD 电—T 钢铁"	229549.6	898.5

采用供应链"碳排放内部损失成本—外部环境损害"二维评价方法，绘制供应链"碳内部损失成本—外部环境损害"二维坐标图（见图 7 – 17），对供应链进行评价筛选。

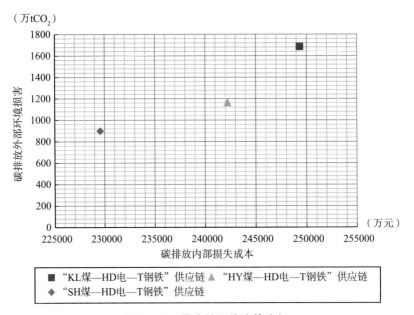

图 7 – 17　供应链评价决策分析

由图 7 – 17 可知，"KL 煤—HD 电—T 钢铁"供应链（供应链 1）无论是碳排放量，还是碳排放内部损失成本，均是最大值，说明该供应链在经济和环境方面表现不佳，应该改变现有供应链。从供应链整体角度出发，核心企业 T 钢铁企业应考虑替换掉该供应链中的上游煤炭供应企业，重新寻找合作伙伴。

相比之下，"SH 煤—HD 电—T 钢铁"供应链（供应链 3）的碳排放量最少，供应链碳排放内部损失成本也最小。由此判断，这条供应链在经济和环境方面均占有优势，是三条供应链中表现最优的供应链。而"HY 煤—HD 电—T 钢铁"供应链（供应链 2）的表现居于前两者之间。

根据供应链整体评价结果，可以得出三条供应链的优劣顺序：

$$供应链 3 > 供应链 2 > 供应链 1$$

构建这三条供应链时，只考虑了供应商的变动，其他不变。那么从供应链整体角度分析，供应商选择的优先顺序为：

$$SH 煤炭企业 > HY 煤炭企业 > KL 煤炭企业$$

上述分析表明，从单个企业角度评价，具有经济和环境优势的企业，在供应链中并不一定能起到优势作用。因此，供应链核心企业在进行供应商优选决策时，需要从供应链整体视角进行分析，选择能使供应链整体发挥出经济和环境优势的上游供应商。本案例中供应链 3 的上游 SH 煤炭企业虽生产成本偏高，但其煤炭品质高，可以使得下游钢铁企业的高炉利用系统提高 23.99%。从而实现供应链整体的经济和环境效益。SH 煤炭企业被认定为最优的供应商选择对象。

7.4.2 "碳流—价值流"管理控制实施

前面章节已经将生态控制融入供应链"碳流—价值流"管理实践中，借助供应链"碳流—价值流"管理控制系统对供应链整体进行优化和控制。而在信息共享中，基于 LCA 初步构建了供应链企业间信息共享与合作减排模式。无论是供应链"碳流—价值流"管理控制系统还是信息共享机制，都基于一个共同的目标——通过企业间协作实现供应链整体利益最大化。本书构建嵌入信息共享参数的利益共享 Shapley 模型，在共享利益角度上对利益进行合理分配，避免潜在的目标冲突，稳定供应链。因此，本案例主要考虑基于信息共享下的"煤—电—钢铁"供应链中企业间利益共享。

依据 6.3 节供应链企业间利益共享模型的构建过程，本节根据"煤—

电—钢铁"供应链中企业间关系，假设 KL 煤炭企业、HD 发电企业、T 钢铁企业三家企业间可以组成不同的子供应链，而在构成不同子供应链的状态下能够获得不同的利润，假设结果如表 7 – 54 所示。假设 KL 煤炭企业、HD 发电企业和 T 钢铁企业三家企业为供应链创造的利润分别为 2、3、4，三个企业事前约定的激励参数为 25%，信息共享带来的风险因子分别为 4、5、6。依据上述介绍的带有信息共享的激励参数 Shapley 模型计算利益分配方案。各子供应链的获利指数如表 7 – 55 ~ 表 7 – 57 所示。

表 7 – 54　　　　　　　　　　企业不同子供应链下的利润情况

子供应链	KL	HD	T	KL&HD	KL&T	HD&T	KL&HD&T
获利	1	1	1	5	4	6	8

表 7 – 55　　　　　　　　　　KL 煤炭企业的分配 $\varphi_i(V')$

G	KL	KL&HD	KL&T	KL&HD&T
$V(G)$	1	5	4	8
$V(G/1)$	0	1	1	6
$V(G) - V(G/1)$	1	4	3	2
$W\|G\|$	1/3	1/6	1/6	1/3
$W\|G\| * [V(G) - V(G/1)]$	1/3	2/3	1/2	2/3
$\varphi_i(V)$	\multicolumn{4}{c}{$0.33 + 0.67 + 0.5 + 0.67 = 2.17$}
ΔM_i	\multicolumn{4}{c}{$0.25 \times (2/9 - 1/3 + 4/15 - 1/3) \approx -0.04$}
$\varphi_i(V')$	\multicolumn{4}{c}{$2.17(1 - 0.04) = 2.08$}

表 7 – 56　　　　　　　　　　HD 发电企业的分配 $\varphi_i(V')$

G	HD	KL&HD	HD&T	KL&HD&T
$V(G)$	1	5	6	8
$V(G/1)$	0	1	1	4
$V(G) - V(G/1)$	1	4	5	4
$W\|G\|$	1/3	1/6	1/6	1/3

G	HD	KL&HD	HD&T	KL&HD&T
$W\mid G\mid*[V(G)-V(G/1)]$	1/3	2/3	5/6	4/3
$\varphi_i(V)$	$0.33+0.67+0.83+1.33=3.17$			
ΔM_i	$0.25\times(3/9-1/3+5/15-1/3)=0$			
$\varphi_i(V')$	$3.17(1+0)=3.17$			

表 7 – 57　　　　　　　　　T 钢铁企业的分配 $\varphi_i(V')$

G	HD	KL&T	HD&T	KL&HD&T
$V(G)$	1	4	6	8
$V(G/1)$	0	1	1	5
$V(G)-V(G/1)$	1	3	5	3
$W\mid G\mid$	1/3	1/6	1/6	1/3
$W\mid G\mid*[V(G)-V(G/1)]$	1/3	1/2	5/6	1
$\varphi_i(V)$	$0.33+0.67+0.83+1.33=2.67$			
ΔM_i	$0.25\times(4/9-1/3+6/15-1/3)=0.4$			
$\varphi_i(V')$	$2.67(1+0.4)=2.77$			

从案例中可以看出，调整前的总利润为 $\sum\varphi_i(V')=2.17+3.17+2.67=8.01\approx8$，调整后的总利润为 $\sum\varphi_i(V')=2.08+3.17+2.77=8.02\approx8$。能够看出，总利润在调整前后基本是一致的，只是组成结构产生了变化，其中 T 钢铁企业由于踊跃的信息共享而分得了利润奖励，相反调控减少了 KL 煤炭企业所分得的利润，HD 发电企业的利润基本没有变动。这样可以鼓励各成员企业主动共享信息，让他们在共享范畴上达到与减排管理讨论会约定的要求，在质量上提供对信息使用者决策有用的信息。

通过案例能够发现，在需要较高水准的资源投入、信息共享的供应链企业间"碳流—价值流"实践中，信息共享程度是衡量利益分配的一项重要指标，在利益分配机制中加入信息共享激励参数，对于制定更加科学合理的利益分配政策有帮助，保证这种组织间制度更持久、稳固地实施下去。

7.5 "煤—电—钢铁"供应链优化后的整体效用评价

7.5.1 供应链整体有效性评价

依据前述 5.2 构建的供应链"碳流—价值流"整体状况综合评价指标体系，对"KL 煤—HD 电—T 钢铁"供应链（供应链 1）和"HY 煤—HD 电—T 钢铁"（供应链 2）和"SH 煤—HD 电—T 钢铁"供应链（供应链 3）三条供应链进行 DEA 效率分析。

首先，运用因子分析模型对所建立的供应链"碳流—价值流"综合评价指标赋权重，选取权重系数较高的指标。通过因子分析，每个 DMU 分别有 4 个输入、5 个输出指标。在本节分析中，继续沿用 7.3.1 中的指标选择结果。在投入指标中选取了低碳研发费用率 R_1、供应链单位产出碳排放外部环境损害成本 P_3、单位产值能耗 P_4、供应链碳减排成本 P_1 这 4 个指标，在产出指标中选取了供应链产销率 S_1、供应链碳效率指数 S_3、信息共享率 S_4、可再生能源利用率 R_3 和市场占有率 I_2 这 5 个指标。

通过对比获得三条供应链数据，如表 7 - 58 所示。利用 Matlab 软件，计算出各 DMU 的有效性，其结果如表 7 - 59 所示。

表 7 - 58　　　　　　　　供应链投入与产出数据

供应链	R_1	P_3	P_4	P_1	S_1	S_3	S_4	R_3	I_2
DUM1	0.88	151.74	4.83	462.12	95.60	1.49	0.89	0.80	0.66
DUM2	0.79	112.48	4.37	456.27	96.70	1.69	0.91	0.82	0.68
DUM3	0.80	97.63	3.98	451.42	98.50	1.98	0.93	0.93	0.72

表 7 - 59   低碳供应链评价结果

DMU	λ_1		λ_2		λ_3		θ	
供应链 1	0.00		0.00		0.97		0.95	
供应链 2	0.00		0.00		0.98		0.99	
供应链 3	0.00		0.00		1.00		1.00	
DMU	S_1^{0-}	S_2^{0-}	S_3^{0-}	S_4^{0-}	S_1^{0+}	S_2^{0+}	S_3^{0+}	S_4^{0+}	S_5^{0+}
供应链 1	0.10	56.98	0.97	23.99	0.00	0.43	0.01	0.10	0.04
供应链 2	0.09	55.89	0.92	18.95	1.10	0.45	0.02	0.11	0.05
供应链 3	0.00	0.00	0.00	0.00	0.00	0.00	0.00	0.00	0.00

7.5.2 评价结果分析

从表 7 - 59 可以得到如下结论：

①DMU1、DMU2 的 DEA 小于 1，显示供应链 1 和供应链 2 不是 DEA 有效的，表明这两条供应链在生产活动中投入过大，规模效益呈递减趋势。但能通过削减一定的投入量取得跟当前同水平的产出量。在这种供应链整体发展还不太成熟的情形下，需要提高供应链的技术水平和管理水平，考虑如何充分利用资源，以求更小的投入获得更大的产出，改善经济效益递减的趋势。

②DMU3 为 DEA = 1，且 $S_0^- = 0$，$S_0^+ = 0$。表明供应链 3 是 DEA 有效的，低碳研发费用率 R_1 投入要素达到最佳组合，充分利用资源，获得最大的产出功效。

综上所述，DEA 效率分析结果表明相对供应链 1 和供应链 2 而言，供应链 3 是具有 DEA 有效的。这一分析结论与前述采用供应链"碳排放内部损失成本—外部环境损害"二维评价方法得出的结论是吻合的。从多评价分析视角得出的相同结论可以说明该评价结果的可靠性和科学性。在供应链核心企业生产一定产量产品的情况下，显示供应链 3（SH 煤炭企业为上游煤炭供应商）比供应商优选决策前的供应链 1（KL 煤炭企业为上游煤炭供应商）更有效，资源配置和能源利用效率更高。在这 3 条供应链中，供应链 3 是最优供应链，且供应链 3 中的上游 SH 煤炭企业是最优的上游供应商。

值得注意的是,从本案例选取的输入指标具体问题分析,投入松弛变量有冗余,但不能说明供应链在提高低碳研发费用等投入过多,无论是对研发费用、减排费用还是其他环境改善费用等方面,供应链的投入都是值得鼓励的。但是关键要使投入真正发挥功效,如供应商提高装备水平,追加对环境治理的费用,取决于这些条件是否对环境改善及企业获利真正有所帮助。

供应链"碳流—价值流"评价是为了顺应时代的需求而建立的新模型,需要从理论和实践上进一步地探索。基于 DEA 的绩效评价方法为供应链"碳流—价值流"评价分析带来了新的思路,可以通过检验 DEA 是否有效,来判断供应链"碳流—价值流"评价当前相对运行状况。至于 DEA 无效的低碳供应链可以用投影计算的方法来改善投入指标,从而提高供应链整体绩效。本书仅仅对主要投入产出指标进行了仿真分析,在后续的工作中可以通过大数据对比分析,进而得到更精准的评价结果。

7.6 本 章 小 结

本章选取"煤—电—钢铁"供应链作为研究对象,模拟应用"碳流—价值流"核算、评价及决策优化与控制模型。

第一,对供应链上节点企业的资源消耗和废弃物排放情况进行深入分析[228-230],根据实地收集的生产数据,以 T 钢铁企业生产 100 万吨钢材为基准,按照生产工艺的逆向顺序依次确定各物量中心的资源消耗。再根据 T 钢铁企业消耗的资源(煤炭、电力),追溯到"煤—电—钢铁"供应链的上游企业。依据供应链上节点企业内部设置的物量中心以及企业之间的资源消耗情况,计算供应链上各物量中心的输入输出碳元素含量。依照资源价值流分析的基本原理,输出碳元素也分为输出端有效利用碳元素和废弃物碳损失。以正制品碳有效利用率和废弃物碳损失率为分配标准,计算出供应链各物量中心正制品碳有效利用成本和废弃物碳成本,且按照上游供应商提供给核心企业的产品数量占总产量的比例,分配应计入供应链的那部分供应商成本。由此计算出"煤—电—钢铁"供应链的碳价值流核算结果,供应链碳流核算按三段计量法计算。

第二，基于 DPSIR 框架评价指标体系，选择因子分析模型及 DEA 效率模型，对案例供应链进行综合评价。

第三，设计了供应链"碳内部损失成本—碳外部环境损害"二维评价方法，对不同上游煤炭企业构成的不同供应链（假设其他节点企业相同）进行评估，从中选择兼具经济和环境优势的供应链，由此推断最佳上游煤炭供应商。

第四，构建了嵌入信息共享参数的利益共享 Shapley 模型，对"煤—电—钢铁"供应链在共享利益方面进行合理分配，鼓励供应链节点企业积极参与信息共享，为最终实现供应链层面利益最大化、碳排放最小化提供稳定的组织保障。

案例应用及实践研究表明，供应链"碳流—价值流"管理框架在"煤—电—钢铁"供应链案例应用中效果良好，验证了该框架的科学性、可行性和有效性。

第8章

结论与展望

8.1 研究结论与政策建议

8.1.1 研究结论

本书综合运用供应链理论、资源价值流分析、产品全生命周期等理论及方法，结合分析当前低碳经济背景下低碳供应链管理和传统会计核算的局限性，通过融合碳流分析和碳流价值链分析，构建了基于供应链的"碳流—价值流"管理的理论结构与框架体系，并选取"煤—电—钢铁"供应链进行了案例应用验证。

低碳经济背景下基于产品生命周期的碳流分析为各生命周期阶段提供碳资源投入到碳资源输出的流向和流量信息，在碳流分析基础上，嵌入价值流分析，形成"碳流—价值流"融合与集成模式，将研究边界从微观企业扩展到供应链层面，提出了供应链"碳流—价值流"核算、评价、决策优化与控制体系，对实现降低碳减排义务履约成本、碳排放环境负荷降低"双赢"目标具有重要的理论与现实意义。本书的主要研究工作为：

首先，第4章中引入碳会计矩阵的构建理念，构建了供应链"碳流—价值流"核算体系。设计了供应链节点企业内部、节点企业以及供应链整体三个层级的"碳流—价值流"核算基本公式，并结合实际案例数据模拟推演了其核算过程，验证了其核算体系的有效性。

其次，第5章基于DPSIR模型框架构建了供应链"碳流—价值流"综合评价体系。以"状态"（如资源供需配比、经济效益、碳效率、协同效率）为评价目标，将影响供应链"碳流—价值流"综合评价的各种因素进行研究并且按驱动力、状态、压力、影响、响应进行划分，制定评价指标体系。结合因子分析法和 DEA 评价分析法对供应链整体状态进行有效性评价。

再次，第 6 章对供应链"碳流—价值流"决策优化和控制。第一，在"碳流—价值流"分析视角下进行供应商选择决策优化。核心企业基于控制前端碳排放的目的而优先选择低碳供应商。本书设计了"碳排放内部损失成本—外部环境损害"二维评价方法，从供应链整体出发对供应商进行分类和评价筛选；第二，供应链上各参与企业在实现局部优化后，要同时服从供应链整体利益最优的目标，开展供应链协同减排管控。将生态控制嵌入到供应链"碳流—价值流"管理实践中。

最后，第 7 章选取"煤—电—钢铁"供应链作为研究对象，通过案例验证"碳流—价值流"管理的可行性和有效性。

通过研究，本书的主要结论和观点如下：

①碳排放量与价值流紧密相关，其逻辑关联体现在产业链的能源流转中，要揭示其结构规律，需将核算范围从企业的组织边界延伸至上下游企业，其研究拓展了传统会计核算边界。以产品全生命周期的碳流为依据，计算碳元素流动所代表的价值流动数据，有助于该方法的适用边界从微观层面（企业）向中观层面（供应链）的延伸。

②构建供应链"碳流—价值流"的核算方法，应以流量分析视角集成多学科相关内容方式开展，借鉴资源价值流会计方法和产品生命周期理论，核算供应链上各功能单元（供应链整体、供应链节点企业以及企业内生产车间）的内部碳排放损失价值和外部碳排放损害价值以及供应链各节点的碳排放损失（非期望产出）。碳会计矩阵是供应链"碳流—价值流"二维核算的一种重要分析范式，它清晰直观地反映了供应链上各功能单元的核算结果，为各层级组织识别高碳排放点，提升供应链整体的资源生产率、碳效率以及开展"碳流—价值流"综合评价和优化控制提供有力的信息支撑。

③供应链碳元素流的运动轨迹，决定着价值流的走向与规模。不同供应链对应不同的供应链碳实物流（碳排放），形成不同的供应链内部碳损

失成本（价值）。根据不同供应链中碳实物流与价值流之间的对应关系，从"碳"元素视角考虑供应商选择，通过供应商的优选，重构碳元素流动路线，透明化供应链内部的各环节能源流和价值流，有助于供应链整体实现"碳流—价值流"的最优化。

④以"煤—电—钢铁"供应链作为案例分析对象进行实例验证，从实践角度验证理论方法的合理性和可行性。从供应链碳排放的"范围1～范围3"计量视角进行分析，选定的"煤—电—钢铁"供应链包含了钢铁企业、煤炭生产企业和燃煤发电企业三个企业，由此确定供应链直接和间接碳排放核算范畴。将"碳流—价值流"管理体系（核算、评价及决策优化与控制模型）在案例供应链中进行具体实施，理论与实践相结合，为在其他供应链中应用和推广"碳流—价值流"管理提供应用指南。

通过案例研究分析，归纳出以下三条可供推广和借鉴的管理建议：

第一，根据对评价指标的因子分析可知，部分投入指标如供应链产销率、供应链碳效率指数、信息共享率、可再生能源利用率、市场占有率等权重系数较大，影响程度高，当供应链核心企业在低碳供应链合作时，首先加强供应链管理，提升库存水平和产品质量；其次促进资源循环与再利用，采用可再生能源，减少碳排放；再次加强供应链企业间信息交流与共享，以便优化资源配置，提高信息资源利用率，提升整体财富；最后加强创新，提供优质高价产品，增加市场占有率。

第二，供应链核心企业在选择供应商时，不仅应考虑其经济效益，还应关注其环境效益和碳效率。从"碳"元素视角考虑供应商选择，将碳排放效率纳入供应商的评级，并且在与供应商合作期间，协助供应商改进其资源使用效率，为供应商提供节能减排培训，鼓励供应商设定自身的减排目标，从而提升供应链企业可持续发展。

第三，在需要较高水准的资源投入、信息共享的供应链企业间"碳流—价值流"实践中，信息共享程度是衡量利益分配的一项重要指标。在利益分配机制中加入信息共享激励参数，对于制定更加科学合理的利益分配政策有帮助，更能体现出利益分配的公平合理，从而保证这种组织间制度更持久稳固地实施下去。

8.1.2　政策建议

基于供应链构建"碳流—价值流"管理体系，从核算、评价、决策优化和控制多方面建立方法体系。方法只是工具，其目的是管理。综合进行供应链的碳排放实物管理和价值管理，实现经济价值不断增加的同时提高碳资源高效利用水平。

供应链"碳流—价值流"管理体系研究为实务界和理论界应用提供方法和指南。

（1）实务界应用建议

第一，政府部门应用。首先建议生态和环境管理部门从供应链角度入手，建立健全环境规制相关的政策体系，对供应链、产业链项目进行整体诊断、评价规划以及环境绩效考核工作，实现宏观和中观层面的合理规划；其次发挥环境规制政策的引导作用，通过完善碳排放权交易市场[231-232]等，激励供应链企业间交流合作，进行整体碳减排以实现效益最大化，同时对碳减排成效显著的供应链企业给予奖励，如增加税收优惠、授予荣誉称号、给予环保补贴等；最后对金融机构的决策取向也应给予引导，提倡金融机构实施绿色信贷等绿色金融政策，严格控制高污染高耗能企业投资，促使供应链整体进行节能减排、转型升级。

第二，企业层面应用。建议企业从供应链整体角度考虑节能减排，改变能源消耗结构，多使用清洁能源，用于企业自身能源结构调整，提高企业参与节能减排的意识[233]，加强与上下游企业信息交流和共享，优化供应链上整体资源配置，提升供应链运作效率；此外，建议供应链上下游企业在产品生命周期内进行自身能源消耗情况核查，明晰能源消耗过程和关键节点，优化上下游企业合作决策，加强供应链上核心企业和关联企业的碳流、价值流的有效管理，实现供应链整体价值最大化。

（2）理论界应用建议

本书扩展了环境管理会计学的研究边界，主要建议如下：首先以碳会计、碳管理会计的方法体系为方法论基础，进一步丰富并扩展碳管理会计的方法工具箱；其次深入研究多级组织的"碳流—价值流"核算新方法，拓展"碳流—价值流"领域的研究文献和模型方法；最后检验了 DPSIR 模型、Shapley 模型、因子分析法和 DEA 方法在供应链的"碳流—价值流"

评价及优化体系的应用，建议进一步系统集成并创新供应链"碳流—价值流"综合评价及优化模型。

8.2 研究不足与展望

8.2.1 研究不足

本书试图构建基于供应链的"碳流—价值流"管理理论结构与框架体系，但由于时间仓促，同时碍于本人的学术水准还不够深厚，文中还存在许多不足，主要表现在以下4个方面：

①供应链"碳流—价值流"决策优化内容及方法还需进一步创新，如在供应商选择决策中，仅考虑了单一供应商的选择，没有考虑多方供应商供应原料和能源的情况，需要进一步探讨基于"碳流—价值流"分析视角下供应商组合最优决策方法。

②验证案例设计的不足。第一，验证案例为单一案例，没有从多案例视角进行多维度论证；第二，案例对象选择的局限。由于实际数据难以取得，验证案例选择以"煤—电—钢铁"供应链为研究对象，在案例设计中没有考虑下游企业。

③数据收集、应用上的不足。本书在进行供应链"碳流—价值流"核算、决策控制与优化等，鉴于部分指标的实际数据较难获取且存在一定偏差，因此，出于全面性角度考虑，采用真实数据与模拟数据相结合的方式进行研究，导致在数据收集、应用上与企业实际情况存在一定出入。

④供应链"碳流—价值流"综合评价只通过主要投入产出指标进行仿真分析，在后续的工作中可以通过大数据对比分析，从而使得评价结果更为精准[234]。

8.2.2 研究展望

供应链"碳流—价值流"管理工具是一项有效的环境管理会计方法，它是涉及多学科理论的集成研究，其研究还处于初期阶段，还存在很多问题尚待进一步深入研究：

①供应链"碳流—价值流"控制的定量研究。本书主要从理论上构建了基于生态控制的供应链"碳流—价值流"管理控制框架，尚未涉猎控制定量模型的建立。由于供应链"碳流—价值流"管理控制对象涉及多个主体，且主体之间存在静态和动态博弈，控制过程具有一定的复杂性，部分目标难以量化。因此，优化供应链"碳流—价值流"定量控制将是未来研究的一个重点。

②设计、构建与供应链"碳流—价值流"管理体系相匹配的数据库系统。供应链是一系列企业的组合，将数据库系统与供应链节点企业进行实时对接以及实时吸收供应链节点企业内部和企业之间的数据[235]，并且将这些数据进行存储、加工、转换，反馈给供应链信息需求者，为供应链"碳流—价值流"管理决策提供决策有用信息。同时，加大力度开发适合中国企业实情的《碳排放强度水平数据库》，为中国大力开展企业范围3排放的计算提供基础数据支持。

③供应链"碳流—价值流"核算、评价与优化控制等的实施与运用是一个多因素控制的复杂过程，受到诸多因素的影响，包括成本效益、公众参与、供应链中节点企业数量及规模等[236]。在不同的因素影响下，供应链"碳流—价值流"核算、评价结果也会不一样，对供应链管理者的决策结果产生不同程度的影响。在后续的研究中考虑更多的影响因素，使其研究更为丰富，更完整。

附 录

供应链碳排放计算范围的说明

附表 1

排放类型		类别	类别说明	包含的排放
范围 1	直接排放	运输以外的活动		
		运输		
范围 2	间接排放	使用他人提供的电和热量		
上游范围 3 排放	其他间接排放	1. 购买的产品和服务	报告企业在报告年内购买或要求的产品和服务的提取、生产和运输，非第二类第 9 条包含的	● 购买的产品和服务——从摇篮到厂门的排放
		2. 资本产品	报告企业在报告年内购买的资本产品的提取、生产和运输	● 购买的资本产品——从摇篮到厂门排放
		3. 不包括在范围 1 或范围 2 的燃料和能源相关活动	范围 1 或范围 2 未核算的、报告企业消耗相关的活动和能源相关的活动： A：报告企业消耗的燃料的提取、生产和运输 B：报告企业消耗的电力、热、蒸汽、冷的提取、生产和运输 C：T&D 系统（报告的终端用户）消耗的终端用户 D：报告企业购买的以及售出给终端用户（由效用热、电、冷的生产企业或能源零售商报告）的电力、蒸汽、热、冷的生产	A：从原材料提取到（包括）燃烧的所有上游（摇篮到厂门）排放 B：从原材料提取到（包括）燃烧的所有上游（摇篮到厂门）排放 C：购买能源的燃烧排放 D：购买能源的燃烧排放

续表

排放类型	类别	类别说明	包含的排放
上游范围3排放 其他间接排放	4. 运输和配送（上游）	●报告企业在报告年内购买的产品的第三方运输和配送，包括企业一级供应商和各供应商之间；企业或客户之间（报告企业付费） ●报告企业购买的产品的运输和配送（包括境内和境外物流）	●车辆和设备使用（如能耗）的范围1和范围2排放 ●选择性的：车辆、设备或设施制造相关的生命周期排放
	5. 运营中产生的废物	●报告企业在报告年内产生的废物的第三方处理	●处理期间产生的范围1和范围2排放
	6. 商务旅行	●员工使用第三方所有和运营的车辆进行的商业相关的交通	●使用车辆（如能耗）产生的范围1和范围2排放 ●选择性的：车辆或设施制造相关的生命周期排放
	7. 员工通勤	●员工上下班交通	●使用车辆（如能耗）产生的范围1和范围2排放 选择性的：员工远程办公排放
	8. 租赁资产（上游）	●报告企业在报告年内的租赁资产运营，不包含在范围1和范围2内（租赁人报告）	●租赁资产运营（如能耗）产生的范围1和范围2排放 ●选择性的：租赁资产制造相关的生命周期排放
下游范围3排放 其他间接排放	9. 运输和配送（下游）	●售出产品从出售时到终端用户的第三方运输和配送（非报告企业付费），包括零售和储存	●车辆和设备使用时产生的范围1和范围2排放 ●选择性的：车辆、设备或设施制造相关的生命周期排放
	10. 售出产品的加工	●下游价值链合作伙伴（如制造商）进行的售出产品的加工	●加工过程中产生的范围1和范围2排放（如能耗）

续表

排放类型	类别	类别说明	包含的排放
其他间接排放 下游范围3排放	11. 售出产品的使用	消费者使用报告企业在报告年售出的产品和服务	• 售出产品（即使用时产生的范围1和范围2排放）——仅限直接耗能（燃料和电力），以及温室气体和含有使用时排放温室气体的产品的使用排放 • 选择性的：售出产品间接使用排放
	12. 售出产品的最终处理	报告企业售出的产品最终废物处理	• 废物处理产生的范围1和范围2排放
	13. 租赁资产（下游）	在报告年内报告企业所有或出租给其他实体组织进行的资产运营，不包括在范围1和范围2内（出租人报告）	• 租赁资产运营（如能耗）产生的范围1和范围2排放
	14. 特许运营	特许运营，不包括在范围1和范围2内（特许运营人报告）	• 特许运营产生的范围1和范围2排放 • 选择性的：构成特许运营相关的生命周期排放
	15. 投资	范围1和范围2不包括的投资运营，包括股权投资和债务投资	• 投资人产生的：投资入范围3排放 • 选择性的：投资人范围3排放

案例企业部分能源指标参考值

附表2

资源种类	低位发热量 GJ/t 或 GJ/$10^4 \times Nm^3$	单位热值含碳量 tC/GJ	燃料碳氧化率
原煤（吨）	20.908	0.026	
洗精煤（吨）	26.334	0.025	0.980
贫煤（吨）	23.740	0.026	

续表

资源种类	低位发热量 GJ/t 或 GJ/$10^4 \times Nm^3$	单位热值含碳量 tC/GJ	燃料碳氧化率
烟煤（吨）	24.710	0.026	0.980
无烟煤（吨）	26.120	0.027	0.980
燃料油（吨）	41.816	0.021	0.980
柴油（吨）	42.652	0.020	0.980
焦炉煤气（$10^4 \times Nm^3$）	179.810	0.014	
高炉煤气（$10^4 \times Nm^3$）	33.000	0.071	
转炉煤气（$10^4 \times Nm^3$）	84.000	0.050	
煤粉（吨）	20.908	0.027	
煤矸石（吨）	12.545	0.029	

附表3　中国煤炭分类系统下不同煤种的含碳量数值区间

煤种	含碳量（%）
褐煤	60~76.5
长焰煤	77~81
气煤	79~85
肥煤	82~89
焦煤	86.5~91

续表

煤种	含碳量（%）	排放强度水平
瘦煤	88～92.5	每种物质的排放强度
	88～92.7	按金额的排放强度单位
无烟煤	89～98	每个资本形成部门的每个资本品价格的排放强度

注：含碳量是煤炭分类的重要指标，不同煤炭品种的含碳量不同。

附表 4   范围 3 中各类别排放量计算方法及基本公式介绍

范围 3 类别	计算方法	活动量（活动水平）	排放强度水平
1. 购买的产品和服务	①根据采购量计算	采购量（每类采购项目）	每种物质的排放强度
	②根据采购金额计算	采购金额（每类采购项目）	按金额的排放强度单位
2. 资本产品	用资本支出计算（设备投资额）	年度资本投资金额（按整个企业或按业务划分）	每个资本形成部门的每个资本品价格的排放强度
3. 不包括在范围 1 或范围 2 的燃料和能源相关活动	根据采购量计算	按燃料及能源类型的采购量	每种燃料和能源类型的采购量的排放强度
4. 运输和配送（上游）	自己公司托运人的运输	采购物品的重量，运输距离	每种运输方式的排放强度
5. 运营中产生的废物	使用废物处理托运金额计算	废物处理委托量，按废物类型计算	按废物分类的每单位废物处理的排放强度
6. 商务旅行	①根据商务旅行费用计算	商务旅行费用金额（出差旅费金额）	单位商务旅行费用金额的排放强度
	②根据员工人数计算	员工人数	每位员工的排放强度

续表

范围3 类别	计算方法	活动量（活动水平）	排放强度水平
7. 员工通勤	①根据通勤费用计算	通勤费用金额	通勤费用金额的单位排放强度
	②根据员工人数计算	员工人数和工作天数	员工人数×工作日数每单位排放强度
8. 租赁资产（上游）	在计算、报告和发布系统中，不包括在公司的（租赁）业务场所（工厂、办公室等）	相当于范围1和范围2的排放（相当于范围1和范围2）
9. 运输和配送（下游）	按吨千米计算	运输重量，（托运人自己发货后）运输距离	每种运输方式的排放强度
10. 售出产品的加工		中间产品加工过程中的能耗，产品出货后数量等	能量类型的排放强度水平
11. 售出产品的使用	能源使用产品（如汽车、发动机、家用电器）	销售的最终产出的出货量、每天的平均使用时间、使用年数	运行期间使用的能量的排放强度
12. 售出产品的最终处理	使用废物量计算	每件产品的废物量，产品出货量等	处理每种废物时，每单位废物分类排放强度
13. 租赁资产（下游）	使用能耗计算	租赁资产的年度能源消耗	按能量类型的排放强度水平
14. 特许运营	使用能耗计算	特许经营店的各种能源消耗	能量类型的排放强度
15. 投资	①股票投资计算	持有的股份数量	被投资方的每股排放强度（投资目标年度范围1、范围2排放量/投资目的地已发行股份总数）
	②项目融资的计算	投资目的地项目终身运营时的各种能源用量	能源类型的排放强度水平

参 考 文 献

［1］周守华，谢知非，徐华新. 生态文明建设背景下的会计问题研究［J］. 会计研究，2018（10）：3－10.

［2］周志方，肖序. 企业碳管理会计研究［M］. 北京：中国社会科学出版社，2019.

［3］［日］田村堅太郎. 解决"巴黎协定"下的气候变化问题パリ协定の下での气候变动问题への取り組み［R］. IGES 关西研究中心，2017.

［4］潘勋章，王海林. 巴黎协定下主要国家自主减排力度评估和比较［J］. 中国人口·资源与环境，2018，28（9）：8－15.

［5］CDP. CDP Supply Chain Report 2017/2018. Closing the Gap：Scaling up sustainable supply chains［R］. 2018. https：//www. cdp. net.

［6］钟芳，王满，周鹏. 供应链下的管理会计工具整合运用与企业绩效［J］. 华东经济管理，2019，33（1）：145－153.

［7］Matthews H，Hendrickson C，Weber C. The importance of carbon footprint estimation boundaries［J］. Environmental Science & Technology，2008，42（16）：5839－5842.

［8］Huang Y A，Weber C L，Matthews H S. Categorization of scope 3 emissions for streamlined enterprise carbon footprinting［J］. Environmental Science & Technology，2009，43（22）：8509－8515.

［9］Vachon S，Klassen R D. Environmental management and manufacturing performance：The role of collaboration in the supply chain［J］. International Journal of Production Economics，2007，111（2）：299－315.

［10］World Business Council for Sustainable Development/World Resources Institute（WBCSD/WRI），The Greenhouse Gas Protocol. A Corporate Accounting and Reporting Standard (Revised Edition) [S]. Washington D C, USA, 2004.

[11] World Business Council for Sustainable Development/World Resources Institute (WBCSD/WRI), The Greenhouse Gas Protocol. Corporate value chain (scope 3) accounting and reporting standard. Supplement to the GHG protocol corporate accounting and reporting standard [S]. Washington/Conches – Geneva, 2011.

[12] Downie J, Stubbs W. Evaluation of Australian companies' scope 3 greenhouse gas emissions assessments [J]. Journal of Cleaner Production, 2013 (56): 156 – 163.

[13] ISO/TR 14069. Greenhouse gases – Quantification and reporting of greenhouse gas emissions for organizations – Guidance for the application of ISO 14064 – 1 [S]. ISO/TC 207/WG1 7, 2013.

[14] ISO 14064 – 1. Greenhouse gases – Part 1: Specification with guidance at the organization level for quantification and reporting of greenhouse gas emissions and removals (E) [S]. ISO/TC 207/WG1 7: 2018.

[15] [日] 環境省経済産業省. サプライチェーンを通じた温室効果ガス排出量算定に関する基本ガイドライン (ver. 2.3) [S]. 2017.

[16] ISO14051. International Organization for Standardization. Environmental management – Material flow cost accounting – General Framework [S]. Geneve: Internationl Organization for Standardization, 2011.

[17] Christ K L, Burritt R L. ISO 14051: A new era for MFCA implementation and research [J]. Revista De Contabilidad, 2016, 19 (1): 1 – 9.

[18] ISO14052. International Organization for Standardization. Environmental management—Material flow cost accounting—Guidance for practical implementation in a supply chain [S]. Geneve: Internationl Organization for Standardization, 2017.

[19] 高利芳, 李修玉. 物质流成本会计的 ISO 标准演进与创新扩散研究 [J]. 云南财经大学学报, 2019, 35 (6): 11 – 21.

[20] Burritt R L, Shaltegger S, Bennett M, et al. Sustainable supply chain management and environmental management accounting [M]. Springer, Berlin, 2011.

[21] Roger L. Burritt, S Schaltegger, D Z. Carbon management accounting: Explaining practice in leading german companies [J]. Australian Accounting Review, 2011, 21 (1): 80 –98.

[22] Burritt R L, Tingey – Holyoak J. Forging cleaner production: The importance of academic-practitioner links for successful sustainability embedded carbon accounting [J]. Journal of Cleaner Production, 2012 (36): 39 –47.

[23] Krishnendu S, Ravi S, Surendra S, et al. Supplier selection using fuzzy AHP and fuzzy multi-objective linear programming for developing low carbon supply chain [J]. Expert Systems with Applications, 2012, 39 (9): 8182 – 8192.

[24] 杨文佳. 基于投入产出分析的供应链碳排放评价研究 [D]. 北京: 北京交通大学, 2011.

[25] 赵道致, 原白云, 夏良杰, 等. 碳排放约束下考虑制造商竞争的供应链动态博弈 [J]. 工业工程与管理, 2014, 19 (1): 65 –71.

[26] 邹安全. 低碳经济下钢铁供应链碳排放测算与控制研究 [M]. 北京: 中国财富出版社, 2016.

[27] Ki – Hoon Lee. Carbon accounting for supply chain management in the automobile industry [J]. Journal of Cleaner Production, 2012 (36): 83 –93.

[28] 徐丽群. 低碳供应链构建中的碳减排责任划分与成本分摊 [J]. 软科学, 2013, 27 (12): 104 –108.

[29] 魏守道. 碳交易政策下供应链减排研发的微分博弈研究 [J]. 管理学报, 2018, 15 (5): 782 –790.

[30] 黄春丽. 基于行为因素的低碳供应链减排决策模型研究 [D]. 哈尔滨: 哈尔滨理工大学, 2019.

[31] Zhifang Zhou, Lei Nie, Huanyong Ji, et al. Does a firm's low-carbon awareness promote low-carbon behaviors? Empirical evidence from China [J]. Journal of Cleaner Production, 2020 (244).

[32] Stewart Jones, Janek Ratnatunga. An Inconvennient Truth about Accounting: The Paradigm Shift Required in Carbon Emissions Reporting and Assurance. American Accounting Association Annual Meeting, Anaheim CA 2008.

[33] Michel Callon. Civilizing markets: Carbon trading between in vitro and

in vivo experiments [J]. Accounting, Organizations and Society, 2008, 34 (3): 535 – 548.

[34] Jan Bebbington, Carlos Larrinaga – Gonzalez. Carbon trading: Accounting and reporting issues [J]. European Accounting Review, 2008, 17 (4): 697 – 717.

[35] 周志方, 肖序. 国际碳会计的最新发展及启示 [J]. 经济与管理, 2009, 23 (11): 91 – 95.

[36] 张白玲. 基于物质流分析的碳会计核算体系构想 [C]. 中国会计学会环境会计专业委员会. "环境会计与西部经济发展" 学术年会论文集. 中国会计学会环境会计专业委员会: 中国会计学会, 2010: 13.

[37] 强殿英, 文桂江. 国外碳会计基本内容及对其借鉴意义 [J]. 财会月刊, 2011 (12): 82 – 83.

[38] 肖序, 郑玲. 低碳经济下企业碳会计体系构建研究 [J]. 中国人口·资源与环境, 2011, 21 (8): 55 – 60.

[39] 陈小平, 王德发. 碳会计核算体系研究 [J]. 会计之友, 2012 (10): 14 – 16.

[40] 敬彩云. 企业循环经济会计理论研究 [M]. 北京: 中国经济出版社, 2013.

[41] 王爱国. 碳交易市场、碳会计核算及碳社会责任问题研究 [M]. 桂林: 广西师范大学出版社, 2017.

[42] 涂建明, 邓玲, 沈永平. 企业碳预算的管理设计与制度安排——以发电企业为例 [J]. 会计研究, 2016 (3): 64 – 71, 96.

[43] 王立彦, 蒋洪强. 环境会计 [M]. 北京: 中国环境出版社, 2014.

[44] 张薇, 伍中信, 王蜜, 等. 产权保护导向的碳排放权会计确认与计量研究 [J]. 会计研究, 2014 (3): 88 – 94, 96.

[45] 刘美华, 李婷, 施先旺. 碳会计确认研究 [J]. 中南财经政法大学学报, 2011 (6): 78 – 85.

[46] 袁广达. 环境管理会计 [M]. 北京: 经济科学出版社, 2016.

[47] 崔也光, 周畅. 京津冀区域碳排放权交易与碳会计现状研究 [J]. 会计研究, 2017 (7): 3 – 10, 96.

[48] 杜子平, 刘永宁, 孟琛. 基于共词聚类分析法的碳会计研究 [J].

财会通讯，2018（16）：24 - 29.

［49］沈洪涛，戴云，张洁静．碳排放权交易机制与企业碳透明度［J］．财会月刊，2019（1）：151 - 161.

［50］Yalian Zhang, Liyun Gu, Xin Guo. Carbon audit evaluation system and its application in the iron and steel enterprises in China［J］. Journal of Cleaner Production, 2020（248）.

［51］Kristin Stechemesser, Edeltraud Guenther. Carbon accounting: A systematic literature review［J］. Journal of Cleaner Production, 2012（36）.

［52］Larry Lohmann. Toward a different debate in environmental accounting: The cases of carbon and cost-benefit［J］. Accounting, Organizations and Society, 2008, 34（3）：499 - 534.

［53］罗喜英．碳管理会计概念框架的权变解读［J］．财会月刊，2016（7）：108 - 110.

［54］何建国，余占江．企业碳管理会计系统构建研究［J］．财会通讯，2015（16）：36 - 38.

［55］张亚连．我国碳会计制度设计与运行机制研究［M］．北京：经济科学出版社，2018.

［56］郑玲，周志方．全球气候变化下碳排放与交易的会计问题：最新发展与评述［J］．财经科学，2010（3）：111 - 117.

［57］杨蓓，汪方军，黄侃．适应低碳经济的企业碳排放成本模型［J］．西安交通大学学报（社会科学版），2011，31（1）：44 - 47.

［58］肖序，熊菲，周志方．流程制造企业碳排放成本核算研究［J］．中国人口·资源与环境，2013，23（5）：29 - 35.

［59］麦海燕，麦海娟．供应链碳成本管理浅析［J］．财务与会计，2017（23）：66 - 67.

［60］葛菁，张艳，杨石宝．基于环境资本依赖的碳管理会计本量利分析方法研究［J］．环境科学与管理，2018，43（11）：1 - 5.

［61］David P Turner, et al. A carbon budget for Forests of the Conterminous United States［J］. Ecological Applications, 1995（5）.

［62］Lesiv M, Shvidenko A, Schepaschenko D, et al. A spatial assessment of the forest carbon budget for Ukraine［J］. Mitigation & Adaptation Strategies for

Global Change, 2019 (24): 985 – 1006.

[63] Llavador H, Roemer J E. Global unanimity agreement on the carbon budget [J]. Economics Working Papers, 2019.

[64] 潘家华. 新型城镇化道路的碳预算管理 [J]. 经济研究, 2013 (3): 12 – 14.

[65] 刘明明, 李光禄. 财政管理视野下中国碳预算体系的构建 [J]. 湖北社会科学, 2019 (6): 50 – 55.

[66] 赵荣钦, 黄贤金, 徐慧, 等. 城市系统碳循环与碳管理研究进展 [J]. 自然资源学报, 2009, 24 (10): 1847 – 1859.

[67] 周志方, 李成, 曾辉祥. 基于产品生命周期的企业碳预算体系构建 [J]. 江西社会科学, 2016 (11): 72 – 79.

[68] 闫华红, 马岳明, 王德河. 水泥企业碳预算体系的构建 [J]. 统计与决策, 2018, 34 (11): 185 – 188.

[69] 郑普. 碳预算管理体系构建及应用——以钢铁企业为例 [J]. 财会通讯, 2020 (6): 172 – 176.

[70] 殷俊明, 邓倩, 江丽君, 等. 嵌入碳排放的三重预算模型研究 [J]. 会计研究, 2020 (7): 78 – 89.

[71] Ellerman A D. Pricing carbon: The European Union Emissions trading scheme [M]. Paris Dauphine University, 2007.

[72] Diaz – Rainey I, Tulloch D J. Carbon pricing and system linking: Lessons from the New Zealand Emissions Trading Scheme [J]. Energy Economics, 2018 (73): 66 – 79.

[73] Benjaafar S, Li Y, Daskin M S, et al. Carbon footprint and the management of supply chains: Insights from simple models [J]. IEEE Transactions on Automation Science and Engineering, 2013, 10 (1): 99 – 116.

[74] 宋瑶, 赵道致. 基于低碳经济的制造商产品组合优化 [J]. 系统工程, 2012 (9): 79 – 85.

[75] 杨清荃, 汪传旭. 考虑碳排放权交易的供应链三方企业价格决策 [J]. 复旦学报 (自然科学版), 2016, 55 (1): 18 – 27.

[76] 张济建, 金涛. 供应链碳资产质押融资模式下碳排放权最优定价 [J]. 企业经济, 2019, 38 (4): 22 – 30.

［77］Javaria R，Mumtaz K，Naveed A，et al. Performance evaluation of carbon black nano-particle reinforced asphalt mixture［J］. Applied Sciences，2018，8（7）：1114.

［78］Zhongbao Zhou，Cenjie Liu，Ximei Zeng，et al. Carbon emission performance evaluation and allocation in Chinese cities［J］. Journal of Cleaner Production，2018（172）.

［79］Hsiao T Y. Developing a dual-perspective low-carbon tourism evaluation index system for travel agencies［J］. Journal of Sustainable Tourism，2016，24（12）：1－20.

［80］李世辉，许蒙蒙，周志方. 基于物元可拓模型的热电企业碳绩效评价［J］. 科技管理研究，2017，37（20）：236－244.

［81］Volker H. Hoffmann，Timo Busch. Corporate carbon performance indicators：carbon intensity，dependency，exposure，and risk［J］. Journal of Industrial Ecology，2008，12（4）：505－520.

［82］张彩平，肖序. 企业碳绩效指标体系［J］. 系统工程，2011，29（11）：71－77.

［83］杨博. 企业碳会计核算内容论析［J］. 江西社会科学，2013，33（8）：223－226.

［84］CDP. The A list，the CDP climate performance leadership index 2014［R］. London：CDP Head Office，2014.

［85］张彩平，吴倩雯. 基于能源流视角的碳绩效评价标准研究［J］. 大连理工大学学报（社会科学版），2016，37（4）：52－56.

［86］何玉，唐清亮，王开田. 碳绩效与财务绩效［J］. 会计研究，2017（2）：76－82.

［87］周志方，肖恬，曾辉祥. 企业碳绩效与财务绩效相关性研究——来自英国富时350指数的证据［J］. 中国地质大学学报（社会科学版），2017，17（5）：32－43.

［88］张亚连，黄帅，张夙. 实现新型城镇化的碳绩效评价体系构建及其应用［J］. 中南林业科技大学学报（社会科学版），2017，11（1）：34－39.

［89］黄帅. 企业碳管理会计体系构建及应用研究［D］. 长沙：中南林业科技大学，2018.

［90］周志方，李祎，肖恬，等. 碳风险意识、低碳创新与碳绩效［J］. 研究与发展管理，2019，31（3）：72 - 83.

［91］胡长庆. 烧结过程物质流和能量流分析［C］. 中国金属学会能源与热工分会. 2006全国能源与热工学术年会论文集. 中国金属学会能源与热工分会：中国金属学会，2006：550 - 554.

［92］殷瑞钰. 钢铁制造流程的本质、功能与钢厂未来发展模式［J］. 中国科学（E辑：技术科学），2008（9）：1365 - 1377.

［93］殷瑞钰. 冶金流程工程学（第2版）［M］. 北京：冶金工业出版社，2009.

［94］李兴基. 物流能流与城市环境保护［J］. 环境保护，1979（5）：11 - 13.

［95］刘伟，鞠美庭，邵超峰，等. 中国能源消耗趋势与节能减排对策［J］. 环境保护，2008（17）：38 - 42.

［96］金友良，童晓姣. 低碳背景下企业能源价值流分析——以氧化铁红生产为例［J］. 科技管理研究，2016，36（12）：235 - 239.

［97］［美］Dolcemascolo D. 价值流管理：面向全局供应链的精益方法［M］. 任建标，顾静怡，译. 北京：中国财政经济出版社，2008.

［98］肖序，刘三红. 基于"元素流—价值流"分析的环境管理会计研究［J］. 会计研究，2014（3）：79 - 87.

［99］常征. 基于能源利用的碳脉分析［D］. 上海：复旦大学，2012.

［100］［日］国部克彦，伊坪德宏，水口刚. 环境经营会计（第二版）［M］. 葛建华，吴绮，译. 北京：中国政法大学出版社，2014：58 - 68.

［101］Farizah Sulong, Maliah Sulaiman, Mohd Alwi Norhayati. Material Flow Cost Accounting (MFCA) enablers and barriers: the case of a Malaysian small and medium-sized enterprise (SME)［J］. Journal of Cleaner Production, 2015 (108): 1365 - 1374.

［102］Prox M. Material flow cost accounting extended to the supply chain-challenges, benefits and links to life cycle engineering［J］. Procedia Crip, 2015 (29): 486 - 491.

［103］Michiyuki Yagi, Katsuhiko Kokubu. Corporate material flow management in Thailand: The way to material flow cost accounting［J］. Journal of Cleaner

Production，2018（198）：763 – 775.

［104］Michiyuki Yagi，Katsuhiko Kokubu. Waste decomposition analysis in Japanese manufacturing sectors for material flow cost accounting ［J］. Journal of Cleaner Production，2019（224）：823 – 837.

［105］Majid Dekamin，Morteza Barmaki. Implementation of material flow cost accounting（MFCA）in soybean production ［J］. Journal of Cleaner Production，2019（210）：459 – 465.

［106］肖序，金友良. 论资源价值流会计的构建——以流程制造企业循环经济为例 ［J］. 财经研究，2008（10）：122 – 132.

［107］周志方，肖序. 两型社会背景下企业资源价值流转会计研究 ［M］. 北京：经济科学出版社，2013：85 – 89.

［108］郑玲. 基于生态设计的资源价值流转会计研究 ［M］. 北京：经济科学出版社，2012.

［109］谢志明. 燃煤发电企业循环经济资源价值流研究 ［M］. 北京：经济科学出版社，2013.

［110］熊菲. 循环经济"元素流—价值流"研究——以钢铁企业为例 ［D］. 长沙：中南大学，2015.

［111］Fei Xiong，Xu Xiao，Xiaohong Chen，et al. Path optimization of Chinese aluminum corporation for a circular economy strategy based on a resource value flow model：a case study of chinalco ［J］. Environmental Engineering and Management Journal，2015，14（8）：1923 – 1932.

［112］冯巧根. 基于环境经营的物料流量成本会计及应用 ［J］. 会计研究，2008（12）：69 – 76，94.

［113］王敏，王普查，邓建高. 基于循环经济的资源价值流成本核算方法研究——以钢铁制造企业为例 ［J］. 科技管理研究，2015，35（12）：229 – 232.

［114］周志方，刘烈梅. 资源价值流转下火电企业环保投资决策研究 ［J］. 科技进步与对策，2017，34（9）：114 – 120.

［115］燕凌羽. 中国铁资源物质流和价值流综合分析 ［D］. 北京：中国地质大学，2013.

［116］肖序，李成，曾辉祥. MFCA 的生命周期视角扩展：机理、方法与案例 ［J］. 系统工程理论与实践，2016，36（12）：3164 – 3174.

［117］朱鹏. 基于"物料流—价值流"企业循环经济效率评价研究［J］. 财经理论与实践, 2016, 37 (3): 117 - 122.

［118］肖序, 曾辉祥, 李世辉. 环境管理会计"物质流—价值流—组织"三维模型研究［J］. 会计研究, 2017 (1): 15 - 22.

［119］Tao Zou, Huixiang Zeng, Zhifang Zhou, et al. A three-dimensional model featuring material flow, value flow and organization for environmental management accounting［J］. Journal of Cleaner Production, 2019 (228).

［120］魏晓博, 顾永昆. 我国生猪养殖的资源价值流核算比较研究［J］. 经济地理, 2018, 38 (5): 152 - 160, 207.

［121］朱鹏. 资源价值流转会计视角的污染治理思路——以水泥行业协同消纳生活垃圾为例［J］. 会计研究, 2019 (12): 85 - 91.

［122］张彩平, 郭溯源. 谈基于"碳素流—价值流"的碳成本核算［J］. 财会月刊, 2019 (23): 8 - 14.

［123］Caiping Zhang, Suyuan Guo, Lin Tan, et al. A carbon emission costing method based on carbon value flow analysis［J］. Journal of Cleaner Production, 2020 (252).

［124］Frank Hartmann, Paolo Perego, Anna Young. Carbon accounting: Challenges for research in management control and performance measurement［J］. ABACUS, 2013, 49 (4): 539 - 563.

［125］Zhen Li, Huixiang Zeng, Xu Xiao, et. al. Resource value flow analysis of paper-making enterprises: A Chinese case study［J］. Journal of Cleaner Production, 2019 (213): 577 - 587.

［126］金友良, 彭满如, 李世辉. 资源价值流会计在园区的扩展研究——废弃物资源化视角［J］. 会计研究, 2018 (9): 17 - 24.

［127］Xu Xiao, Zhen Li, Yi Li, et al. Optimization analysis of water resources value transfer in iron and steel enterprises［J］. Desalination and Water Treatment, 2018 (125): 124 - 131.

［128］王能民, 孙林岩, 汪应洛. 绿色供应链管理［M］. 北京: 清华大学出版社, 2005.

［129］杨红娟. 低碳供应链管理［M］. 北京: 科学出版社, 2013.

［130］罗岚, 姚琪, 殷伟, 等. 高等院校应用型本科"十三五"规划教

材，经管类：供应链管理 [M]. 武汉：华中科技大学出版社，2016.

[131] 周敏李. 集群式供应链成本核算与控制模型研究 [D]. 南京：南京理工大学，2011.

[132] 郭君臣. 电子商务企业供应链成本控制研究——以京东商城为例 [J]. 财会通讯，2017（32）：68 - 71.

[133] 王蓉，陈良华. 供应链成本理论（SCC）演进框架解析与中国应用展望 [J]. 东南大学学报（哲学社会科学版），2011，13（1）：28 - 31.

[134] Seuring S, Goldbach M.（Eds.）. Cost Management in Supply Chains [M]. Physica - Verlag, Heidelberg, 2002.

[135] Steen B. Environmental costs and benefits in life cycle costing [J]. Management of Environmental Quality an International Journal, 2005, 16（2）: 107 - 118.

[136] Norris G A. Integrating life cycle cost analysis and LCA [J]. International Journal of Life Cycle Assessment, 2001. 6（2）: 118 - 120.

[137] Marc J. Epstein. Improving Environmental management with full environmental cost accounting [J]. Environmental Quality Management, 2006, 6（1）: 11 - 22.

[138] Annett Bierer, Uwe Götze, Lilly Meynerts, et al. Integrating life cycle costing and life cycle assessment using extended material flow cost accounting [J]. Journal of Cleaner Production, 2015（108）.

[139] Wiedmann T, Minx J. A definition of 'carbon footprint' [R]. ISAUK Research Report 07 - 01. Durham: ISAUK Research & Consulting, 2007.

[140] Barthelmie R J, Morris S D, Schechter P. Carbon neutral biggar: Calculating the community carbon footprint and renewable energy options for footprint reduction [J]. Sustainability Science, 2008, 3（2）: 267 - 282.

[141] Sinden G. The contribution of PAS 2050 to the evolution of international greenhouse gas emission standards [J]. International Journal of Life Cycle Assessment, 2009, 14（3）: 195 - 203.

[142] 张琦峰，方恺，徐明，等. 基于投入产出分析的碳足迹研究进展 [J]. 自然资源学报，2018，33（4）：696 - 708.

[143] 肖序，李震. 资源价值流会计：理论框架与应用模式 [J]. 财会

月刊，2018（1）：16 – 20.

［144］ Mario Schmidt. The interpretation and extension of Material Flow Cost Accounting（MFCA）in the context of environmental material analysis ［J］. Journal of Cleaner Production，2015（108）：1310 – 1319.

［145］曾辉祥，王一羽，王冬琳，等．基于分室模型的工业园区资源价值流分析 ［J］．会计之友，2019（20）：40 – 47.

［146］周志方，李世辉，金友良，等．工业生态园资源价值流转分析研究 ［M］．北京：中国社会科学出版社，2018.

［147］张凯欣．绿色供应链视角的资源价值流分析研究 ［D］．长沙：中南大学，2018.

［148］丁志刚．供应链低碳伙伴关系构建与投资优化策略 ［D］．上海：东华大学，2015.

［149］勾丽明，张清华，陈瀛，等．基于碳排放抵扣的碳排放计量方法研究——以钢材生产为例 ［J］．中国环境管理，2016，8（6）：99 – 103.

［150］张琦，贾国玉，蔡九菊，等．钢铁企业炼铁系统碳素流分析及 CO_2 减排措施 ［J］．东北大学学报：自然科学版，2013，34（3）：392 – 394，403.

［151］张辉，李会泉，陈波，等．基于碳物质流分析的钢铁企业碳排放分析方法与案例 ［J］．钢铁，2013，48（2）：86 – 92.

［152］赵庆建，温作民，张敏新，等．基于林浆纸供应链的隐含碳流与碳排放计量研究 ［J］．中国人口·资源与环境，2018，28（8）：39 – 46.

［153］ Delphine Gibassier，Stefan Schaltegger. Carbon management accounting and reporting in practice ［J］. Sustainability Accounting，Management and Policy Journal，2015，6（3）：340 – 365.

［154］ Wei Qian，Jacob Hörisch，Stefan Schaltegger. Environmental management accounting and its effects on carbon management and disclosure quality ［J］. Journal of Cleaner Production，2018（174）：1608 – 1619.

［155］［日］八木裕之．気候変動対策戦略とカーボン会計 ［J］．會計，2016，190（4）：475 – 487.

［156］［日］栗山昭久，田村堅太郎．要素分解分析に基づく日本の2030 年 CO_2 削減目標に関する一考察 ［M］．公益財団法人地球環境戦略研究機関（IGES），2018.

［157］［日］環境省経済産業省. サプライチェーンを通じた組織の温室効果ガス排出等の算定のための排出原単位データベース（Ver. 2. 5）［S］. 2018.

［158］GB/T 32150 – 2015. 温室气体排放核算与报告要求第 1 部分：发电企业［S］. 北京：中国标准出版社，2015.

［159］GB/T 32151. 1 – 2015. 工业企业温室气体排放核算和报告通则［S］. 北京：中国标准出版社，2015.

［160］GB/T 32151. 5 – 2015. 温室气体排放核算与报告要求第 5 部分：钢铁生产企业［S］. 北京：中国标准出版社，2015.

［161］GB/T 32151. 11 – 2018. 温室气体排放核算与报告要求第 11 部分：煤炭生产企业［S］. 北京：中国标准出版社，2018.

［162］［日］大森明，八木裕之，丸山佳久. カーボン・マネジメントのためのマテリアルフローコスト会計［C］. 小口好昭編『会計と社会』第 7 章，中央大学出版社，2015.

［163］［日］八木裕之，馬場文雄，大森明. カーボン会計マトリクスの構想と展開［J］. 横浜経営研究，2015，36（1）：1 – 21.

［164］邵超峰，鞠美庭. 基于 DPSIR 模型的低碳城市指标体系研究［J］. 生态经济，2010（10）：95 – 99.

［165］樊超. 基于 DPSIR 模型的上市火力发电企业低碳绩效评价研究［D］. 南昌：华东交通大学，2018.

［166］罗良清，吴家宇. 基于 BP 神经网络的电子政务绩效评价方法［J］. 统计与决策，2015（11）：73 – 75.

［167］Chen Y, Shen L, Li R, et al. Quantification of interfacial energies associated with membrane fouling in a membrane bioreactor by using BP and GRNN artificial neural networks［J］. Journal of Colloid and Interface Science，2020（565）：1 – 10.

［168］Xiang W, Huanhuan W, Dashun W, et al. ANFIS with natural language processing and gray relational analysis based cloud computing framework for real time energy efficient resource allocation［J］. Computer Communications，2020，150（C）.

［169］Wang Z, Li J, Liu J, et al. Is the photovoltaic poverty alleviation project the best way for the poor to escape poverty? —A DEA and GRA analysis of different projects in rural China [J]. Energy Policy, 2020 (137).

[170] 徐宁, 冯路. 基于层次分析法的科技型小微企业网络融资风险模糊综合评价 [J]. 科技管理研究, 2019 (20): 30 - 38.

[171] Yang W, Xu K, Lian J, et al. Multiple flood vulnerability assessment approach based on fuzzy comprehensive evaluation method and coordinated development degree model [J]. Journal of environmental management, 2018 (213): 440 - 450.

[172] 俞立平, 郭强华, 张再杰. 科技评价中因子分析信息损失的改进 [J]. 统计与决策, 2019 (5): 5 - 10.

[173] Santos D, MMD Lima, Basso L, et al. Eco-innovation and financial performance at companies established in Brazil [J]. International Journal of Business and Emerging Markets, 2017, 9 (1): 68 - 89.

[174] Huang Y, Shen L, Liu H. Grey relational analysis, principal component analysis and forecasting of carbon emissions based on long short-term memory in China [J]. Journal of Cleaner Production, 2019 (209): 415 - 423.

[175] Charnes A, Cooper W W, Rhodes E. Measuring the efficiency of decision making units [J]. European Journal of Operational Research, 1978, 2 (6): 429 - 444.

[176] Ramanathan R, Ramanathan U, Bentley Y. The debate on flexibility of environmental regulations, innovation capabilities and financial performance - A novel use of DEA [J]. Omega, 2018 (75): 131 - 138.

[177] Moon H, Min D. A DEA approach for evaluating the relationship between energy efficiency and financial performance for energy-intensive firms in Korea [J]. Journal of Cleaner Production, 2020 (255): 120283.

[178] Raju V K, Kesava Rao V. Financial Performance Ranking of Nationalized Banks Through Integrated Ahm - Gra - Dea Method [J]. International Journal of Management, 2019, 10 (3): 15 - 35.

[179] Violato C, Holden W B. A confirmatory factor analysis of a four-factor model of adolescent concerns. [J]. Journal of Youth and Adolescence, 1988, 17 (1).

［180］周洋，侯淑婧，宗科. 基于主成分分析方法的生态经济效益评价［J］. 统计与决策，2018（1）：66－69.

［181］张涛. 旅游目的地竞争力主成分和聚类分析［J］. 统计与决策，2019，35（10）：107－110.

［182］Charnes A，Cooper W W，Huang Z M，et al. Polyhedral cone-ratio DEA models with an illustrative application to large commercial banks［J］. Journal of Econometrics，1990，46（1－2）：73－91.

［183］Charnes A，Cooper W W，Wei Q L，et al. Cone ratio data envelopment analysis and multi-objective programming［J］. International Journal of Systems Science，1989，20（7）：1099－1118.

［184］Chen L，Jia G. Environmental efficiency analysis of China's regional industry：a data envelopment analysis（DEA）based approach［J］. Journal of Cleaner Production，2017（142）：846－853.

［185］韩军，刘学芝. 基于超效率 DEA 的公共文化服务供给效率及其影响因素研究［J］. 宏观经济研究，2019（3）：168－175.

［186］唐潜宁. 低碳约束下制造业减排创新绩效的 DEA－Tobit 估计［J］. 统计与决策，2018，34（21）：185－188.

［187］Trumpp C，Guenther T. Too little or too much? Exploring U－shaped relationships between corporate environmental performance and corporate financial performance［J］. Business Strategy and the Environment，2017，26（1）：49－68.

［188］Lewandowski S. Corporate carbon and financial performance：The role of emission reductions［J］. Business Strategy and the Environment，2017，26（8）：1196－1211.

［189］Zhou Z，Zhou H，Peng D，et al. Carbon Disclosure，Financial Transparency，and Agency Cost：Evidence from Chinese Manufacturing Listed Companies［J］. Emerging Markets Finance and Trade，2018：1540496X. 2018. 1428796.

［190］Modak M，Pathak K，Ghosh K K. Performance evaluation of outsourcing decision using a BSC and Fuzzy AHP approach：A case of the Indian coal mining organization［J］. Resources Policy，2017（52）：181－191.

［191］闫华红，吴启富，毕洁. 基于碳排放价值链的企业绩效评价体系的构建与应用［J］. 审计研究，2016（6）：55 – 63.

［192］Carbon Trust. CDP Supply Chain Report 2018 / 2019. Cascading Commitments：Driving ambitious action through supply chain engagement［R］. 2019. https：//www. cdp. net.

［193］Janek R，Stewart J，Kashi B. The Valuation and Reporting of Organizational Capability in Carbon Emission Management［J］. Accounting Horizons，2011，5（1）：127 – 147.

［194］Sejian V，Prasadh R S，Lees A M，et al. Assessment of the carbon footprint of four commercial dairy production systems in Australia using an integrated farm system model［J］. Carbon Management，2018，9（1）：1 – 14.

［195］Padillarivera A，Amor B，Blanchet P. Evaluating the link between low carbon reductions strategies and its performance in the context of climate change：A carbon footprint of a wood-frame residential building in Quebec，Canada［J］. Sustainability，2018，10（8）.

［196］Qian W，Schaltegger S. Revisiting carbon disclosure and performance：Legitimacy and management views［J］. British Accounting Review，2017：S0890 83891730029X.

［197］郑玲，杨星宇. 资源流转成本会计面向供应链的扩展与创新［J］. 财会月刊，2018（11）：52 – 56.

［198］李维安，李勇建，石丹. 供应链治理理论研究：概念、内涵与规范性分析框架［J］. 南开管理评论，2016，19（1）：4 – 15，42.

［199］Lee K H. Integrating carbon footprint into supply chain management：the case of Hyundai Motor Company in the automobile industry［J］. Journal of Cleaner Production，2011，19（11）：961 – 978.

［200］罗喜英，高瑜琴，符佳晃. 供应链碳管理决策系统的构建与应用［J］. 科技管理研究，2017，37（1）：244 – 248.

［201］Binh Bui，Charl de Villiers. Carbon emissions management control systems：Field study evidence［J］. Journal of Cleaner Production，2017（166）：1283 – 1294.

［202］Shaltegger S，Burritt R. Measuring and managing sustainability performance of supply Chains：Review and sustainability supply Chain management framework［J］. Supply Chain management：An International Journal，2014，19（3）：232－241.

［203］Katsuyuki Nakano，Masahiko Hirao. Collaborative activity with business partners for improvement of product environmental performance using LCA［J］. Journal of Cleaner Production，2011，19（11）.

［204］王秀萍，蔡亚南. 供应链企业间财务共享的模型构建及管控研究［J］. 会计之友，2016（19）：35－39.

［205］Hamilton T，Kelly S. Low carbon energy scenarios for sub－Saharan Africa：An input-output analysis on the effects of universal energy access and economic growth［J］. Energy Policy，2017（105）：303－319.

［206］陈林，万攀兵.《京都议定书》及其清洁发展机制的减排效应——基于中国参与全球环境治理微观项目数据的分析［J/OL］. 经济研究，2019（3）：55－71.

［207］曾玉. 钢铁企业能源消耗的价值流核算与评价研究［D］. 长沙：中南大学，2017.

［208］晓斌，张阿玲，陈贵锋. 中国洁净煤发电的生命周期清单分析［J］. 洁净煤技术，2005，11（2）：1－4.

［209］Guangfang Luo，Jianjun Zhang，Yongheng Rao，et al. Coal Supply Chains：A Whole－Process－Based Measurement of Carbon Emissions in a Mining City of China［J］. Energies，2017，10（11）：1855.

［210］姜庆国. 电煤供应链碳排放过程及测度研究［D］. 北京：北京交通大学，2013.

［211］阎建明，朱开伟，刘贞，等. 电煤供应过程碳足迹分析［J］. 重庆理工大学学报（社会科学版），2015（7）：28－36.

［212］Pezhman Ghadimi，Chao Wang，Amir H A，et al. Life cycle-based environmental indicator for the coal-to-energy supply chain：A Chinese case application［J］. Resources，Conservation & Recycling，2019（147）：28－38.

［213］刘勖洁. F 燃煤发电公司碳成本核算研究［D］. 衡阳：南华大学，2018.

［214］王斯一，张彩虹，米锋. 资源价值流视角下发电企业碳足迹与

经济成本评价——燃煤发电与生物质发电比较研究［J］. 工业技术经济，2018（12）：78-85.

［215］上官方钦. 钢铁企业 CO_2 排放计算方法及其应用探讨［C］. 中国金属学会，河北省冶金学会. 2011 年全国冶金节能减排与低碳技术发展研讨会文集，2011：82-87.

［216］张肖，吴高明，吴声浩，等. 大型钢铁企业典型工序碳排放系数的确定方法探讨［J］. 环境科学学报，2012，32（8）：2024-2027.

［217］王亮，王刚，郭宪臻，等. 高炉碳迁移规律及 CO_2 减排策略分析［J］. 钢铁技术，2012（2）：1-4.

［218］孙祥超，潘玉桐，贺姝峒，等. 钢铁联合企业分工序核算碳排放量方法研究［J］. 资源节约与环保，2018（3）：75-78.

［219］Qi Zhang, Yu Li, Jin Xu, Guoyu Jia. Carbon element flow analysis and CO_2 emission reduction in iron and steel works［J］. Journal of Cleaner Production, 2018（172）：709-723.

［220］杨红娟，郭彬彬. 基于 DEA 方法的低碳供应链绩效评价探讨［J］. 经济问题探索，2010（9）：31-35.

［221］胡睿. 中国钢铁行业低碳生产模式分析与策略研究［D］. 北京：北京科技大学，2016.

［222］张战波. 钢铁企业能源规划与节能技术［M］. 北京：冶金工业出版社，2014.

［223］侯玉梅，梁聪智，田歆，等，我国钢铁行业碳足迹及相关减排对策研究［J］. 生态经济，2012（12）：105-108.

［224］Kim S, Kim S K. Decomposition analysis of the greenhouse gas emissions in Korea's electricity generation sector［J］. Carbon Management, 2016, 7（5-6）：1-12.

［225］于凯，崔桂梅，蒋召国，等. 高炉冶炼过程炉缸热状态模糊综合评价［J］. 过程工程学报，2020，20（4）：424-431.

［226］Rietbergen M G, Opstelten I J, Blok K. Improving energy and carbon management in construction and civil engineering companies——evaluating the impacts of the CO_2 Performance Ladder［J］. Energy Efficiency, 2017, 10（1）：55-79.

[227] Song X, Xiao J, Zhang X, et al. Analysis, evaluation and optimization strategy of China thermal power enterprises' business performance considering environmental costs under the background of carbon trading [J]. Sustainability, 2018, 10 (6), 2006.

[228] ISO 14064 - 2. Greenhouse gases—Part 2: Specification with guidance at the project level for quantification, monitoring and reporting of greenhouse gas emission reductions or removal enhancements (E) [S]. 2019.

[229] ISO 14064 - 3. Greenhouse gases—Part 3: Specification with guidance for the validation and verification of greenhouse gas assertions (E) [S]. 2019.

[230] ISO/TS 14067. Greenhouse gases—Carbon footprint of products—Requirements and guidelines for quantification and communication (E) [S]. 2013.

[231] Zhang Y J, Sun Y F, Huang J. Energy efficiency, carbon emission performance, and technology gaps: Evidence from CDM project investment [J]. Energy Policy, 2018 (115): 119 - 130.

[232] 涂建明, 迟颖颖, 石羽珊, 等. 基于法定碳排放权配额经济实质的碳会计构想 [J]. 会计研究, 2019 (9): 87 - 94.

[233] 安崇义, 唐跃军. 排放权交易机制下企业碳减排的决策模型研究 [J]. 经济研究, 2012, 47 (8): 45 - 58.

[234] Zhang N, Choi Y. Total-factor carbon emission performance of fossil fuel power plants in China: A metafrontier non-radial Malmquist index analysis [J]. Energy Economics, 2013 (40): 549 - 559.

[235] Stefan Dierkes, David Siepelmeyer. Production and cost theory-based material flow cost accounting [J]. Journal of Cleaner Production, 2019 (235): 483 - 492.

[236] Bo Tranberg, Olivier Corradi, Bruno Lajoie, et al. Real-time carbon accounting method for the European electricity markets [J]. Energy Strategy Reviews, 2019 (26).

后　记

　　本书是在我的博士学位论文的基础上修改而成。回想起在商学楼、米塔尔、文澜楼查阅文献、撰写论文的情景，仍历历在目。这一路走来得到了太多人的鼓励、关心和帮助，心中充满感恩！

　　首先，衷心感谢我的导师肖序教授，感谢他指引我走进环境会计这一研究领域。硕士毕业多年之后，能再次成为导师的弟子，跟随导师继续在环境会计领域深入学习，是我一生最大的幸运和收获！导师朴实无华、平易近人的人格魅力、高尚的师德情操、渊博的学术知识、严谨的治学态度、长年不减的科学热情和不断创新的学术精神，是我终生学习的楷模。博士论文写作是一个困难和艰辛的过程，每当我在写作中遇到困难，遭遇瓶颈时，导师总能及时点拨我，给予我中肯的建议，并且鼓励我：坚定自信，强化定力！我的博士论文从选题、构思、行文、成文的每个阶段都凝聚了导师诸多的智慧和心血。也让我深知做学问需要静心和定力，需要坚守和沉淀。此外，师母也一直关心着我的生活和学习，在此，对导师和师母表达我深深的感激之情。

　　博士学习期间，我有幸聆听了陈晓红院士、刘咏梅教授、游达明教授、胡振华教授、颜爱民教授、沈超红教授、曹兴教授、刘爱东教授、韩庆兰教授、黄生权副教授等老师们的精彩授课，大大开阔了我的研究视野，在此表示深深的感谢！同时，还要感谢吉首大学白晋湘教授、中南大学陈晓红院士、王昶教授、金友良教授、周志方教授、曾辉祥副教授等老师们在博士论文开题、预答辩会上提出的宝贵修改意见！感谢北京交通大学郭雪萌教授、西北工业大学贾明教授、中南大学李大元教授、马跃如教授、王宗润教授等答辩专家的指导！专家们提出的宝贵修改意见开阔了我的研究思路，丰富了论文内容，在此表示衷心的感谢！

　　感谢肖氏大家族中罗喜英博士、张彩平博士、熊菲博士、朱鹏博士、刘兴博士、邹涛博士、王达蕴博士、杨璐璐博士、陈翔博士、刘金豪硕士、张凯欣硕士等对我的鼓励、关心和帮助！

感谢我的父母，他们为了让我能安心完成学业，总是默默地支持我、鼓励我，帮我照顾小孩，承担大部分的家务！感谢我的爱人和儿子，对我学习和工作的全力支持！你们的鼓励和支持，是我在学术道路上前行的不竭动力。

感谢我工作的单位湖南财政经济学院和会计学院的领导同事们对我学习、工作上的关心和在本书出版上的帮助！攻读博士期间，他们尽可能为我提供充足的时间和宽松的环境，使我有更充沛的精力进行学术研究。博士毕业之后，他们也一如既往地支持我，激励我在学术道路上不断前行，特此致以深深的谢意！

纵是千言万语，亦难表我的感激之情！要感谢的人太多，难免挂一漏万，请允许我再次衷心感谢所有支持和帮助过我的人们。感恩于心！

路漫漫其修远兮，吾将上下而求索！我将以此为新的起点，在学术道路上砥砺前行！

李 震

2022 年 3 月 28 日